キーワードコレクション

認知心理学

子安増生＋二宮克美=編

綾部早穂＋一川 誠＋今井むつみ＋
太田信夫＋苧阪満里子＋金沢 創＋神谷俊次＋
河原純一郎＋北浜邦夫＋楠見 孝＋佐々木正人＋
高野陽太郎＋竹内謙彰＋谷口高士＋中島祥好＋
仁平義明＋野村理朗＋箱田裕司＋服部雅史＋
東山篤規＋山 祐嗣＋山本 隆＋吉村浩一＋
子安増生＋二宮克美＝著

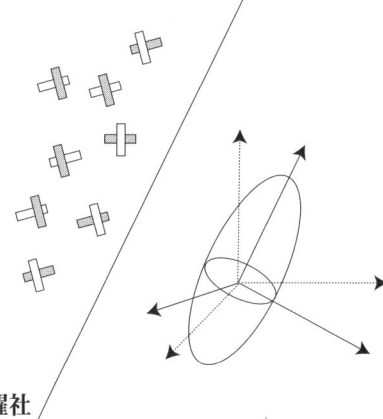

新曜社

まえがき

　本書は，認知心理学（cognitive psychology）の最先端の分野で起こっていることを知りたい初学者のために，コンパクトで読みやすく分かりやすい本を提供する目的で企画・編集されたものである．

　認知心理学は，情報処理という観点から，生体（人間およびその他の動物）の認知活動を研究する学問である．1960年代以後，情報科学，神経科学，脳科学などの隣接科学との密接な連携のもとに，認知心理学はアクティヴに研究を展開してきた．そのテーマは，知覚・記憶・学習・思考・推論・問題解決など心理学の伝統的なテーマだけでなく，最近では意識・感情・社会脳といった分野にまで広がっている．本書は，25人の専門家による50のキーワードの解説（三部構成）を通じて，認知心理学の全体像を明らかにするものである．

　本書はまた，新曜社から2004年3月刊行の子安・二宮（編）『キーワードコレクション 発達心理学 改訂版』（1992年3月刊行の子安（編）『キーワードコレクション 発達心理学』の発展形），2006年10月刊行の二宮・子安（編）『キーワードコレクション パーソナリティ心理学』，2008年6月刊行の子安・二宮（編）『キーワードコレクション 心理学フロンティア』，2009年4月刊行の二宮・子安（編）『キーワードコレクション 教育心理学』ならびに，2011年6月刊行の二宮・子安（編）『キーワードコレクション 社会心理学』と6部作のシリーズを形作るものである．

　刊行済みの5作は，幸いにも読者からのご好評を得てきた．「好評」の秘密は，学問的に確立されたことだけを書いた，いわば無味乾燥な本になることを避け，スタンダードな事項を押さえた上で，著者の個性を存分に発揮して書いていただくという編集方針が広く世に受け入れられたのではないかと自負している．また，初学者向けの一般書でありながら，引用文献と註は学術書並みにきちんと整備するという方針も，本シリーズが幅広く読者に支持された重要な点であったと考えている．

　4ページでひとつのキーワードを解説するという基本的な枠組みは，これまでの『キーワードコレクション』シリーズを踏襲した．キーワードは，全体として心理学にとって重要な用語または概念を整理して構成したものであり，各項目はそれぞれ独立にそれ自身完結したものとして書かれている．したがって，読者は

本書を最初からページの順番どおりに読むことも，関心のあるキーワードから拾い読みすることもできる．

　また，各キーワードの解説文の中で重要と思われる用語または概念は，ゴシック体（太字）で印刷される．それは，各キーワードの「サブキーワード」とでもいうべきものであり，キーワードとサブキーワードは，巻末の「事項索引」のところに示され，索引を辞典代わりに利用することもできる．

　6部作をあわせると，キーワードは50語×6で300語となる．4ページでひとつのキーワードであるから，1,200ページにもなる．そのすべてを読破すれば，もはや初学者でなく，エキスパート並みである．6冊を揃えれば，大事典と同じである．

　本書が「読んで面白くて使うのに便利な本」という既刊の『キーワードコレクション』シリーズ同様の評価を受け，広く大勢の読者に愛され，心理学に関心を持つ人や，心理学への関心を深める人が増えることを切に願うものである．

　末筆であるが，本シリーズの生みの親にして育ての親，新曜社社長塩浦暲氏に今回もお世話になった．ここに記して心より感謝申し上げたい．

　　2011年6月

編者　識

キーワードコレクション 認知心理学
目　次

まえがき ··· i

I　イントロダクション
- 1.　認知革命　　　　　　　　　　　　　2
- 2.　実験パラダイム　　　　　　　　　　6

II　求心的認知：感覚器から中枢へ
- 3.　覚醒と睡眠　　　　　　　　　　　　12
- 4.　夢　　　　　　　　　　　　　　　　16
- 5.　感覚／知覚　　　　　　　　　　　　20
- 6.　注意　　　　　　　　　　　　　　　24
- 7.　視覚　　　　　　　　　　　　　　　28
- 8.　逆さめがね　　　　　　　　　　　　32
- 9.　聴覚　　　　　　　　　　　　　　　36
- 10.　音響／音楽　　　　　　　　　　　　40
- 11.　嗅覚　　　　　　　　　　　　　　　44
- 12.　ニオイ　　　　　　　　　　　　　　48
- 13.　基本味　　　　　　　　　　　　　　52
- 14.　うま味　　　　　　　　　　　　　　56
- 15.　アフォーダンス　　　　　　　　　　60
- 16.　ダイナミック・タッチ　　　　　　　64
- 17.　痛み　　　　　　　　　　　　　　　68
- 18.　信号検出理論　　　　　　　　　　　72

III 遠心的認知：中枢処理と表出

19.	認知／感情	78
20.	情動／ムード	82
21.	表情	86
22.	マインドリーディング	90
23.	共感性	94
24.	道徳性認知	98
25.	衝動性	102
26.	ニューロイメージング	106
27.	意思決定	110
28.	後悔	114
29.	エラー	118
30.	ゆるし	122
31.	スキーマ	126
32.	スクリプト	130
33.	ワーキングメモリ	134
34.	中央実行系	138
35.	エピソード記憶	142
36.	意味記憶	146
37.	メンタル・ローテーション	150
38.	鏡像認知	154
39.	空間認知	158
40.	視点	162
41.	奥行知覚	166
42.	時間の認知	170
43.	言語	174
44.	言語相対性仮説	178
45.	問題解決	182

46.	推理	*186*
47.	演繹／帰納	*190*
48.	メンタルモデル	*194*
49.	日常認知	*198*
50.	裁判心理学	*202*

人名索引	*207*
事項索引	*217*
編者・執筆者紹介	*225*

I イントロダクション

I-1
認知革命

cognitive revolution

　認知心理学（cognitive psychology）[1]は，1950年代まで心理学の主流の考え方であった行動主義心理学への批判的観点をたずさえて登場し，心理学と隣接諸科学との連合体である認知科学と連携して発展してきたものである．アメリカの心理学者ハワード・ガードナー（Gardner, H.: 1943-)[2]は，その発展のプロセスを『認知革命』[3]という本に著し，「1956年」を認知革命が起こった年と位置づけた．以下，ガードナーの見解を紹介しながら，認知心理学が行動主義への批判として登場してきた経緯とその背景をたどることにする．

　行動主義（behaviorism）は，1913年にアメリカの心理学者ワトソン（Watson, J. B.: 1878-1958）が「行動主義者から見た心理学」というタイトルの論文[4]において，その当時の主流であった意識の言語報告（内観）によって人間の心理を研究する方法を批判し，観察可能な**行動**（behavior）の研究を行って心理学を体系化しようとする考え方を提唱したことにはじまる（行動主義宣言）．行動を研究の対象とすることによって，言語を持たない乳児期の子どもや動物を対象とする実験的研究が進展した．ワトソンの行動主義宣言から約半世紀の間は，行動主義心理学の全盛期となった．

　それでは，一世を風靡した行動主義心理学の問題点は何であったのだろうか．カナダ生まれのアメリカの心理学者スティーヴン・ピンカー（Pinker, S.: 1954-）は，行動主義心理学について次のように批判している．

　「行動主義者は，行動をほかの生命現象とは関係なく理解できると信じ，動物の遺伝的な素質や種の進化の歴史に目を向けなかった．そして心理学は，実験動物の学習を研

---

1) 認知心理学についての最初の成書は，アメリカの心理学者ナイサー（Neisser, U.: 1928-）の下記の本である．
Neisser, U.（1967）*Cognitive psychology.* New York: Appleton-Century-Crofts.

2) ガードナーは，ハーヴァード大学で発達心理学を学び，神経心理学者のゲシュヴィンド（Geschwind, N.）と共に脳損傷患者の行動と心理を研究．ハーヴァード・プロジェクト・ゼロという芸術教育プログラムの運営にあたり，芸術的知能も視野に入れた多重知能理論を提唱．

3) Gardner, H.（1985）*The mind's new science: A history of the cognitive revolution.* New York: Basic Books.〔佐伯胖・海保博之（監訳）（1987）認知革命—知の科学の誕生と展開　産業図書〕

4) Watson, J. B.（1913）Psychology as the behav-

究する分野になってしまった．20世紀のなかごろのもっとも有名な心理学者である B. F. スキナー（1904-1990）は，『生物の行動 (The behavior of organism)』という本を書いたが，この本にでてくる生物はラットとハトだけ，行動はラットのレバー押し反応とハトのキーつつき反応だけである．」[5]

アメリカの心理学者スキナー（Skinner, B. F.）は，行動主義心理学の代表的研究者であり，動物の自発的行動に餌などの強化を与えて行動形成を行う**オペラント学習**（operant learning）の理論を展開した．彼の研究は，「ネズミとハトの心理学」という狭いものだけでなく，プログラム学習の理論など人間の学習にも応用できるものであり，臨床的には行動療法（behavior therapy）の基礎理論にもなったという点を決して無視してはならないが，外に現れた行動のみを科学的研究の対象とすべきという行動主義の狭い境界設定は，意識・感情・知覚・記憶・言語・思考・推論・問題解決・理解など，現在の認知心理学の主要なテーマを研究対象から排除するものであった．

アメリカの言語学者チョムスキー（Chomsky, A. N.: 1928-）は，スキナーの1957年の著書『言語行動（verbal behavior）』を取り上げ，1959年にそれを論評する論文[6]を書き，「刺激－反応－強化」という枠組みで言語のような高次の認知機能をとらえることは不十分であると批判した．チョムスキーのこのスキナー批判論文が行動主義心理学全体への批判，そして認知科学の台頭の大きな転機の一つとなった．

認知科学（cognitive science）は，ガードナーが『認知革命』で詳しく論じているように，チョムスキーのスキナー批判より少し前の1956年頃から，コンピュータ科学の発展の影響を受けて始まった一種の統一科学運動である．ガードナーによれば，認知科学は哲学・心理学・神経科学・人工知能・人類学・言語学の6分野が協力し合うとされる．すなわち，認知科学は，いくつかの科学領域の連合体としての認知諸科学（cognitive sciences）であると言えよう．

それでは，認知革命が起こったとされる「1956年」とはいったいどんな年であったのだろうか．この年，認知科学に

iorist views it. *Psychological Review*, 20, 158-177.

5) ピンカー，S. 山下篤子訳（2004）人間の本性を考える―心は「空白の石版」か（上）日本放送出版協会 p.52.

6) Chomsky, N. (1959) A Review of B. F. Skinner's Verbal Behavior. *Language*, 35, 26-58.

とって重要な幾つかの出来事があったのであるが，何と言っても最も重要なものは，ダートマス大学[7]で開催された人工知能研究に関する「ダートマス会議」である．この会議は，ジョン・マッカーシー（McCarthy, J.）が主催し，クロード・シャノン（Shannon, C.），マーヴィン・ミンスキー（Minsky, M.），ハーバート・サイモン（Simon, H.），アレン・ニューウェル（Newell, A.）ら，後に著名となる錚々たる研究者が出席し，**人工知能**（artificial intelligence）という言葉がこの会議で初めて学術の世界の市民権を得たとされる．

それでは，人工知能概念の登場は認知科学にどのようなインパクトを与えたのであろうか．人工知能は，人間の知能と同等以上の能力を持つ機械を作ろうとするものである．その機械の中心にあるものは，言うまでもなくコンピュータである．現在主流のコンピュータはノイマン型コンピュータ[8]と呼ばれるが，その特徴として，与えられた**データ**（data）に基づいて何らかの計算をするために，コンピュータはデータを計算するための**プログラム**（program）を備えているという点が重要である．行動主義は，その主張をやや単純化して述べると，外界から与えられる「刺激」というデータと，その計算結果である身体の「反応」との関係（関数関係）を記述しようとするものである．これに対して認知主義は，その刺激というデータを計算するプログラムこそが最も重要であると考え，プログラムに相当する認知的処理モデルを構成することを目指すものである．

認知革命「1956年勃発説」の論拠とされる2つめのできごとは，アメリカの認知心理学者ジョージ・ミラー（Miller, G. A.: 1920-）が『サイコロジカル・レヴュー』誌に「**魔法の数7±2**」という論文を1956年に発表したことである[9]．認知心理学で最も有名な論文といっても過言でないこの論文は，人間の短期記憶の容量が7±2チャンク，言い換えると5〜9単位のものであることを主張するものである．この制約は，人間の記憶や判断の過程に大きな影響をもたらす．「世界の七不思議」，「セブン・シスターズ[10]」など7つで1セットになっているものがこの世には数多くある．また，1

7）ダートマス大学（Dartmouth College）は，アメリカのニューハンプシャー州にある1769年創設の大学．

8）アメリカの数学者，ジョン・フォン・ノイマン（von Neumann, J.）によって1946年に提案されたコンピュータの方式．

9）Miller, G. A. (1956) The magical number seven, plus or minus two: Some limits on our capacity for processing information. *Psychological Review*, 63, 81-97.

週間は7日間であり，西洋音楽はドレミファソラシの7音階が基本である．黒沢明の映画『七人の侍』は，侍が5人なら物語が単調になり，9人なら観客は人物の見分けに混乱するであろう．言われた数字を反復して答える数唱課題（知能検査課題）で大人が答えられる数字の個数（7〜9数字）や，質問紙法の評定の主流が7件法であることも，「魔法の数7±2」に関連することがらである．

「1956年勃発説」のもう一つの論拠は，アメリカの心理学者ジェローム・ブルーナー（Bruner, J. S.: 1915-）らが『思考の研究』[11]を1956年に刊行したことである．思考についての研究は，第二次世界大戦前のドイツの大学で花開いたヴュルツブルク学派が開拓した研究分野であるが，行動主義では避けられてきたテーマであり，『思考の研究』は思考研究の高らかな復活宣言と言ってよい．その『思考の研究』における最も重要な概念の一つに，**方略**（strategy）がある．これは，現在では，何かの判断の時に取りうる選択肢のような意味合いで使われることが多いようであるが，方略のもともとの意味は，自分の認知的資源をモニターしつつ，自分にとって最適な判断を選択する過程に関わるものである．

ところで，行動主義の主唱者スキナー，認知主義を切り開いたミラーとブルーナー，『認知革命』を書いたガードナー，そして読書界の寵児ピンカーまでもが，すべてハーヴァード大学出身者であり，しかも同校の教授である．ちなみに，人工知能研究のミンスキーは学部がハーヴァード大学出身，スキナーの行動主義を批判したチョムスキーはジュニア・フェローとしてハーヴァード大学で4年間を過ごしている．このことは，ハーヴァード大学の学問の殿堂としての厚みと凄みを示す事実である．しかし，認知革命をハーヴァード大学という閉ざされた空間で起こった「コップの中の嵐（storm in a teacup）」と言うわけにはいかない．認知革命は，認知科学だけでなく，認知心理学にとっても一つの原点であり，それを知ることは今後の道筋を照らす灯ともなるものである．〔子安増生〕

10) セブン・シスターズ（Seven Sisters）は，ギリシア神話に登場する7姉妹，合衆国東部の名門女子大7校，国際石油資本7社，英ドーヴァー海峡の白亜の断崖絶壁7か所など，さまざまに用いられてきた．

11) Bruner, J., Goodnow, J., & Austin, A. (1956) *A study of thinking*. New York: Wiley.

【参考文献】
ガードナー, H.／佐伯胖・海保博之（監訳）(1987) 認知革命：知の科学の誕生と展開　産業図書

I-2
実験パラダイム

experimental paradigm

　パラダイム（paradigm）ということばは，辞書的には「範型」とか「範例」を意味するものであり，文法用語としては，「語形変化の活用表を代表的単語で示した一覧表」のことである．たとえば，英語の be 動詞は，1人称単数（I am），2人称単数（you are），3人称単数（he/she/it is），1人称複数（we are），2人称複数（you are），3人称複数（they are）と変化する．このような変化表をパラダイムというのである．

　これに対し，アメリカの科学史家のトーマス・クーン（Kuhn, T. S.: 1922-1996）は，1962年の著書『科学革命の構造』[1] において，新たなパラダイム概念を提唱した．それは，科学史上の概念であり，「一般に認められた科学的業績で，一時期の間，専門家に対して問い方や答え方のモデルを与えるもの」と定義される [2]．

　科学の歴史は，基本的には研究の積み上げや積み重ねであるが，科学史のさまざまな時点において，それまで当然のことと考えられていた認識・価値観・思想が根本的な変更を迫られる**パラダイム・シフト**（paradigm shift）というものが生ずる場合がある．たとえば，コペルニクスの地動説，ニュートンの力学，アインシュタインの相対性理論などは，科学史上有名なパラダイム・シフトの例である．

　このようにクーンはパラダイムの概念を大きく転換したが，クーン以後，「パラダイム」概念はクーンの用法を超えてさらに発展していった．一方では，「時代を左右する大きな考え方の枠組み」という拡張された意味にもなるが，「実験パラダイム」という場合は，むしろ実験法の種類・タイプというほどの狭い意味で使われることが少なくない．しかし，

---

1) Kuhn, T. S. (1962) *The structure of scientific revolutions.* Chicago: The University of Chicago Press.〔中山茂訳 (1971) 科学革命の構造　みすず書房〕

2) 上掲訳書，「まえがき」より引用．

「実験法」でなく「実験パラダイム」ということばを使うのは，ひとつには，それが登場した時これまでになかった新しい研究方法であったことを示唆するものである．心理学の実験パラダイムは，研究を進展させるためのブレークスルー（突破口）として考えられたということを忘れてはならない．

精神物理学：認知心理学における実験パラダイムを考えるとき，その源流の一つとしてドイツのウェーバー[3]とフェヒナー[4]による**精神物理学**（psychophysics）を抜きにして語ることはできない[5]．ウェーバーは，重さの弁別実験を行い，ある重さ（I）と弁別可能な差（ΔI）の比が一定（定数k）であるとするウェーバーの法則（$\Delta I/I = k$）を発見した[6]．その後，フェヒナーは，実験者が刺激を与える方法として，極限法，恒常法，調整法にあたる3種類の実験パラダイムを考案した．**極限法**（method of limits）は，刺激を少しずつ変化させて被験者（実験参加者）に与え，判断が変化する時点を報告させる方法である．**恒常法**（constant method）は，数種類の刺激をランダム順に提示し，等価／不等価の判断を報告させる方法である．**調整法**（method of adjustment）は，被験者自身が刺激を変化させ，等価／不等価の判断が変化する時点を報告させる方法である．このような精神物理学の実験パラダイムは，物理量と心理量の関係を明らかにする研究を推進してきた．

意識の報告：心理学における実験パラダイムの展開軸の一つは，意識の内容をどのように研究するかにある．心理学が哲学から学問として独立したのは，ドイツのヴント[7]がライプツィヒ大学に世界初の心理学実験室を開設した1879年であるとされるが，その当時の主要な実験パラダイムは，内観法と呼ばれるものであった．**内観法**（introspection method）は，精神物理学の実験パラダイムを受け継いだものであり，心の中で意識される感覚，思考，感情，欲求などを自己観察し，言語報告する方法である．内観法は，認知心理学では**発語思考法**（think aloud method）として，現在でも有力な実験パラダイムの一つとなっている．発語思考法とは，認知処理を要する課題を実施している時に，被験者の意識にのぼっ

---

3) ウェーバー（Weber, E. H.: 1795-1878）は，独ライプツィヒ大学の解剖学・生理学教授．

4) フェヒナー（Fechner, G. T.: 1801-1887）は，独ライプツィヒ大学の物理学教授．ウェーバーの考え方を発展させ，1860年に『精神物理学原理（*Elemente der Psychophysik*）』を著す．

5) 現在この領域は，「精神物理学」よりも「心理物理学」という言い方が好まれている．

6) 100gと102gが弁別可能なら，500gには510gが弁別可能な差である．この法則は，軽すぎるものや重すぎるものには適用できない．

7) ヴント（Wundt, W.: 1832-1920）は，ハイデルベルク大学医学部を卒業，ライプツィヒ大学の哲学教授を務め，1879年に世界初の心理学実験室を開設した．

たことを言葉に出すことを求める方法であり，その発話を課題の時系列に添ってまとめたものを**プロトコル**（protocol）という．オランダのデ・フロートのチェス・プレイヤーの思考の研究[8]や，人工知能を研究するために人間の問題解決過程を分析したアメリカのニューウェルとサイモンの研究[9]は，発語思考のプロトコルを重要な研究素材としたものである．

　行動分析：意識内容の言語報告を受けることができない赤ちゃんや動物の認知過程を調べるには，行動を記述し，分析する方法が有効である．独立変数としての刺激を操作することによって従属変数としての行動にどのような変化が見られるかを記述する**行動分析**（behavior analysis）は，ロシア・ソ連の生理学者パブロフ（Pavlov, I. P.: 1849-1936）によるイヌの条件反応の研究にその源流を求めることができる．その後，アメリカの心理学者スキナー（Skinner, B. F.: 1904-1990）は，ハトやネズミがレバーをつついたり押したりすると報酬が与えられ，自動的に行動の累積反応記録ができるスキナー箱を開発し，オペラント条件づけの学習理論を体系化した．この実験パラダイムは，現在では，たとえば自閉症児などを対象に，社会的に重要な行動を行うように段階的に訓練する**応用行動分析**（applied behavior analysis）に発展している．

　選好注視：行動を分析するもう一つの実験パラダイムとして，2つ以上の提示刺激のどれを見る時間が長いかを調べる**選好注視法**（preferential looking method）がある．アメリカの心理学者ファンツ（Fantz, R. L.: 1925-1981）は，乳児がどのような刺激を長く注視するかを分析する研究を1950年代から60年代にかけて行い，視知覚の発達に関する豊かな知見を得た．この実験パラダイムから派生した方法に**馴化－脱馴化法**（じゅんか）（habituation-dishabituation method）がある．乳児に同じ刺激を繰り返し反復して提示すると，やがて慣れ（馴化）が生じ，注視時間が減少するが，別の刺激を提示すると，注視時間が回復する（脱馴化）．これは，乳児が2つの刺激を弁別していることをあらわすものである．なお，**眼球運動測定法**（eye movement measurement）は，選好注視法よりもさらに古い歴史を有するが，実用的で精度の高い測定記録装

8) de Groot, A. D. (1965) *Thought and choice in chess*. The Hague: Mouton & Co.

9) Newell, A. & Simon, H. A. (1972) *Human problem solving*. Englewood Cliffs, NJ: Prentice Hall.

置が開発されるようになったのは最近のことである．

反応時間：反応時間の測定と分析は，19世紀に活躍したオランダの生理学者（眼科医学）のドンデルス（Donders, F. C.: 1818-1889）にまで遡ることができる．ドンデルスは，反応時間の研究に**減算法**（subtraction method）を導入した．たとえば，「白いライトが点灯したらボタンを押す」課題では「反応時間＝知覚＋運動」であるが，「白いライトが点灯したらボタンを押すが，赤いライトが点灯してもボタンを押さない」という課題では「反応時間＝知覚＋判断＋運動」である．後者の反応時間から前者の反応時間を減じることによって，ライトが赤か白かを判断するのに要する時間が推定できる．この原理は，たとえばアナロジー推理の思考過程を実験的に分析したアメリカの心理学者スタンバーグ（Sternberg, R. J.: 1949-）の**コンポーネント分析法**（componential analysis）でも応用されている[10]．

生理心理学的測定：これまでの例からも分かるように，実験心理学は，生理学の影響を受けて発展してきた．その意味でも，情動変化のような生理学的な変化を測定することは心理学の基本的な実験パラダイムである．たとえば，体温・血圧・心電図・指尖脈波のような血流量の変化，皮膚電気抵抗・筋電図・脳波のような電気的変化，そしてこのうちの幾つかの指標を同時に計測する**ポリグラフ**（polygraph）は，古くから用いられてきた．最近では，**fMRI**（functional magnetic resonance imaging；機能的磁気共鳴画像）や**PET**（positron emission tomography；ポジトロン断層法）等の装置を用い，脳（特に大脳皮質）のさまざまな部位の機能の計測を行う脳画像研究が活発になり，**脳機能マッピング**（functional brain mapping）などと呼ばれている．これらの実験パラダイムは，ソ連の心理学者ルリア（Luria, A. R.: 1902-1977）らによる脳損傷患者の注意，記憶，プラン，実行などの機能障害を検査する**神経心理学的診断法**（neuropsychological diagnosis）とも密接に関連している．　　　　　　　　〔子安増生〕

10) Sternberg, R. J. (1977) *Intelligence, information processing, and analogical reasoning: The componential analysis of human abilities.* Hillsdale, NJ: Erlbaum.

【参考文献】
下山晴彦・子安増生（編著）（2005）心理学の新しいかたち　誠信書房

II 求心的認知：
感覚器から中枢へ

II-3 覚醒と睡眠

arousal and sleep

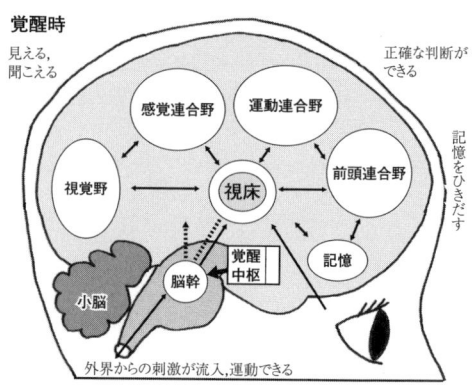

体内時計などからの信号で，後視床下部・前脳基底部（覚醒中枢）が脳幹・視床・皮質などを活性化し，覚醒を発現・維持する．脳幹は視床および皮質全体を活性化する（点線）．視覚や聴覚などの外界からの刺激（実線）は視床で前処理されてから皮質のさまざまな領域に送られて処理される．前頭連合野は各領域から送られてくる情報を記憶にもとづいて判断し，運動命令をだす．

図3-1 覚醒の発現と維持

心理学では，以下のようなことがらが学ぶ対象になるであろう．たとえば，日常生活で，われわれが，見たり，聞いたり，運動したり，思い出したり，考えたり，話をしたり，喜んだり，悲しんだりしていることである[1]．このような心の働きは，目覚めている間に，つまり覚醒時に活発であり，眠っている間，つまり睡眠時には，低下してしまう．この意味で**覚醒**は心的機能にとって必須のものである．心の働きは脳の活動状態に依存するからである．興奮状態，落ち着いて注意の集中できる状態，まどろみ，浅い眠り，深い眠り，昏睡などのように，脳の活動（意識）水準は変化する[2]．

ところで「意識がある」という表現は，「意識がない」の対語であり，たとえば「昏睡から目覚めて意識が戻った」というように使用されるので，「覚醒」と「意識」は，同義語であると考えがちであるが，厳密に言うと，そうではない．

現代の認知心理学では「意識がある」は「気がつく」の意味であり，とくに「周囲の事物に気がつく」場合と「自分の存在に気がつく（自意識）」場合がある．すなわち「昏睡から目覚めて（覚醒し），周囲や自分の存在に気がつく」のである[3]．デカルトの「われ考える故にわれあり」という有名な公理は，「あらゆることを疑っても，考えている自分だけは疑えない」という事実であるが，「そういう自分に気がつ

[1] 見たり，聞いたり，という知覚，物事を想像する，考える，判断する，運動する，あるいは喜怒哀楽の情動の多くは，大脳皮質の神経回路の働きによる（図3-1）．大脳皮質は，情動や記憶に関与する辺縁系皮質や新しく発達してきた，複雑な知覚・判断にかかわる新皮質からなるが，脳の中心部に位置する視床からの刺激を受けて活動が維持される．新皮質はまた辺縁系皮質やさらに下位に位置する脳幹からも影響を受けているから，悩みや不安がある場合，眠れなくなることがある．

く」「そのような自分を意識する」ことである．

しかし，「気がつかなくても」あるいは「意識しなくても」覚醒は存在する．つまり，われわれが食べたり，歩いたり，走ったり，言葉を話したりすることは，「意識しなくても」成立する覚醒中の行動である．

睡眠がヒトだけではなく動物にも存在するのは，ネコやイヌが眠るのを見ても自明である．しかし，イルカやクジラ，渡り鳥などのように眠らないようにみえる動物もいる．これらの動物では，脳半球が左右交互に覚醒したり眠ったりすることで，持続的な覚醒が成立している．このような事実は，以下に述べるように，脳活動を脳波としてとらえ，記録することで明らかになった[4]．

大脳のよく発達したヒトをふくむ哺乳類や鳥類が目覚めているか，眠っているかを客観的に知るためには，脳の活動水準を調べればよい．それには，大脳皮質から発生する**脳波**を記録する．図3-2のように，脳波は覚醒開眼時に低振幅速波（β波），目を閉じた安静時には10ヘルツ前後のα波，うとうとしている状態では4〜7ヘルツのθ波，軽い睡眠状態では，糸巻きに似た紡錘波をふくむ2〜4ヘルツ前後の徐波（δ波），深い睡眠状態では大振幅の0.5〜2ヘルツ前後の徐波を示す[5]．

哺乳類や鳥類以外の，大脳皮質の発達していない動物では，以上のような脳波が明確には認められないので，活動・非活動として状態が区別される．

ヒトの場合，睡眠は軽い状態から次第に深くなるが，約90分を経過した頃に，θ波をおおく含む覚醒状態に似た脳波があらわれる．このときに，骨格筋の弛緩と，急速な眼球運動がみられる．この状態の睡眠を**レム睡眠**（rapid eye movements sleep; **急速眼球運動**をともなう睡眠）とよんでいるが，

2) 鳥居鎮夫（編）(1984) 睡眠の科学 朝倉書店
堀忠雄（2000）快適睡眠のすすめ 岩波書店

3) 苧阪直行（1996）意識とはなにか 岩波書店

4) 北浜邦夫（2000）ヒトはなぜ，夢を見るのか 文春新書
北浜邦夫（2009）脳と睡眠 朝倉書店

5) Rechtschaffen, A. & Kales, A. (1968) *A manual of standardized terminology, techniques and scoring system for sleep stages of human subjects.* Washington. D.C.: Public Health Service, U.S. Government Printing Office.

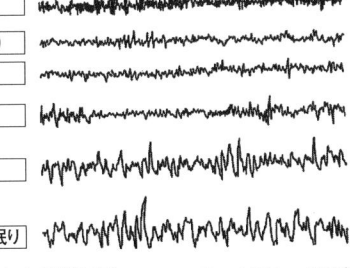

図3-2 ヒトの意識段階をしめす脳波図（Rechtschaffen & Kales, 1968）[5]

ヨーロッパでは，深く眠っているのに目覚めているような不思議な睡眠という意味で**逆説睡眠**とよんでいる．実際，この状態で被験者を揺り起こすと，「夢をみていた」という報告がえられることが多い[6]．

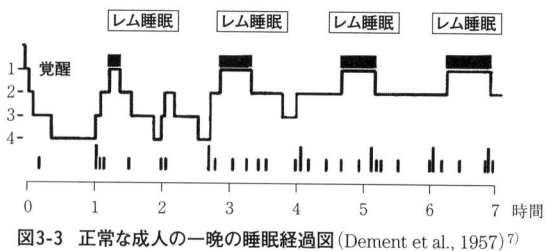

図3-3　正常な成人の一晩の睡眠経過図（Dement et al., 1957）[7]

軽い睡眠から深い睡眠，そしてレム睡眠への移行は一晩にだいたい4回繰り返してあらわれる．入眠後すぐに深い睡眠があらわれ，レム睡眠は長く持続しない．次第に深い睡眠が減少し，レム睡眠が増加しはじめ，朝方に睡眠は浅くなり，レム睡眠が長く持続する（図3-3）．

覚醒は，周囲の刺激によって維持されると考えられた時代もあったが，現在では，脳内システムに依存するものと考えられている（図3-1）．脳幹網様体の活動性の上昇は，視床を介して，あるいは直接に大脳皮質を興奮させるが，それは以下に述べる覚醒中枢によって脳幹網様体が駆動されるからである．

視床下部後部は覚醒中枢として，視床下部前部にある睡眠中枢を拮抗的に抑制して覚醒をみちびく．この部位に炎症があると嗜眠状態におちいる．覚醒中枢としてはほかに視床下部の前方に位置する前脳基底部がある．また脳幹に存在するノルアドレナリンやセロトニン，アセチルコリンなどをふくむ神経細胞の働きが上昇すると脳全体が活性化される．

一方，徹夜などが続いていて，眠っていない場合には，どんなにうるさい場所でも，眠くなって，覚醒が維持できないことは，よく知られている．眠らないでいると，次第に眠気が強くなる．以前は長時間にわたる断眠が試みられても，数秒間睡眠が持続するようなマイクロスリープなどが見逃されていたが，1950年以降，脳波をモニターすることによって，科学的に研究がおこなわれるようになり，この条件下での断眠の最長記録は18歳のR. ガードナーによる264時間で，回復に要した睡眠時間は15時間以下であった[8]．

6）次項「夢」参照のこと．

7）Dement, W. C. & Kleitman, N. (1957) Cyclic variations in EEG during sleep and their relation to eye movements, body motility, and dreaming. *EEg Clin. Neurophysiol*, 9, 673-690.

8）Dement, W. C. (1972) *Some must watch while some must sleep*. Stanford: SAA.〔大熊輝雄（訳）(1975) 夜明かしする人，眠る人　みすず書房〕

断眠による眠気は，覚醒中に蓄積されてくる「睡眠物質」が脳内の睡眠中枢を機能させるか，覚醒中枢を抑制するためではないかと考えられている．いくつかの睡眠物質が同定されているが，詳細に研究されている物質の1つとしてプロスタグランジンD_2があげられる[9]．覚醒時に蓄積するこれらの物質が睡眠中枢に間接的に働きかけると，睡眠中枢は前述のさまざまな部位に点在する覚醒中枢を抑制して睡眠をひきおこす．

もうひとつの理由は日内リズムによる．脳底に存在する視交叉の上部に位置する視交叉上核が時計の働きをしていて，日内リズムを作りだしている．この核の細胞のもついくつかの時計遺伝子が，おおむね24時間の周期を作り出している．短期間であれば，この時計の自律性によって，たとえ，暗い部屋に閉じこめられていても，睡眠覚醒リズムは規則正しく作られる．したがって，海外旅行で時差のある場合，夜勤交代の場合などは，いつもの時間がくると，朝になっても眠くなってしまうし，夜でも眠れなくなることがある[10]．

ヒトでは多くの場合，約25時間が一周期で，一日に1時間ずつ後進するから，夜更かし，朝寝坊などが引き起こされやすい．週末に起床時間を遅らせると，月曜日には早起きがつらくなる．朝の強い光で，この不規則性を修正することができる．これは，朝の光で脳内時計の時刻が修正されるからである．

しかし，不規則な生活，夜間の強い光などにより，リズムは崩れてくる．児童の夜更かしによる学業成績の低下，いじめなどが，近年，社会問題としてとりあげられている．テレビやゲームを夜遅くまでしていると，睡眠不足になり，翌朝の起床がつらくなり，朝食を抜くことが多くなってエネルギー不足におちいり，遅刻が増え，学業成績が低下するだけではなく，運動能力も低下し，活力もなく，いじめの対象になりやすいことが報告されている[11]．

〔北浜邦夫〕

9) 裏出良博（2006）睡眠の液性調節と視床下部　メディカルレビュー　18, 11-17.

10) 近年睡眠不足や不眠が社会問題としてしばしばとり上げられている．交通事故だけではなく，原子力発電所事故（1979年）などのさらに重大な事故の原因となっている．睡眠時無呼吸は多くの場合，肥満体の患者にみとめられ，睡眠時に上気道が狭くなって，いびきをかくようになり，さらに上気道がふさがれてしまうと，血中酸素濃度が低下し，そのために覚醒して呼吸しなければならない．その後睡眠にはいっても，無呼吸のために，中途覚醒する．この繰り返しによって，深い睡眠がとれなくなり，日中に眠気を催すようになり，作業能率が低下する．また，夜間の交感神経系の活動上昇で多くの臓器に負担をかけ，高血圧などの原因にもなっている．

11) 神山潤（2010）ねむり学入門　新曜社

【参考文献】
産業技術総合研究所（編）（2007）きちんとわかる時計遺伝子　白日社

II-4 夢
dream

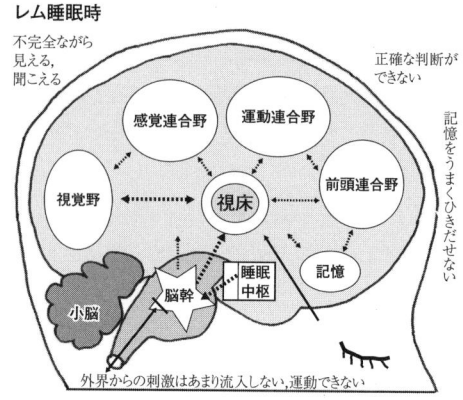

図4-1 レム睡眠時の脳のはたらき

徐波睡眠がある程度持続すると，脳幹に存在する組織（星印）がレム睡眠を発現させる．視床-皮質回路が不完全ながら活性化し（点線），急速眼球運動などがみられる．視床や皮質は不完全に活性化されて，連絡がうまくとれない．また，前頭連合野は，これらの情報処理ができないほか，記憶をうまくひきだせないから，夢の内容はつじつまがあわなくなる．

夢は，眠っている間に体験される精神現象であるが，目覚めてから内容がそこはかとなく消えさってしまうことから，「はかないこと」のたとえ，あるいは現実には実現しがたいことから「希望」のたとえとなっている．

また，自分の霊魂が自分の肉体を離れて，自由に活動できる時間であり，反対に「夢のお告げ」のように，眠っている心に，外部からなんらかの存在が入り込んでくると考えられた時代には，神仏や超自然的な存在と交流できる特権的な時間でもあった．死んだ人が現れて話しかけてくる，生命を脅かすようなものに追いかけられて，逃げることもできずに，すくんでしまう，など不思議な内容の夢も多く，過去において，説話集や神話の成立におおいに影響があったと想像できる[1]．

近世に入ってからは，夢の内容を詳細に記述あるいは蒐集することによって，夢を心理的現象ととらえ，人文科学的に研究する方向にむかった．フランスのモーリー（Maury, A.）は，眠っている自分自身にさまざまな刺激を与えてもらって夢の内容がどのように変化をするかを調べ，サン・ドニ（Saint-Denis, H. de）は，自分が夢をみていることに気がついて，そのストーリーを自由に変化させることのできる「明晰夢」について記述した．イギリスのエリス（Ellis, H. H.）は多くの夢内容を蒐集し，分析を加えている[2]．

神経生物学者であったフロイト（Freud, S.）は，パリのシ

1) 河東仁（2002）日本の夢信仰　玉川大学出版部

2) 宮城音弥（1953）夢　岩波書店
Ellis, H. H. (1911) *The world of dreams*. London: Constable.〔藤島昌平（訳）(1941) 夢の世界　岩波書店〕

ャルコー（Charcot, J-M.）のもとでヒステリー症状が催眠によって引き起こされることを知り，その後，催眠中にあたえた命令が催眠後に実行されること（後催眠）を見て，意識にのぼらない考えがあることを重要視し，**無意識**と名づけ，精神分析学を創始した．精神医学者となったフロイトは，やがて催眠が神経症の治療に役立たないことを知った．一方，夢では抑圧されていた願望が解放されると考え，夢の内容を分析することによって，患者の無意識にわけいり，過去の心のわだかまりや願望を意識にのぼらせ，原因を納得させることが，患者の治療に役立つと考えた[3]．

夢の自然科学的な研究は1950年代からで，眠っている被験者の眼球が急速に運動するときに揺り起こすと，多くの場合「夢をみていた」という報告がなされてからである．眼球が急速に運動する特徴から**レム睡眠**とよばれている[4]．この状態での脳波は覚醒時の脳波に類似しており，夢をみているときには，脳が覚醒に近い状態で活動していると考えられる[5]．

以上のように，ヒトでは，レム睡眠時に覚醒させてそのときにみていた夢の内容を分析することができるようになったが，レム睡眠の発生メカニズムの解明には，動物実験の結果を待たなければならなかった．1960年代にはいってフランスの脳外科医ジュヴェは眠っているネコにも急速眼球運動がみられ，そのときに脳波は覚醒に似た状態で，骨格筋が完全に弛緩していることを認めた[6]．さらに，この状態は脳の後半部，すなわち脳幹によって引き起こされることがわかり，ヒト以外にもレム睡眠が存在することが知られて，さまざまな動物で研究された．レム睡眠は，現在哺乳類および鳥類にしか認められていない．他の大脳皮質が発達していない種では脳波による判定が不可能であるとともに，急速眼球運動をともなう骨格筋の弛緩も観察されていないからである．

レム睡眠の発生は以下のようである（図4-1）．アミン細胞と一部のアセチルコリン細胞の活動が低下すると，脳幹に存在する一部の特有なアセチルコリン細胞が，大脳皮質を直接および間接に刺激して，不完全ながら覚醒に近い状態をつくりあげると同時に，骨格筋を弛緩させ，急速眼球運動をひ

3) Freud, S.（1900）*Traumdeutung.*〔高橋義孝（訳）（1968）夢判断　人文書院〕
Freud, S.（1940）*Vorlesungenzur Einführung in die Psychoanalyse*〔高橋義孝（訳）（1977）精神分析入門　新潮文庫〕

4) 前項「覚醒と睡眠」参照．

5) Dement, W. C.（1972）*Some must watch while some must sleep.* Stanford: SAA.〔大熊輝雄（訳）（1975）夜明かしする人，眠る人　みすず書房〕
陰茎の勃起がレム睡眠と同期してあらわれること，心拍・血圧・呼吸などの自律機能の変動が顕著である．

6) Jouvet, M.（1992）*Le sommeil et le Rêve.* Paris: Odile Jacob.〔北浜邦夫（訳）（1997）睡眠と夢　紀伊国屋書店〕

きおこす[7]．同時にこれらの細胞が，感覚中継点である視床を介して，感覚連合野を不規則に刺激することで，脳内になんらかの知覚活動を生じさせている，と考えられている．

ヒトでは，覚醒状態で外部から大脳皮質の一部を電流で刺激すると，刺激のたびに，さまざまな過去の経験が報告される[8]．刺激時にものが見えるのは，視覚記憶領域や視覚連合野が刺激されるからである．これらの事実から，夢の内容は，レム睡眠中に脳幹から発生する刺激によって皮質が刺激され活性化されて作られるのだろう，と考えられている．外部からの刺激などに影響されることはあるが，基本的には，夢は，過去の記憶などの脳内に蓄えられた内部情報にもとづいて，つくられる．視覚情報が多く，聴覚がそれにつぎ，痛覚，味覚，嗅覚情報はすくない．

夢の内容は，多くの場合，断片的であり，非論理的で，ストーリーなどに時間的あるいは空間的秩序がみられない．たとえば，死んだ人があらわれたり，外国に行ったり，試験の夢を次々にみたりする．またこれらの夢をみても不思議とは思わないし，ストーリーが変化してもおかしいとは思わない．

これは，さまざまな皮質がランダムに活性化されるために，発生する感覚あるいは引き出される記憶もまとまりがなく，その結果，全体として整合性をもって事象が認知されず，またデータを整理統合する機能をうけもつ前頭葉の活動も低下しているためと考えられる[9]．この場合，夢をみているという自覚も抑制されている．夢の内容を記憶して把持し続けることは多くの場合困難であるが，これは短期記憶が長期記憶に変換されないためであろう．

また夢の内容は非常に情動的な場合がある．**悪夢**は，日常生活がストレスにさらされていたり，不安があるときに発生しやすい．**心的外傷後ストレス症候群（PTSD）**という精神的後遺症をもつ患者では，悪夢をみる確率がたかい．

覚醒から徐波睡眠を経ないで突然レム睡眠に移行する**ナルコレプシー**（narcolepsy）の患者では，筋肉弛緩がおきると同時に，室内に悪魔や幽霊がはいってきて身体の上にのるなど，なまなましい現実感と恐怖をともなう夢（睡眠麻痺）を体

7）小山純正（2006）レム睡眠の中枢機序 *Brain Medical*, 18, 33-41.

8）Penfield, W.（1975）*The mistery of the mind*. London, Princeton Univ Press.〔塚田裕三・山河宏（共訳）（1977）脳と心の正体 文化放送開発センター出版部〕

9）Hobson, J. A. & Pace-Schott, E. F.（2002）．The cognitive neuroscience of sleep: Neuronal systems, consciousness and learning, *Nature Reviews Neuroscience*, 3, 679-693.

験する.

　睡眠麻痺は，健常人においても，入眠期に徐波睡眠を経ずにレム睡眠に移行する場合に経験される．不安，不規則な生活習慣，疲労，昼夜の逆転，海外旅行での時差があげられる．いずれの場合も，レム睡眠時での大脳皮質の活性化，情動に関与する大脳辺縁系の昂奮によって，引き起こされる．

　明晰夢は，自分が夢をみていることを自覚できる夢で，筋弛緩のともなうレム睡眠時にみとめられるが，外界から音刺激を与えると眼球運動によって反応することができるほどに，大脳皮質は覚醒に近い活動を示す[10]．場合によっては，夢のストーリーを変更させたりして，夢の内容に関与することができる．明晰夢は訓練によってみることができ，この性質を利用することで，悪夢の悩みを解決できる場合がある．

　以上のように夢がレム睡眠時にあらわれることはよく知られているが，眠りばなにみられる**入眠時心像**，また目覚める前の**出眠時心像**のように，夢はレム睡眠時以外にもみとめられる[11]．入眠期は覚醒から睡眠へ移行する段階で，とりとめのない考えや，明るい光，がやがやした音声などの視覚・聴覚心像が経験されるが，直後に目覚めないかぎり，記憶に残らないことが多い．子どもの**夜驚**のように，徐波睡眠中に悪夢をみても，あるいは不完全覚醒して夢中遊行をしても（**睡眠時遊行症**），記憶に残らない場合が多い．したがって，夢を皮質の不完全な活動の反映と考えれば，記憶に残らないだけで，徐波睡眠中に夢をみないという結論はだせない．

　レム睡眠の特徴である**急速眼球運動**などは，約18週齢以降のヒト胎児にあらわれ，次第に，筋肉弛緩，陰茎の勃起などをともない，出生時まで増加していく[12]．この時期は脳神経系の急速な発達段階にあたることから，脳幹に発生する不規則な刺激が脳全体を刺激して神経系の発達を促進させていると想像されている．また，日中に獲得した情報を処理するという説，新しい環境に順応するのに必要などの説もあるが，今後の研究に期待が寄せられている．　　　　〔北浜邦夫〕

10）渡辺恒夫（2005）夢を見続けて四千年　高田公理他（編）夢，うつつ，まぼろし　インターメディカル

11）堀忠雄編著（2008）睡眠心理学　北大路書房

12）神山潤（2010）ねむり学入門　新曜社

【参考文献】
北浜邦夫（2009）脳と睡眠　朝倉書店

II-5 感覚／知覚

sensation / perception

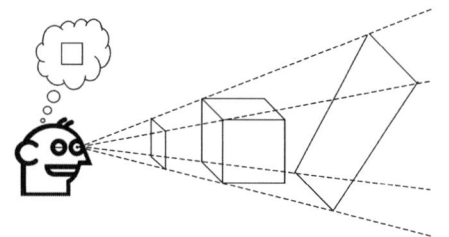

図5-1 網膜像は同じでも，それを生じさせる物体は無数にある．

　視覚，聴覚，嗅覚，味覚，平衡感覚のように，身体内の特殊な場所のみで外界の刺激を受け取る感覚を**特殊感覚**と呼ぶ．一方，痛み，皮膚感覚，内臓・深部感覚，および筋肉や関節などによる四肢の相対的な関係や運動の感覚のように，全身の広範囲で生じる感覚を**一般感覚**と呼ぶ[1]．

　感覚・知覚に関わる現象を測るためには，**精神物理学的（心理物理学的）測定法**が用いられる．この方法では，観察者はある感覚が生じるか否か（たとえば，光点が見えるか，見えないか），2つの刺激のうちいずれが強い感覚を生じさせるか（どちらの光点が明るく見えるか）という判断を行う．このとき，反応の違いが生じるとき（すなわち，見える場合と見えない場合，片方が他方よりも明るく見える場合）の条件に基づいて，**絶対閾**（**刺激閾**ともいう；感覚が生じるか生じないかの境目となる刺激強度），**弁別閾**（強度の異なる2つの刺激の違いが区別できるかできないかの境目となる最小の刺激強度差），**主観的等価点**（ある感覚について，標準刺激と比較刺激の強度が等しいと主観的に判断されたときの比較刺激の刺激強度）などが測定できる．

　精神物理学的測定法の代表的な手続きとしては，調整法，恒常法，極限法が一般的である[2]．こうした方法は，実験参加者が意図的に反応できないようにすること，また正確に推定値を得ることを目指している．これらの目的は複数の刺激強度を無作為に呈示し，試行数を増やすことで達成できるが，逆に実施手続きが複雑になり，時間がかかってしまうという欠点も出てきてしまう．従って，これらの方法のうちどれを用いるかの選択は，測定の正確さと実施の容易さのどちらを

1) 山内昭雄・鮎川武二（2001）感覚の地図帳　講談社

2)「I-20　実験パラダイム」参照.

重視するかに依存する．こうした問題を改善し，よく使われるようになってきたのが**適応的測定法**である．恒常法などでは明らかに強い（あるいは弱い）強度の刺激を呈示することもあるため，試行数が増えてしまうという欠点があったが，適応的測定法[3]では，実験参加者のこれまでの反応に基づいて呈示する刺激の強度を閾値付近で変化させるため，試行数が比較的少なくて済むという特徴がある．

　精神物理学的測定法を用いて導き出される最も基本的な法則であるウェーバー（Weber, E. H.）の法則[4]を紹介しておこう．ある刺激の強度が変化したことがわかるために必要な刺激強度のちがいは，絶対的な差ではなく，相対的な差に基づく．すなわち，基準となる刺激と比較する刺激の強度が異なっていることがわかるときの刺激強度の差は，基準となる刺激の強度に比例する．たとえば，重さ50gの標準刺激と，1g増えた51gの比較刺激は重さが異なると判断できる．しかし，標準刺激が500gのとき，同じ1gの差をもつ501gの比較刺激と重さの違いはわからず，比較刺激を510gまで増やさなければ重さが異なることを判断できない．このような，弁別閾と基準となる刺激の強度との関係をウェーバーの法則という[5]．

　感覚・知覚プロセスの目的は，われわれの身の回りの環境（遠刺激）の**モデル**（近刺激）を脳内に再現することである．感覚器官はセンサーであって，われわれを取り巻く世界の情報を脳に伝える働きをする．ただし，たとえば視覚でいえば眼は，外界をありのままに写真のように切り取った映像を脳内へ投射しているわけではない．視感覚が外界をそのまま切り取るものであったならば，映画は平板な連続写真が瞬いているだけに見えるだろう．しかし実際には，われわれはそうは感じないで，映画の映像からも奥行きや，なめらかな動きを感じる．感覚器官である網膜の段階でも既に，視覚情報をおおまかに分けて大小二種類の神経節細胞で別々に処理するという情報の加工が始まっている．網膜の小型の神経節細胞は視野の中心付近にあり，静止した細かい情報を外側膝状体の小型の細胞に伝えている．網膜の大型の神経節細胞は周辺

3）原澤賢充（2003）適応的心理物理的測定法による閾値の推定 *Vision*, 15, 189-195.

4）Fechner, G. T. (1966) *Elements of psychophysics*. (H. E. Alder, Trans.), New York: Holt, Rienhart and Winston. (Original work published 1860).

5）これを式に表すと $\Delta I = kI$ となり，ΔI は弁別閾，I は基準となる刺激の強度を表す．定数 k はウェーバー比とよばれ，標準刺激に対してこの比率の分比較刺激を変化させれば，50％の確率で両者に差があることが判断可能となる（重さについてのウェーバー比は0.02）．Teghtsoonian, R. (1971). On the exponents in Stevens' law and the constant in Ekman's law. *Psychological Review*, 78, 71-80.

視野の形態情報や，運動の情報を外側膝状体の大型の細胞へ送っている[6]．この他，網膜から中脳の上丘，および視床の一部へ送られる情報もある．聴覚でも音響信号が内耳の蝸牛で拾われるだけでなく，そこでは時間的，及び周波数的特徴の抽出が行われている[7]．こうした例からわかるように，感覚器官は外界のありのままの情報をそのまま読み取って脳内に伝え，脳はそれを加工して知覚を生じるという単純な図式は当てはまらない．感覚器官でも既に情報の処理は始まっているため，感覚と知覚は不可分のプロセスであるといえる．

感覚・知覚は入力された刺激を取り込む過程を含むため，従来は低次の情報処理から高次のパターン認識に至るまでの直線的な情報の流れ（**フィードフォワード処理**）の中で行われるプロセスであるとみなされてきた．しかし，最近の研究では，フィードフォワード処理だけでなく，高次の脳領域から低次の脳領域へのフィードバックがパターン認識に深く関与することを示す電気生理学的知見が得られている[8]．人間を対象とした経頭蓋磁気刺激（TMS）を用いた研究でも，**フィードバック処理**の関与が示されている[9]．TMS は頭皮のすぐ外で強力な磁気パルスを非常に短時間発生させ，電磁誘導を起こして脳の神経細胞を活動させる方法である．これを視覚刺激を呈示すると同時に一次視覚野に施すと，通常の神経活動が妨げられるため，当然その刺激の知覚は損なわれる．しかし，同じ TMS を刺激呈示から約 100 ～ 200ms 後に施しても知覚は損なわれる．これは，いったんフィードフォワードで進んだ刺激の処理のうち，フィードバックとして戻ってきた活動がこの TMS によって乱されたために知覚が損なわれたためであると考えられている．

われわれが知覚しているものは，感覚情報をもとに構築された世界である[10]．外界は縦横，そして奥行き方向に広がる 3 次元世界である．そこに存在する物体の像は，光学の原則に基づいて 2 次元の網膜表面に投影される．たとえば正方形が網膜上に映っていたとする（図 5-1）．これは正方形の板を真上から見たものかもしれないし，長方形の板を斜め方向から見たものかもしれない．あるいは，立方体を正面から

6）花沢明俊（2007）神経生理 I —網膜から V1 まで　内川惠二（総編集）・篠森敬三（編集）視覚 I（Pp.23-44）朝倉書店

7）柏野牧夫（2010）聴覚　村上郁也（編）イラストレクチャー認知神経科学（Pp.71-880）オーム社

8）Zipser, K., Lamme, V. A., & Schiller, P. H. (1996) Contextual modulation in primary visual cortex. *Journal of Neuroscience*, 16, 7376-7389.

9）Transcranical Magnetic Stimulation; Laycock, R., Crewther, D. P., Fitzgerald, P. B., & Crewther, S. G. (2007) Evidence for fast signals and alter processing in human V1/V2 and V5/MT +: A TMS study of motion perception. *Journal of Neurophysiology*, 98, 1253-1262.

10）北崎充晃・村上郁也・繁桝博昭（2010）視覚　村上郁也（編）イラストレクチャー認知神経科学（Pp.51-70）オーム社

見たときの像かもしれない．このように，感覚・知覚プロセスでは，無数にある解の可能性の中から，外界にあったもとの物体が何であったかを解く必要が出てくる．このとき，網膜像のみを頼りにしてもこの問題は解けないため，物体認識の過程ではいくつかの制約条件を加える．たとえば，物体の形は容易には変化しないという制約条件を置くことによって，網膜像の形が変化したときは，それは観察方向が変わったためである，と解釈される．

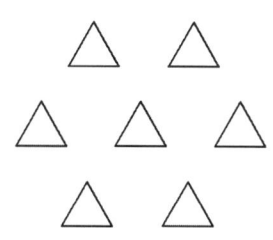

図5-2 これらの三角形が指す方向は同時に変化する．

物体を認識する過程では，知覚的体制化が働いて，輪郭の抽出や物体が構成する表面構造の認識に貢献する．たとえば図5-2は三角形の集合であるが，これらを見ていると，その指す方向が時折変わるだろう．興味深いことに，方向はばらばらに変わらず，常に一斉に同じ方向をとる．知覚的体制化は情報をより単純にまとめ，一貫したまとまりを抽出することを助けるはたらきである．図と地の分離や，**プレグナンツの法則**として記述される特性に基づくグルーピングは**体制化**の例であり，視覚に限らず聴覚においても成立する[11]．

図5-3 この絵は何に見えるか？
(Emst, 1986より作図)

われわれは感覚・知覚の仕組みを意識することなく，あまりにも容易にこなしているため，これらが能動的なプロセスであることに気づきにくい．知覚が受動的なものであるならば，入力されたパターンが同じなら，知覚されるものも同じになるはずである．しかし，実際はそうではない．たとえば，図5-3は2通りの見え方をもつ曖昧図形である．事前に顔を見ると知らされてこの図を見る場合と，コートを着た人だと知らされて見る場合では，何が知覚されるかが異なる．この例は見え方は経験によって変容することを示しているが，この他にも，知覚は文脈や期待，情動[12]といった内的な状態によって変容しうる，能動的なはたらきであることを示す知見が蓄積されている．

〔河原純一郎〕

11) 柏野牧夫 (1992) 音の流れを聞きとる科学 62, 374-379.

12) 下條信輔 (2008) サブリミナル・インパクト ちくま新書

【参考文献】
横澤一彦 (2010) 視覚科学 勁草書房

II-6 注意

attention

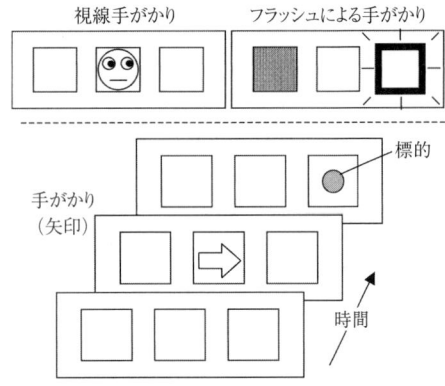

図6-1 手がかりによって空間的注意を向けることで標的の検出がすばやく，正確になる．手がかりはフラッシュでも，視線でも，注意を向ける働きがある．

視覚や聴覚など，種々の感覚器官から入ってきた情報は全てが意識に上るわけではない．**注意**は膨大な入力情報の中から不要なものを捨て，重要なものだけを選び取る働きをもつ．日常では，視線と注意の方向はたいてい一致しているが，注意は視線が向いていないところにも向けることができる．

注意には多くの側面があり，単一の概念ではなく，いくつもの心理学的な働きをまとめて注意と呼んでいる．これらには注意の定位，フィルタリング，探索，行動制御などが含まれる．このうち**定位**については，実験心理学では，手がかりなどで注意を向けた場合と，注意を向けていない場合の差分を注意の効果として取り出す[1]．たとえば，実験参加者は図6-1のように，最初に中央に注視した後，左右どちらかに出現する標的に対してできるだけすばやくボタンを押して反応する．このとき，標的が出現する直前に，中央に矢印が出て，標的が出やすい側を知らせる．矢印の向いた側にちょうど標的が出る場合（手がかりが有効だったとき）は，手がかりが左右いずれも示さなかった場合（統制条件）よりも標的を検出するのにかかる時間が短くなる．また，統制条件に比べて，矢印の反対側に標的が出た場合（手がかりが無効だったとき）は一層検出時間が遅くなる．この時間差は，注意が手がかりの指す空間へ向けられたことによる利得や損失を反映すると考えられる[2]．これまでの研究で，手がかりはこうした矢印だけでなく，標的付近で点灯させたフラッシュ光[3]，あるいは中央においた顔の視線方向[4]でも注意を向けさせる効果

1) 河原純一郎・田中真樹（2010）注意と眼球運動　村上郁也（編）イラストレクチャー認知神経科学（Pp.105-124）オーム社

2) Jonides, J. (1981) Voluntary versus automatic control over the mind's eye's movement. In J. Long & A. Baddeley (Eds.), *Attention and Performance*. IX (Pp.187-203), Hillsdale, NJ: Lawrence Erlbaum.

3) Posner, M. I., Walker, J. A., Friedrich, F. J., & Rafal, R. (1984) Effects of parietal injury on covert orienting of visual attention. *The Journal of Neuroscience*, 4, 1863-1874.

4) Friesen, C. K. & Kingstone, A. (1998). The eyes have it!

があることがわかっている．

　手がかりによってある場所に注意が向けられるプロセスには，3つの段階があると言われている．その段階は，まずはじめに，現在向いている位置から注意を解放し，移動させ，新しい場所へ注意を定位するという3つである．

　空間的注意を向けた領域は，暗闇でスポットライトを点灯し，照らした領域での知覚処理を促進するのにたとえられる（注意のスポットライトメタファ）．ただし，いつも同じ大きさの範囲が照らされ（注意され）るわけではない．注意できる広さと促進される処理の程度は，課題の困難度等によってズームレンズの焦点のように柔軟に変わる．注意は単なるスポット光ではなく，中心は無視して周辺だけに注意するというドーナツ状の注意配分や，空間的に離れた2つ以上の場所への注意配分も可能だとする研究もある[5]．

　注意が向けられる位置は刺激特性や経験によって決まる．たとえば，自動車を運転して交差点にさしかかったときは，信号機のありそうな前方の少し上方や，右折しようとしている対向車両に注意を向けやすくなるだろう．これは先行知識によって注意すべき位置を決めており，**注意のトップダウン制御**という．一方，このようなときでも，左の方から大きなサイレン音と眩しい回転灯を点けた緊急車両が現れると，意図せずとも注意はそちらへ引きつけられる（注意の捕捉）．このような場合は，**注意のボトムアップ制御**と呼ばれる[6]．

　感覚入力はあっても，注意を向けていない対象は意識に上らず，見落とされてしまうことがある．非注意による**見落とし現象**はその例である[7]．たとえば，図6-2のように，いくつかの丸や四角が画面内を動き回る数十秒の動画を観察するとき，実験参加者は白い図形が画面の端にあたって跳ね返った回数を数えるように教示される．これを数試行繰り返した後，ある試行では，画面中央を＋記号がゆっくりと横切るように移動してゆく．この記号が明るい赤色であっても，かなりの割合の実験参加者はこの記号が横切ったことを見落としてしまう．実験参加者は跳ね返る図形を数えるという注意の構えをとっている．そのため，＋記号が数えている図形の真

Reflexive orienting is triggered by nonpredictive gaze. *Psychonomic Bulletin and Review*, 5, 490-495.

5) Cave, K. & Bichot, N. (1999) Visuospatial attention: Beyond a spotlight model. *Psychonomic Bulletin and Review*, 6, 204-223.

6) Theeuwes, J. (2010) Top-down and bottom-up control of visual selection. *Acta Psychologica*. doi:10.1016/j.actpsy.2010.02.006.

7) Most, S. B., Scholl, B. J., Clifford, E. R., & Simons, D. J. (2005) What you see in what you set: Sustained inattentional blindness and the capture of awareness. *Psychological Review*, 112, 217-242.

上を横切ったときでも，注意の構えに合致しない対象はあたかもフィルタで濾し取られるように見落とされてしまう．

注意の構えに一致せず，濾し取られた情報（すなわち無視された情報）は全く処理されずに情報処理の初期の段階で捨てられるのか，あるいは，意味処理程度のかなり高次の処理までされて，反応を選択する段階で選ばれないだけなのか？　この問題については古くから議論があり，前者を**初期選択理論**，後者を**後期選択理論**と呼ぶ．これらのいずれでもなく，無視された情報も完全ではないにせよ，ある程度は意味がわかる程度まで処理されるという折衷案としての**減衰理論**という立場もある[8]．最近の研究では，無視された情報が情報処理の初期の段階で捨てられるか，後期の段階まで処理が進むのかは課題の負荷によって決まるという考え方が広まっている．妨害刺激を無視して標的を処理する課題において，標的が見つけにくく，選び出すのに非常に労力がかかる場合は，その時点で注意資源を使い切ってしまう．そのため，妨害刺激の処理に廻す余剰資源はなくなるので，無視した妨害刺激は処理されないという，あたかも初期選択理論が予測するような結果になる．一方，標的を選び出すのが容易な場合は注意資源が余っているので，無視したはずの妨害刺激であってもついでに処理してしまい，結果的に後期選択理論の予測に一致することになる．こうした新しい考え方は，**注意の負荷理論**と呼ばれる[9]．

上述した，注意が関わる諸現象の背景にあるのは，われわれが一度に向けることができる注意の総量には限界があるという考え方である．この考え方に一致して，注意資源を必要とする課題を2つ以上同時に，あるいは短時間内に行うことは困難であることが，**二重課題**を用いた実験から明らかになっている．単独では難なくこなすことができる課題どうしであっても，一度に行うときは単独で行う場合に比べてそれぞれの実行成績は低下する．日常でも，自動車を運転すること，

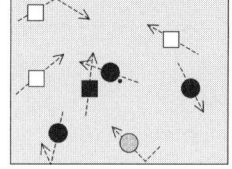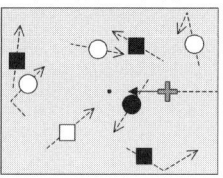

図6-2　追加課題中に出る予期しない刺激（十字）は見落とされやすい．

8) Styles, E. A.（2006）*The psychology of attention*, 2nd Edition, Hove: Psychology Press.

9) Lavie, N.（2005）Distracted and confused?: Selective attention under load. *Trends in Cognitive Sciences*, 9, 75-82.

携帯電話で会話することはどちらも単独では容易に実行できるが，同時に実行するときには困難が伴う．この場合，いずれの課題も，記憶へのアクセスや次に何をするか（話すか）という行動の計画を立てるために注意の資源を必要とするため，単独で行うときに比べて二重課題の成績が低下する．二重課題による実行成績の低下は，注意資源の共有という問題だけでなく，課題に対する構えを切り替える（タスクスイッチ）という実行制御には時間がかかるという側面も関与している[10]．足し算と引き算を交互に行う場合は，足し算だけ，引き算だけをまとめて行う場合に比べて，計算が遅くなり，間違いも増えるという例に示されるように，注意は行動の制御にも関与する．

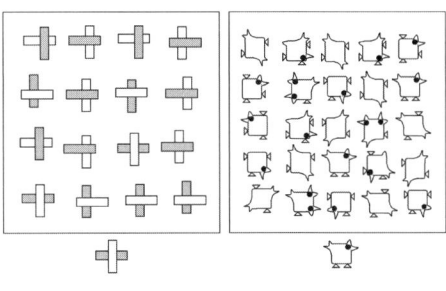

図6-3 特徴どうしの組み合わせを探索するには注意を向けて精査する必要がある．

先に述べた空間的手がかりとは別の手法を使って，注意は一度に視野内の一部の領域のみに向けられることを示す知見がある．たとえば，図6-3のように，複数の物体の中から，下部に表示された標的を探す課題を考えてみよう．左側からは，白が上になったパターンを，右側からは眼，くちばし，尻尾，脚が全てそろった鳥を探してみよう．これらの標的を探すまでにはある程度の時間がかかることが体験できるだろう．標的以外のパターン（妨害刺激）の数を操作した視覚探索実験から，妨害刺激が少ないときに比べて，多くの妨害刺激が同時に呈示されているときは，このような標的を見つけるまでの探索時間が一層長くかかることがわかっている[11]．こうした結果は，何を探すべきなのかわかっている場合でも，標的となる物体のパーツは網膜上には映っていても，それらの組み合わせは自動的には行われないことを意味している．注意は一つ一つの物体に向けて，物体の特徴を組み合わせる働きをもっており，視覚探索中は標的を見つけるまでこのプロセスが続けられる．

〔河原純一郎〕

10) Monsell, S. (2003) Task switching. *Trends in Cognitive Sciences*, 7, 134-140.

11) Wolfe, J. M., & Bennett, S. C. (1997). Preattentive object files: Shapeless bundles of basic features. *Vision Research*, 37, 25-43.

【参考文献】
横澤一彦（2010）視覚科学　勁草書房

II-7 視覚

vision

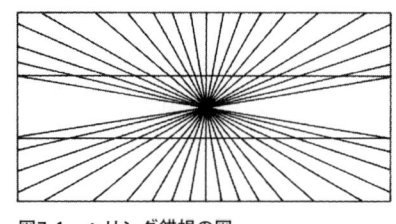

図7-1 ヘリング錯視の図

　近年，知覚心理学，特に視覚研究は脳科学に軸足を置いている．視覚を解説した類書では，網膜に映る刺激が大脳皮質の後頭葉に伝わり，そこから処理がどう進むかを解説したものが多い．fMRIなど，**脳イメージング**（brain imaging）技術が一般的になるにつれ，その傾向はますます強まっている．しかし，視覚研究には，脳科学とは別に，心理学に固有の問題がある．コンピュータにたとえると，ハードウェア配線の仕組み（脳科学）とは別に，ソフトウエアの仕組みや働き方（心理学）を知らなければ，コンピュータを有効利用できない．脳科学的解説は類書に委ね，ここでは「心理学に固有の問題」を見つめていきたい．

　視覚における"心理学に固有の問題"とは何か．それは，**ゲシュタルト心理学**（Gestalt psychology）のコフカ（Koffka, K.）が発した，「ものはなぜ，見えるように見えるのか？（Why do things look as they do?）」との問いに象徴される[1]．ものは必ずしも，物理的事実通りには見えないのである．

　図7-1に描かれた2本の水平線は曲線に見える（ヘリング錯視）が，実際は平行直線である．物理的事実に反し，われわれには「見えるように見える」，すなわち曲がって見える．これまで提案されてきた幾多の**幾何学的錯視**（geometrical illusion）は，さながら「事実に反する見え方」のコレクションである．なぜ**錯視**（illusion）は起こるのか．未だ答えの得られていない難問だが，少なくとも，経験や学習，合理的推論として説明することはできない．図形要素の絶妙な配置，すなわちゲシュタルト性が錯視的見え方の土台にある．

1) Koffka, K.（1935）*Principles of Gestalt Psychology*. London: Routledge & Kegan Paul Ltd.〔鈴木正彌（監訳）（1998）ゲシュタルト心理学の原理 福村出版〕

同じく"事実に反する見え方"でも，錯視とは別の一群がある．**恒常性**（constancy）と呼ばれる現象である．大きさ，形，明るさなどさまざまな属性において恒常性はみられる．大きさの恒常性を例にとると，網膜上で，たとえ円に比べ三角形が大きく投映されていても，必ずしも三角形が大きいとは知覚されない．円が三角形より遠くにあるとの情報があれば，円の方が大きく知覚される．錯視の場合とは異なり，恒常性は，経験的学習や合理的推論による説明になじみよい．

　視覚研究は，錯視や恒常性という変則的な見え方を重視する．しかし多くの場合，物理的な事実通りにヴェリディカル（veridical）に（正しく）見えている．にもかかわらず，ヴェリディカルに見える仕組みに正攻法では挑みにくい．それは，見ることが，想像や思考と結びつく開いた系だからである．加えて，見ることは，聞くことや触ることなど他の感覚系とも密接に結びついている．

　まず，視覚が他の感覚系とどう結びついているかを見てみよう．四角い形に見えるものは，触っても四角い．右側でしゃべっている人を見ていて目を閉じても，その人の声は右側から聞こえ続ける．当たり前すぎて，改めて「なぜ？」と問う糸口を得にくい．「ヴェリディカルな知覚」に正攻法で挑む難しさである．

　見て四角いものは触っても四角い，すなわち見た形と触った形が同じだと知覚される理由として，最初は無関係だった視覚的形と触覚的形が，発達や学習によって対応づけられると考えられる．要するに，経験主義的連合論である．この点を心理学的に証明するには，連合が生じる前の原初の姿を示せばよい．だが，明確な応答ができない新生児を相手に，視覚と触覚の原初的姿を発達的に証明することは容易でない．特に，両者に対応づけがない状態を証明するのは難しい．

　手がかりは，意外なところにある．生まれつき白内障で視力がきわめて弱かった人が，白濁した水晶体を取り除く手術

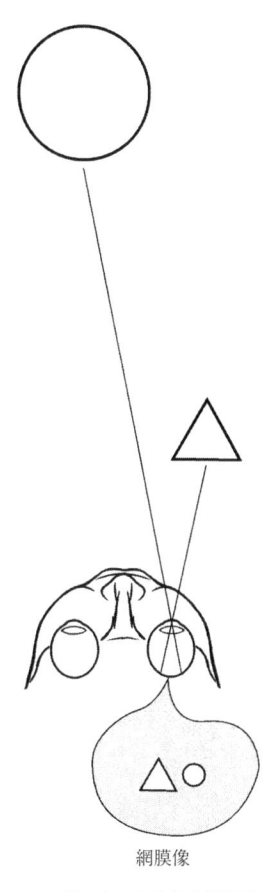

網膜像

図7-2　大きさの恒常性

を受け視覚を回復したケース，すなわち**先天盲の開眼手術**(sight-giving surgery for congenital cataracts) である．手術前の保有視覚が，形がぼんやりとも分からない程度しかなかった場合は，たとえ白濁した水晶体を取り除き鮮明な網膜像が得られても，見るだけで形を知覚することはできない[2]．すなわち，触覚的形と視覚的形は連合していない．ただし，これを連合前の原初的姿と見なすことには慎重でなければならない．開眼手術を受けた人では，触覚だけで形を知覚するシステムがすでにできあがっていて，視覚と触覚の初期状態とは必ずしも言えないからである．ヴェリディカルな知覚を正攻法で解明することを目指したはずの解説が，ここでも先天盲の開眼手術後という変則的見え方に手がかりを求めている．視覚研究は，変則事例と正常機能の両方を睨みながら進めなければならない．

　見ることが，想像や思考と分かちがたく結びついている点にも言及しよう．19世紀半ばにヘルムホルツ (Helmholtz, H. von.: 1821-1894) が**無意識的推論**(unconscious inference) という概念を提出して以来，網膜上に映し出された映像だけで外界をヴェリディカルに知覚することはできないとする考え方が一般的である．網膜映像に加え，過去経験や状況手がかりというトップ・ダウン情報などの助けを得て，視知覚は遂行される．近年におけるロック (Rock, I.) の「知覚は問題解決過程」とする考え方[3]も，知覚と思考の共通過程を強調している．これらを，間接知覚論と括ることができる．

　それらを相手に，正反対の解答を提案したのが，ギブソン[4] (Gibson, J. J.: 1904-1979) の直接知覚論である．上の恒常性のところで「円が三角形より遠くにあるとの情報があれば」と解説したが，間接知覚論はそれを視覚以外の情報と見なす．しかしギブソンは，**高次網膜像手がかり**(higher-order retinal cues)，すなわち「肌理の勾配」など網膜から直接与えられるものとした．直接知覚について記したギブソン自身の未発表の覚え書き[5]があるので，引用したい．「直接的な知覚《direct perception》は，直接的でないタイプのあらゆる把握《apprehension》や認知にとって基本的であると，私は考え

2) 鳥居修晃・望月登志子 (2000) 先天盲開眼者の視覚世界　東京大学出版会 など．

3) 吉村浩一 (2001) 知覚は問題解決過程―ロックの認知心理学―ナカニシヤ出版 の解説参照．

4) 1950年に出版した著書で，網膜に映る映像の複雑な関係性（高次網膜像手がかり）だけでわれわれは目の前の視覚世界を捉えられるという独自の知覚論を主張したほか，没年の1979年に出版した著書では，アフォーダンスという造語を用いて生態学的な知覚論を展開した．

5) Reed, E. & Jones, R. (1982) *Reasons for realism*. Hillsdale, NJ: LEA.〔境敦史・河野哲也（訳）直接知覚論の根拠　勁草書房〕

る」(邦訳書, p.255) と, 把握や認知を知覚の外に置くことで, ギブソンは知覚の対象を「生態学的な環境を捉えること」に絞ろうとした. 彼のあげる具体例は, 次のようである. 床や机の上などの直接的な知覚 (その面の効用の知覚を伴う) と, 面の上の人工的なマーキング (文字など) の知覚はまったく異なり, 前者は直接知覚の対象となるが, 後者の文字などのもつ意味は, 連合によって付加されたもので, 周囲の環境の一部ではない. これらを,「把握や認知」として, 知覚から切り離そうとした.

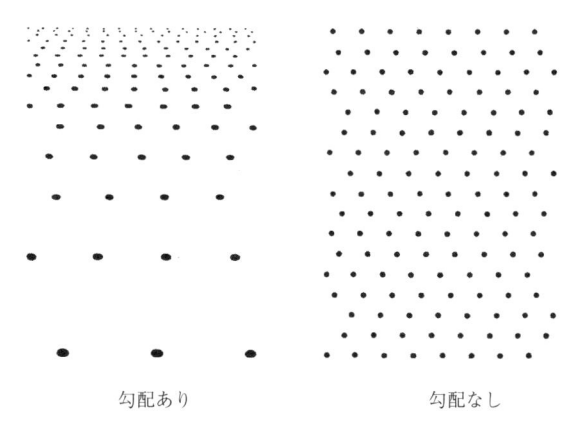

勾配あり　　　　　勾配なし

図7-3　肌理の勾配

しかし, 文字や絵などの複雑な意味を有するものを視覚の対象外へ押しやることは, 今日われわれが行わなければならない視覚活動の複雑さを考えると, 適切と言えない. 視覚機能を, 他の動物とも共通する生存に関わる生態学的機能に限定するべきでない. その一方で, 知覚を無制限に思考や推理と同一視することも適切でない. 知覚と思考の密接さを強調したロックに対し, イタリアの知覚心理学者カニッツァ[6]は, 視覚と思考の共通性を認めつつも,「二つの過程の間の否定できない類似性に重点を置くことによって, それと同程度に明らかな相違を過小評価してしまうという危険」(邦訳書, p.262) の方を警戒した. 両者を同一視できない理由としてカニッツァは, 視覚には理屈 (思考) に合わないことが起こりうると指摘する. 冒頭に示したヘリング錯視なども, 理屈に合わない視覚の例と言えるだろう[7]. 容易に結論が得られない問題だが, 視覚を研究する者が心してかからなければならない大切な問題である　　　　　　　　　〔吉村浩一〕

【参考文献】
横澤一彦 (2010) 視覚科学　勁草書房

6) Kanizsa, G. (1979) *Organization in vision: Essays on Gestalt perception.* New York: Praeger Publishers.〔野口薫 (監訳) (1985) 視覚の文法——ゲシュタルト知覚論　サイエンス社〕

7) この論争については, 下記の解説参照. 吉村浩一 (2006) 運動現象のタキソノミー——心理学は"動き"をどう捉えてきたか——ナカニシヤ出版

II-8
逆さめがね

visually inverting / reversing goggles

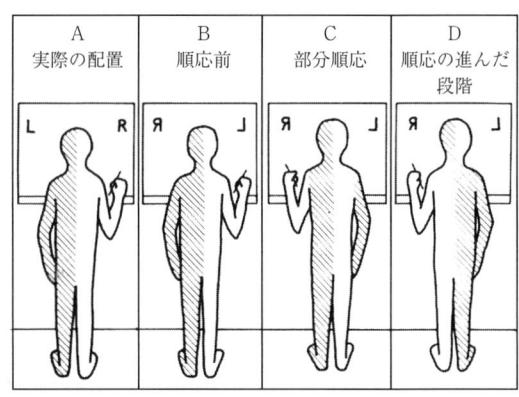

A	B	C	D
実際の配置	順応前	部分順応	順応の進んだ段階

図8-1 ハリスの自己受容感覚変更説の説明図 (Harris, 1965)
自らが左半身と感じている部分が斜線で示されている.

逆さめがねによる視野変換には，上下反転，左右反転，そして上下も左右も反転する逆転の3種類がある．その中で，世界で最初に逆さめがねを長時間着け実験報告を行ったストラットン（Stratton, G. M.）[1)]は，逆転めがねを用いた．3種類のうち，なぜ逆転めがねだったのか．その理由は，正常視の視野像の性質にある．正常視のとき，私たちの網膜には，外界像が上下も左右も反転した逆転像が映し出されている．ストラットンの実験目的は，「正立した外界を知覚するには網膜像の逆転が必要か」との問いに実証的に答えることであった．それには，逆転めがねを使って上下も左右も反転していない正立網膜像を得る必要があった．彼の結論は明快であった．もし，正立視に逆転網膜像が不可欠なら，逆転めがねをいくら長く着けても，目の前の世界は正立して見えるはずはない．1896年の論文は彼自身が3日間着用した予備的報告で，半年後に8日間の再着用を重ね，この問いへの答えを確信した．不安定とはいえ，徐々に倒立感は失せ，目の前の世界が正常に見え始めたことから，正立視にとって網膜像の逆転は不可欠ではないと結論した[2)]．

ストラットンの逆さめがね実験の意義は，正立視問題にとどまらなかった．彼自身，実験を通して気づいていたことだが，再正立感へと導いたのは，視覚の変化ではなく，視覚とそれ以外の諸感覚（触覚や聴覚など）との関係，すなわち**感覚様相間関係**（intersensory relationship）の再構造化だったのである．加えて，得られた情報を使って的確に身の回りに働き

1) Stratton, G. M. (1896) Some preliminary experiments on vision without inversion of retinal image. *Psychological Review*, 3, 611-617.

2) Stratton, G. M. (1897) Vision without inversion of the retinal image. *Psychological Review*, 4, 341-360, 463-481.
ストラットンの2つの論文の邦訳は，下記を参照．
吉村浩一 (2008a) 逆さめがね実験の古典解読—19世紀末のStrattonの2つの論文　法政大学文学部紀要　57, 69-82.

かける自動化された動き，すなわち**知覚 − 運動協応**（sensory-motor coordination）の再獲得の問題でもある．逆さめがね実験は，こうした心理学の重要問題を検討する格好の場となった．

逆さめがね実験が正立視問題に閉じないなら，必ずしも逆転めがねを用いなくてもよい．今日では，光学的変換がより容易な上下反転めがねや左右反転めがねを使って，逆さめがねの世界への**知覚順応**（perceptual adaptation）が追究されている．着用経験のない人は，たとえば上下反転めがねを着けると天地逆さまの世界に住むことになると想像するかもしれない．でもそれは，正面を見ているときに限られ，足もとを見下ろせば手前−向こうが反転し，自分の脚が向かい合った人の脚のように見える．また，頻繁にとる斜め前方を見下ろす姿勢では，床と壁が入れ替わりしかも斜めに傾くため，水平感がつかみにくい．要するに，反転するのはシヤであって，ヘヤではない．

何日間も逆さめがねを着け続けると，逆さま感が失せ，やがてまともに見え，行動もスムーズにできるようになる．こうした順応は，視覚とそれ以外の感覚との対応に変化が生じることで達成される．変化は，視覚とそれ以外の諸感覚のどちらに起こるのか．常識的には，唯一誤っている視覚情報の側に変化が生じると考えたい．しかし，事実は逆である．

これまでに提案された諸説のうち，逆さめがねの世界への知覚順応をもっともクリアに説明したのは，米国の心理学者ハリス（Harris, C. S.）[3]の**自己受容感覚変更説**（proprioceptive change hypothesis）である．変化は触覚や身体感覚など，自己受容感覚の側に生じ，視覚には生じないとする．左右反転視の世界を具体例に，彼は身体の右半分と左半分の感覚が正常視のときから左右入れ替わってしまう様子を3段階で図解している．左右反転めがねを通して自分の右手を見れば，正常視のときの左手位置に見える．自分の右手を見える位置にあると感じるようになること（自己受容感覚の変更）が，順応の本質だとする．手だけでなく，やがて自己身体全体の感覚が左右入れ替わる．一方で，目の前に見える世界は，見えているとおり（正常視のときとは）左右反転したまま変化

[3] Harris, C. S.（1965）Perceptual adaptation to inverted, reversed, and displaced vision. *Psychological Review*, 72, 419-444.

しない．自己の身体感覚も見えている回りの世界も，ともに（正常視のときとは）左右反転することで，正常視者と同じく斉合的な世界に住むことになる．

ところで，見え方が正常視のときとは左右反転したままなのに，順応したと言えるだろうか．この点についてハリスは，自己受容感覚の変更とは別次元の説明を持ち出した．たとえば，「R」という文字を左右反転めがね越しに見ると，「Я」に見える．左右反転めがね着用者は，その形（「Я」）を正しい「アール」の内的表象として見慣れていく．同じことが，時計の文字盤にも言える．「4時」の左右反転形は，長針が真上で短針が左斜め下を指すパターンである．左右反転めがねを着けた人には，それは当初，「8時」に見える．しかしそのパタンを繰り返し見続けると，やがてそのパターンが「4時」を意味するようになる．「4時」の内的表象が変化したのである．要するに，新しいパターンへの**親近性**（familiarity）が高まることで，もとの視覚記号の左右反転形が元の視覚記号の意味になっていく．以上が，ハリスの自己受容感覚変更説の骨子である．

この説への疑問は，ハリスが変化するとした自己受容感覚は，果たして視覚と対立する非視覚的なものかという点である．正常視者と最後まで異なるのは，同じものに対する内的表象，すなわち心の中での視覚的形であった．「R」と「4時」の内的表象は，左右反転視者の心の中では「Я」「正常視者にとっての8時の心的表象」となる．ハリスはこれを，親近性の変化として，自己受容感覚の変更とは別次元で説明した．だがそれらは，以下に示すように，同じ原理で説明可能である．

吉村[6]が行った左右反転めがね2週間着用実験では，完全順応の姿を推察するに足る知見が得られた．着用11日目あたりから，着用者は，図8-3に示したような知覚印象をもつようになった（ここでは視覚と聴覚との関係を例に説明するが，視覚と触覚にも同じ変化が進行する）．自分の後方，B側から近づいてくる自動車の音が「右後ろから聞こえ」，自分を追い抜いて視野内に現れたとき「右横から現れた．現

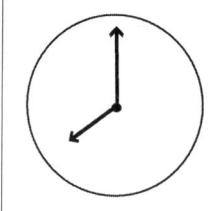

図8-2 左右反転めがねを長く着け続けると，当初「8時」と思えていたこの内的表象が，やがて「4時」と思えるようになる．

6) 吉村浩一（2008b）[解説] 逆さめがねの世界への完全順応 *Vision*, 20, 1-7.

れた瞬間に自動車が左右反対側へ飛び移る感じがなくなった」と報告した．この時点の着用者にとって，"右"とは，自身の右手が視野内に見える側である．自動車が視野に現れたのを「右側」と報告したのは，自分の右手が見える側から現れたことを意味する．問題は，視野に入る前に聞こえていた自動車の音源方向を，「右後ろ」と報告した点である．言葉では「右後ろ」と言っているが，視野に入った瞬間に「左右反対側へ飛び移らなかった」ことから，それは自動車が視野に現れたのと同じ側でなければならない．図中の記号でいえば，BではなくA方向から聞こえていた．もし，視覚とは無関係に聴覚による音源定位に変化が起こったなら，両耳のうち，遅く弱く音圧変化が入ってくる耳側からの音であると音源定位したことになる．しかし，そのような音源定位は考えにくい．図のB方向から発せられた自動車音を，A方向からの音と知覚する**心的イメージ**（mental image）へと変化したと見なすべきである．そしてそれは，視覚性の空間表象である．そう解釈すれば，「R」と「Я」の場合と同じメカニズムで説明できる．目の前に見える世界の心的イメージが左右反転したのと同様に，自己身体（自己受容感覚）や音源（聴覚）の心的イメージも，正常視のときから左右反転することが順応の本質である．言い換えれば，自己受容感覚や音源の空間内での定位は，それらの感覚の神経レベルではなく，心的イメージレベルで起こるのである．逆さめがね実験は，上にも記したように，こうした心理学の重要問題を検討する格好の材料を提供してくれる．

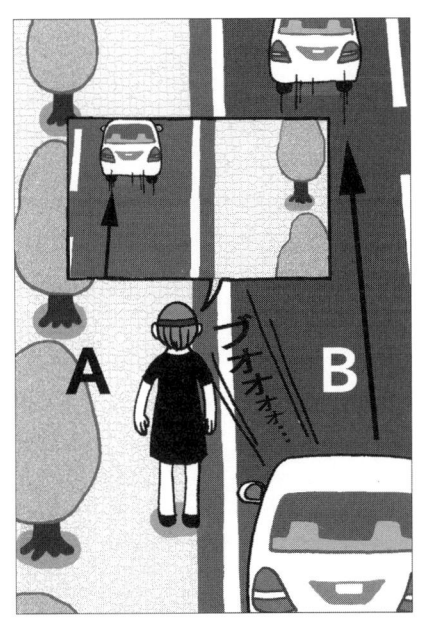

図8-3　うしろから追い抜いていく自動車の音源定位（吉村）[6]

〔吉村浩一〕

【参考文献】
吉村浩一（1997）3つの逆さめがね［改訂版］ナカニシヤ出版

II-9

聴覚

Audition

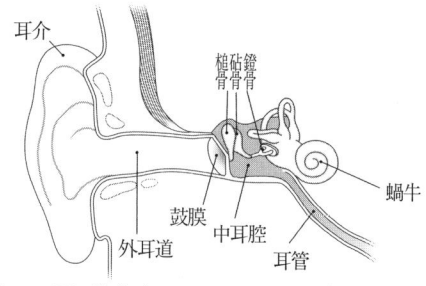

図 9-1 耳の構造（Denes & Pinson, 1993[1] に基づく）

1) Denes, P. B. & Pinson, E. N.（1993）*The speech chain: The physics and biology of spoken language*, 2nd Edition, New York: W. H. Freeman.

　空気を媒体とする縦波（疎密波）である音が耳に到達して生ずる気圧の変化を捉えるところから，**聴覚**は始まる．この気圧の変化は小さく，せいぜい数パスカルである．外耳道における気圧の変化に応じて鼓膜が振動し，鼓膜に接する三つの耳小骨，すなわち槌骨，砧骨，鐙骨が振動する．鐙骨の振動は，内耳にある蝸牛と呼ばれるカタツムリの殻を小さくしたような管状の器官に詰まっているリンパ液に伝わる．蝸牛の働きについて考えるときには，渦巻状の管がまっすぐに伸びていると考えてよい．この管は二階だてバスのように上下の階に分かれていると考えることができる．実際には，中二階と二階とがあるような構造であるが，そのふるまいについて考えるときには，これを一まとめにして前庭階として捉えてよい．一階の部分は鼓室階と呼ばれる．リンパ液は前庭階にも鼓室階にも詰まっており，両階は蝸牛頂と呼ばれる管の渦巻きの中心のところでつながり，リンパ液が行き来できる．前庭階と鼓室階とを隔てる床の主要な部分は基底膜と呼ばれている．蝸牛の管はおよそ3回転しており，その中に伸びている基底膜の長さは 30 mm くらいである．鐙骨の振動は，渦巻きの外側にある前庭窓という部分からリンパ液に伝わる．リンパ液には縦波が生じ，この縦波は蝸牛頂から，鼓室階に伝わる．こうして基底膜の上下に液圧の違いが生じ，基底膜が上下に変形する．基底膜の物理的な性質から，その鐙骨に近い部分は数千ヘルツ以上の高い周波数成分に対して応答しやすく，蝸牛頂に近い部分は数百ヘルツ以下の低い周波数成分に対して応答しやすい．基底膜の上には振動に対して電気生理学的な応答を示す有毛細胞が並んでおり，これに繋

がる1次聴ニューロンが発火することによって聴感覚が生ずる．有毛細胞には振動に対して応答するもののほかに，基底膜に生ずる振動に対して中枢からのフィードバックを与えるものもある．聴覚システムについて考えるとき，刺激となる音のスペクトルを観測することはこのような末梢の仕組みに対応している[2]．聴覚システムの処理することのできる周波数成分の範囲は，若い健聴者において，20〜20,000 Hz くらいである．聴覚システムの感度が特に高いのは 500〜6,000 Hz くらいの範囲である．電話では 300〜3,400 Hz くらいの帯域が確実に伝わるようになっている[3]．

聴覚システムにおいて知覚される音の主観的な性質として，**音の大きさ（ラウドネス）**，**音の高さ（ピッチ）**，**音色**の三つは，「音の三性質」と呼ばれ，重要である[4]．音の大きさに対応する物理量は，音の強さ（単位時間に単位面積を通過する音エネルギーの量）である．ある程度以上の強さを有する 1,000 Hz の純音については，主観量である音の大きさが，物理量である音の強さの 0.3 乗に比例することが知られている．

音の長さが 0.1 秒に満たないくらいであれば，周波数構成の似た音の音の大きさは，音の総エネルギー量に概ね依存する[5]．ごく大雑把に見れば，音の大きさは 0.1〜0.3 秒程度の時間窓に収まる音エネルギー量に対応付けられる．

音の高さに対応する物理量は周波数である．ただし，周波数（1秒あたりのくり返し回数）という言葉は，ある基本周波数（たとえば 220 Hz）の整数倍の周波数成分（220，440，660，880，1,100 Hz と続く純音成分），すなわち倍音（調波）関係にある成分のみからなる複合音（複数の周波数成分からなる音）の基本周波数（220 Hz）を示す場合と，個々の周波数成分の周波数を示す場合とがありうる．ピアノやヴァイオリンなどの楽器の音は，倍音関係の，あるいはそれに極めて近い成分からなる複合音であり，その基本周波数が音の高さに対応する．純音についても，基本周波数の成分のみからなる音であると考えれば，だいたい同じ対応関係が認められる．大雑把には，周波数が 2 倍になると音の高さが 1 オクターブ上がり，周波数が約 5.95 % 増すと音の高さが半音上がる．

2) Plack, C. J. (2005) *The sense of hearing*, Mahwah, NJ: Lawrence Erlbaum.

3) 実際にはこの範囲から外れる周波数成分も伝わっている場合が多いことには注意する必要がある．この音声周波数帯域はいわゆる「黒電話」の時代から電話の送受話器を設計する際に，拠りどころとなっているものである．これに基づいた最近のデジタル電話に関する勧告として，International Telecommunication Union による ITU-T P.310（2009 年 6 月制定）がある．

4) Plomp, R. (2002) *The intelligent ear: On the nature of sound perception*, Mahwah, NJ: Lawrence Erlbaum.

5) Fastl, H. & Zwicker, E. (2007) *Psychoacoustics: Facts and models*, 3rd Edition, Berlin: Springer.

音の高さが半音ずつ上がってゆくと，12ステップで変化が1オクターブに達し，出発点の音と似た性質が再び感ぜられる．音楽において，1オクターブ離れた音に同じ音名ないし階名が付けられるのは，音の高さのこのような性質によるものと考えられ，これをオクターブ等価性と呼ぶ[6]．シンバルの音や拍手の音のように，数パーセントの幅を超えるような広い周波数範囲に成分が連続的に分布し，倍音関係が認められない場合には，主要な成分の現れる周波数範囲，あるいは際立つ成分の周波数などが音の高さの決定要因になる．

　純音や倍音関係をなす複合音の音の高さがどのような仕組みによって知覚されるかは，19世紀の半ばから20世紀の前半にかけて，聴覚研究の中心の話題であった．1961年にノーベル生理学・医学賞を受賞したベーケーシ（Békésy, G. von）の立場に近い**場所説**という考えかたによれば，音が蝸牛のどの箇所によって感知されているかが音の高さを決定すると考えられ，一方，**時間説**という考えかたに従えば，外耳道における気圧の時間的な変化の様子（時間波形）に反復があれば，それを手がかりとして音の高さが決定される．この二つの説が対立し，それぞれの説を支持するような実験結果が出されたが，今日では，場所説，時間説で述べられるような仕組みの両方が，実際には働いているとされている[7]．倍音関係を有する複合音が一つの音として知覚されるときには，必ず明確に音の高さが知覚されるので，音の高さの知覚は，雑音のある環境から音声信号などを抽出することにも関係しているはずである[1]．

　音色は，周波数成分の構成ないし構成比（スペクトル），音が鳴っているあいだの強弱の変化（時間包絡），周波数成分ごとの強弱の変化の違いなどさまざまな物理的な手がかりに影響される．音色自体も一次元の量として捉えることができない複雑なものである．そのため，つかみどころのない音色の全体を扱うのでなく，分離してとり扱いやすい音色の構成因子を研究対象とすることも多い[4]．特定の周波数帯域において，1秒に数十回程度の速い強弱のくり返しがあるとき，「音の粗さ」が感ぜられたり，音の周波数構成が高い周波数

6) Burns, E. M. (1999) Intervals, scales, and tuning. In D. Deutsch (Ed.), *The psychology of music*, 2nd Edition, New York: Academic Press, Pp.215-264.

7) Moore, B. C. J. (2003) *An introduction to the psychology of hearing*. 5th Edition, New York: Academic Press.

の側に偏るときに「音の鋭さ」が感ぜられたりすることが知られている．音声言語においては，発声器官を駆使してさまざまな音色を次々に出すことによって大量の情報を素早く伝えていると考えられる[3]．音色は，まわりの環境や事物の性質，状態についても重要な情報を与える．

音の発生した場所を聴きわけることも日常生活では重要である．音が左右のどちらにどのくらい偏った方向から到来したのかを知覚するには，左右の耳に同じ音が到達する際の強度差，時間差が手がかりになっている．また，音が前後上下のどの方向から到来したかを聴きとるには，胴体，頭部，耳介において，音が回折したり，反射したりすることによって，音の周波数構成比等が変化することが利用される．元の音がどのように変化するかが音の到来方向によって異なることを生かして，到来方向を推測していることになる[1]．

このような音が，アナウンサーの声，リコーダーのメロディー，横断歩道を渡る足音など，さまざまな意味のあるまとまりを形成する．この際には，音そのものにまとまりかたが示されているわけではなく，聴覚システムがさまざまな原理に従ってまとまりを作ってゆくのである．聴覚システムの働きによって，時間方向にまとまった一回一回のできごとである**音事象**（単に「音」と言ってもよい）が形成され，音事象が時間方向につながった**音脈**が形成される．このようにして，ひとつながりの話しことばや，ひとつながりの足音などの知覚内容が生ずる．この際にさまざまなゲシタルト原理が働き，中には倍音関係の周波数成分が一体として知覚されやすいというような，聴覚に特有のゲシタルト原理も見られる[8]．

空気の中で何らかの動きがあれば音の発生する可能性があり，聴覚がその情報を最大限に生かすことによって，環境への適応が容易になる．また，ヒトにおいては，他の作業をしながら複雑な内容の情報を互いに伝えるときに，聴覚が重要な役割を果たす．

〔中島祥好〕

8) Bregman, A. S. (1990) *Auditory scene analysis: The perceptual organization of sound*, Cambridge, MA.: MIT Press.

【参考文献】
中島祥好（2006）聴覚　海保博之・楠見孝（監修）／佐藤達哉・岡市廣成・遠藤利彦・大渕憲一・小川俊樹（編）心理学総合事典　朝倉書店, Pp.160-168.

II - 10
音響／音楽

Acoustics and music

　人類が**音響**と**音楽**とを理論的に捉えた例として，紀元前6世紀に古代ギリシア文化圏において活躍したピュタゴラス学派に遡ることができる．当時，線密度と張力とが等しい2本の弦を弾いて音を出すときに，弦の長さの比率と2つの音のあいだに生ずる協和，不協和とが関連づけられることが知られていたとされている．その結果を今日の観点から解釈すると，二つの調波複合音（基本周波数とその倍数の周波数との純音成分を合成した音）のあいだに協和が感ぜられるためには，基本周波数の比率が，1：2（1オクターブに相当），2：3（完全5度）などの単純な整数比になるべきであるということになる．このような場合には，二つの調波複合音が共通の純音成分を有することが多くなり，結果として異なる複合音の純音成分のあいだに「唸り」の生ずる程度が小さくなる．周波数の異なる二つの純音が同時に鳴らされるとき，その周波数差を周波数（1秒あたりのくり返し回数）とする音の強さの変化，すなわち**唸り**が生ずる．唸りの生ずる程度が全体として小さいときには，音が**協和**しているように感ぜられやすいことが知られており，基本周波数が単純な整数比をなす場合には，確かに協和の増すことが理解できる．

　このような考えかたを提唱したのは，19世紀半ばに活躍したドイツの生理学者・物理学者ヘルムホルツ（Helmholtz, H. L. F.）[1)] である．彼は，ガラス容器などに二つの口を空け，口の一つを突き出した形にして自分の耳の穴に突っこみ，いわば自分の耳を音響測定器の一部として用いることによって，楽器音などの周波数分析を行った．その後今日に至るまでの研究によって，音楽演奏音や音声などの音がどのような

1) Helmholtz, H. L. F. (1885/1954) *On the sensations of tone.* New York: Dover.

周波数成分から成りたち，それらがどのように伝えられるかが，聴覚コミュニケーションにとって重要であることが判っている．これは，内耳の蝸牛[2]において大まかな周波数分析のなされるところから聴覚系の情報処理が始まることに対応している．電話，拡声器，オーディオ機器などの電気音響機器の音響特性について考えるとき，どのような周波数成分の音をどのくらいよく通すかという**周波数特性**がしばしば話題になるのはこのような理由による．

聴覚システムの末梢を単純化して捉えた場合，**可聴周波数**の範囲（20-20,000Hz）を30個程度の周波数帯域に分割して得られる臨界帯域と呼ばれる処理単位がその基本をなしている．**臨界帯域**は内耳の蝸牛が有する周波数分析の機能を表すモデルである．一つの臨界帯域に収まる二つの純音のあいだに数十ヘルツ程度の唸りが生ずると，ざらざらとした，あるいは濁った印象に相当する「音の粗さ」[3]の知覚が生ずる．この知覚印象は臨界帯域の中で音の強さが急速に変動をくり返す場合に生ずるものである．二つ以上の音が同時に鳴らされ，このような音の粗さが足しあわされると，**不協和**の知覚が生ずる．

協和を生ずる完全5度の（周波数の比率が2：3となるような）音程で5つの音を並べると，「ドソレラミ」という5つの階名が得られる．これを1オクターブの中に並べなおすと，「ドレミソラ」となるが，これは，文部省唱歌の名曲である「朧月夜」の冒頭（「ミミドレミソソラソ，レミドレソミ」）などを構成する音階になっている．7つの音を同じように並べると「ファドソレラミシ」となり，これを「ドレミファソラシ」と並べかえることによって長音階が得られる．ここから「ドミソ」「ファラド」「ソシレ」という組みあわせを和音（同時に鳴る二つ以上の音）として取りだすと，基本周波数の比率が近似的に4：5：6となり，倍音関係になった音の成分から，4倍音，5倍音，6倍音，およびそれらの整数倍の周波数を有する純音成分を取りだして聴くことに似た状態になり，特別な意味を持つものとして聴きとられる[4][5]．

2)「Ⅱ-9 聴覚」の項を参照．

3) Plomp, R.（1976）*Aspects of tone sensation: A psychophysical study*. London; New York: Academic Press.

4) このようにして完全5度の音程に基づいて決められた音階構成音と周波数との関係は「ピタゴラス音律」と呼ばれる．今日普及している12平均律とは異なり，もともとは長3和音（「ドミソ」の関係にある和音）を演奏するための音律ではない．

5) Terhardt, E.（1978）Psychoacoustic evaluation of musical sounds. *Perception and Psychophysics*, 23, 483-492.

「ドレミファソラシド」と主音から1オクターブ上昇する長音階を奏した後，短い間を置いてもう一つの音を鳴らすとしよう．この最後の音が「ド」や「ソ」であるときには文脈に当てはまる感じがするが，「ラ」や「レ」ではそれほどではなく，「ド#」や「ファ#」などは文脈から外れた感じがする．すなわち長音階を聴いただけで，次にどのような音名ないし階名の音が鳴らされるのか，ある程度の予測をさせるような知覚の枠組が形成されると考えられる．このような枠組のことを聴覚心理学において**調性**と呼ぶことがある[6]．

　音楽には，これから出現する音や音のパターンを予測させるような面があり，予測が裏切られることもある．そのときに重要な役割を果たすのが**リズム**である．知覚心理学の文脈に限るならば，リズムとは「時間上のゲシタルト」であると定義することができる[7]．次々に鳴らされる音と音とは，時間と周波数（または音の高さ）に関する近接の原理や音色に関する類同の原理に従って，時間に沿った知覚上のつながりである「音脈」を形成する．典型的な音脈は，音と音とが一つながりになった**メロディー**である．音脈は，音の始まりと音の終わりとで時間的に区切られ，そのような音のあいだに群化が生じ，音や時間の区切りのあいだに階層化が生じて，ゲシタルトが形成される．これがリズムである[8]．

　典型的な西洋音楽においては，0.15〜0.9秒くらいの音符の長短関係がリズムの基本を形成しており，ほぼ等間隔の時間の刻み目である「拍」や「小節」が，リズムを特徴づけている．このような拍節構造に対応するような知覚実験の結果も得られている．等間隔の時間構造が音脈の形成を促進する場合のあることも知られている．このような体制化の原理を「時間的規則性の原理」と呼ぶことができる．

　言語，音楽のいずれにおいても，時間上にほぼ等間隔に並ぶ目盛のようなもの，すなわち**時間の格子**を，リズム産出，リズム知覚の基本として想定することができる．音楽においては，時間の格子が例えば2つずつないし3つずつまとめあげられ2拍子，3拍子などの拍子の構造が生ずる．聴取された時間パターンに対して，それに適合する拍子構造の当て

6) Krumhansl, C. L. (1990) *Cognitive foundations of musical pitch*. New York: Oxford University Press.

7) Fraisse, P. (1982) Rhythm and tempo. In D. Deutsch (Ed.), *The psychology of music*. New York: Academic Press, Pp.149-180.

8) Handel, S. (1989) *Listening: An introduction to the perception of auditory events*. Cambridge, MA: MIT Press.

はめられる様子を表すような認知モデルも提案されている[9]．

聴覚の特性を考慮しながら言葉や音楽を聴くことに適した音響条件を作ることは極めて重要である．まず重要であることは，聴くべき音を聴くために邪魔になるような雑音をなくすことであろう．元の音から分離して聴こえるような残響や，極端に長い残響は，それ自体が雑音になってしまう．マイクを使う場合には，音の歪みにも気をつける必要がある．音量調節を上げすぎると，音の強さが増すだけでなく，時間波形（気圧の時間的変化の形）が歪んでしまい，その結果周波数成分の構成あるいは構成比（すなわちスペクトル）も変わってしまうので，かえって言葉の内容が伝わりにくいということが起こる．前述の周波数特性ももちろん重要である．聴くべき音が，他の音とは異なる方向から聞こえると，聴きとりはたやすくなる．また，話し手の口などの動きが音声に連動して知覚されることによって，聴きとりが促進される場合もある．

音楽を聴く場合には，言葉を聴きとる場合とは異なった音響条件が求められる．最も大きな違いは，特にクラシック系の音楽の場合，長めの残響が求められることであろう．音楽演奏における最適な音響条件は，音楽の種類や，部屋の大きさによっても異なり，また，残響についても，単に残響時間だけではなく，舞台で発せられた音がどのような経路で反射されて左右の耳に到達するかが問題になる[10]．

エジソン（Edison, T. A.）が1877年に蓄音機を発明して以来，音楽の世界においては演奏を**録音**に残すという，新しい表現形態が生じたことは注目すべきである．以来，録音における臨場感というものが一貫して追求され，演奏も楽曲と同じように作品として残しうるものであると考えることが可能になった．このような流れの中で最近生じた注目すべき動きは，**デジタル技術**の導入であり，その際には聴覚心理学の成果が随所に生かされている[11]．

〔中島祥好〕

9）末富大剛・中島祥好（1998）リズム知覚研究の動向　音楽知覚認知研究, 4, 26-42.

10）安藤四一（2009）コンサートホールの音響と音楽表現　アルテスパブリッシング

11）日進月歩の分野においてはかなり古いが，次の書物からおよその事情が掴める．井上千岳（1994）デジタルオーディオのすべて　電波新聞社

【参考文献】
栃原裕（編集）(2007) 人工環境デザインハンドブック　丸善，第4章「音環境」, Pp.91-180.

II-11

嗅覚

olfaction

　大正6年に岩波書店から発行された高橋穣著の『心理學』（岩波書店）には，「……味覚と嗅覚とは生活機能に大切な程高等な精神生活には大切でない．概念作用や美感の如き高等な知識的生活及び感情生活は之と多く興らぬ．何者，両者は表象となり難く，又その生ずる感情は対象感情でないため快であるも美となり得ないからである．故に両者は下等感覚と称せられる．」と記されている．近代の日本語で書かれた心理学の教科書に嗅覚について触れられていることは滅多にないので，内容には素直に肯けないところもあるが，記述があるだけでも珍しい．巷では「アロマテラピー」という言葉をよく耳にし，「香りの心理的効果」が期待されることが多いが，感覚知覚心理学の授業で視聴覚に加えて嗅覚システムまで学習することは滅多にないであろう．

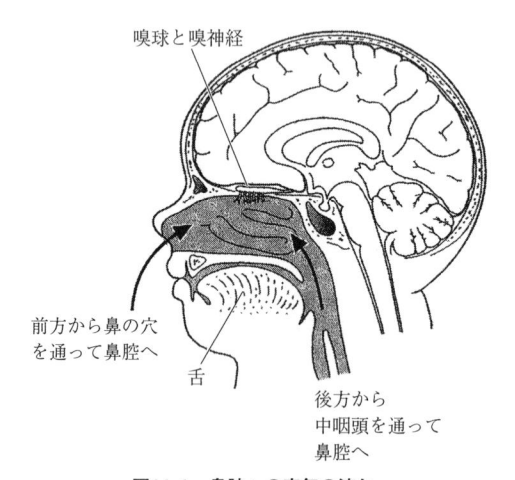

図11-1　鼻腔への空気の流れ

ところで,「珈琲の香り」と一言で表現するが,私たちが「珈琲の香り」を感じるまでにどのような情報処理プロセスが生じているのだろうか? **嗅感覚**を引き起こす刺激は,基本的には化学物質である.「珈琲の香り」と称されるものは珈琲から揮発する数百種類の物質の分子が,一定の量的バランスを保って集団で漂っているものである.化学物質の分子が鼻腔内に吸引され,嗅上皮に溶け込み,嗅細胞で受容されるところからニオイ[1]の感覚は始まる.嗅覚には主に2つの経路がある.ひとつは,外界からのニオイ刺激を,吸気を介して鼻腔から受容する**オルトネーザル嗅覚**(orthonasal olfaction)で,もうひとつは,口腔内の食べ物等から発せられるニオイ刺激を,呼気を介して中咽頭を通って鼻の後方から受容する**レトロネーザル嗅覚**(retronasal olfaction)である.

視覚刺激(光エネルギー)は網膜上の光受容細胞に受容されるが,この光受容細胞には桿体と錐体の2種類しかない.一方,哺乳類の嗅覚に関して,**ニオイ受容体**を発現させる遺伝子は1000種類[2]存在し,哺乳類のゲノム全体の3%を占めるといわれている.ただし人間の場合,1000種類すべての遺伝子が発現するわけではなく,350種類程度であると推測されている.また,1つの嗅神経細胞は,特定の1種類のニオイ受容体しか発現しないが,ある特定のニオイ受容体にとりこまれるニオイ分子は1種類ではない.つまり,ニオイ分子と受容体は一対一の対応関係にないために,基本臭は350種類と単純に結論づけることはできないのである.

1970年代にはアムーア(Amoore, J. E.)[3]による**特異的無嗅覚症**の研究から**基本臭**(原臭)の探求が行われていた.特異的無嗅覚症は古くは嗅盲と一部称されていた現象で,特定のニオイに対してのみ感度が低く,他のニオイについては正常な検知閾を示すことから,このニオイに関与する受容器機能だけが欠如していると考えられている.特異的無嗅覚症を示すニオイ物質を探し出していけば,色の「三原色」にあたるニオイの原臭を発見することができるとして,まず7つの原臭が確定された.しかしその後もこのような物質は増え続けた.前述のニオイ受容体を発現させる遺伝子の数を考えれ

1)「におい」を「ニオイ」と片仮名表記した.ニオイを表記する漢字には「匂い」と「臭い」があるが,前者は良いニオイを,後者は悪いニオイを意味し,ニオイ全般を意味する適切な漢字がない.また,平仮名の「におい」は前後に助詞が接続すると読みにくくなるので,ここでは「ニオイ」と片仮名表記した.

2) 2004年度ノーベル医学・生理学賞は,この研究成果に対してバックとアクセル両氏に授与された.
Buck, L. & Axel, R. (1991) A novel multigene family may encode odorant receptors: A molecular basis for odor recognition. *Cell*, 65, 175-183.

3) アムーアの特異的無嗅覚症の研究はこの論文から始まる.
Amoore, J. E. (1967) Specific anosmia: A clue to the olfactory code. *Nature*, 214, 1095-1098.

ば，納得がいくことであろう．

　ニオイの閾値は，ニオイ分子受容のメカニズムの解明のために，つまり，ニオイ物質の物理化学的特性と受容器の関係を明らかにするためにも多くの測定がなされている．閾値は一般的には加齢とともに上昇するが，経験によって低下するという報告もいくつかある．人間の脇下の汗から抽出されるアンドロステノンに対して，はじめはこのニオイを検知することができない人たちが，これを反復提示されることでこのニオイを感じるようになった[4]．また，日常生活の中で接するようなニオイの主成分であるニオイ物質に対する閾値も反復提示によって低下した．しかしこの低下は，閉経前の成人女性だけに見られ，男性や閉経後の女性，思春期の男女では生じなかったと報告されている[5]．女性ホルモンと閾値の関係が示唆されており，女性の方が男性よりも一般的には閾値が低いということに関連しているのかもしれない．

　ニオイ刺激に対する心理的な強さの感じ方（主観的強度）も一般的には刺激の物理的濃度に依存する．したがって，カテゴリー尺度のような差の判断に基づく強度評定の計測ではフェヒナーの法則に対応する対数関係が心理量と物理量の間に成立し，マグニチュード推定法のような比率判断に基づく強度評定の計測にはスティーブンスの法則に対応するベキ関数（a^n）が心理量と物理量の間に成立する．指数 n が1より小さい場合，刺激が弱い間ではわずかな物理的変化でも感覚量はかなり変化したように感じるが，刺激強度が大きくなると物理的に相当変化しても感覚量はそれほど変化しない．生体に警告を示すような感覚モダリティ刺激は指数 n が1より大きい場合が多いが，多くのニオイの刺激物質は指数 n が1以下を示すと言われている．

　その一方で，ニオイ刺激に対して感じる心理的な強さは文脈依存的でもある．たとえば，**ニオイの主観的強度**と親近性の間に正の相関関係があり，自分が知っているニオイは強く感じ，何のニオイかよくわからない場合は弱く感じられる傾向がある[6]．同様に，あるニオイが何のニオイか正しく同定できる場合には，できない場合と比べてニオイを強く感じら

[4] Wysocki, C. J., Dorries, K. M., & Beauchamp, G. K. (1989) Ability to perceive androstenone can be acquired by ostensibly anosmic people. *Proceedings of the National Academy of Sciences of the United States of America*, 86, 7976-7978.

[5] Dalton, P., Doolittle, N., & Breslin, P. A. (2002) Gender-specific induction of enhanced sensitivity to odors. *Nature Neuroscience*, 5, 199-200.

[6] Distel, H., Ayabe-Kanamura, S., Martinez-Gomez, M., Schicker, I., Kobayakawa, T., Saito, S., & Hudson, R. (1999) Perception of everyday odors: Correlation between Intensity, familiarity and strength of hedonic judgment. *Chemical Senses*, 24, 191-199.

れる．さらに，あるニオイが対提示されている名前と合致していると判断された場合には，合致していないと判断された場合よりもニオイを強く感じることも示されている[7]．これらの現象はニオイの認知的表象が鮮明になれば，ニオイははっきりと強く感じられることを示している．また，日本人に比較的馴染みの低いアニス[8]のハーブティーを日本人被験者に1ヶ月間毎日飲用させ，このニオイへの主観的強度の変化と，アニスのニオイの主成分アネトールの閾値の変動を調べた研究では，はじめは「弱い」と感じられたアニスのニオイは，一ヶ月後には「はっきり感じる」程度に上昇した．ニオイに日々接しているうちに，ニオイ質を鮮明に捉えられるようになり，主観的にそのニオイを強く感じるようになったと考えられる．この時，アネトールの閾値には変化が見られず，（これだけでは末梢レベルでの変化を否定するものではないが，）中枢レベルでの影響が推測される[9]．

連続提示されるニオイに対する主観的強度を時間軸に沿って計測すると，**順応現象**が観察される．順応の程度は一般的には刺激の持続時間・濃度に依存するが，評価者の注意レベルにも大きく影響される．あるニオイ物質を提示し，このニオイに接することによる身体へのリスクを教示でコントロールしたところ，リスクが高いという教示を受けた群では時間経過に伴う強度低下は認められず順応が生じなかったが，リスクは低いという教示を受けた群では順応が生じやすかったことが報告されている[10]．

また，視覚や味覚との相互作用によるニオイの強度増強も認められている．たとえば，ショ糖溶液（甘味）にバナナ様のニオイを有するアミルアセテートを同時に提示すると，ショ糖の濃度上昇に伴って，知覚されるアミルアセテートのニオイ強度も増強することが報告されている[11]．また，イチゴのニオイを無色の液体で提示された場合と，赤色に着色されて提示された場合では，後者でニオイへの主観的強度が高く評定される．

〔綾部早穂〕

7) Distel, H. & Hudson, R. (2001) Judgment of odor Intensity is influenced by subjects' knowledge of the odor source. *Chemical Senses*, 26, 247-252.

8) アニスはセリ科植物．種のように見える果実をアニスシードと呼び，この油は菓子・洋酒・歯磨き等の香辛料に用いられる．

9) 綾部早穂・斉藤幸子・菊地正 (2002) ニオイの知覚に及ぼす経験の影響　筑波大学心理学研究　24, 1-5.

10) Dalton, P. (1996) Odor perception and beliefs about risk. *Chemical Senses*, 21, 447-458.

11) Hornung, D. E. & Enns, M. P. (1986) The contributions of smell and taste to overall intensity: A model. *Perception and Psychophysics*, 39, 385-391.

【参考文献】
綾部早穂・斉藤幸子（編）(2008) においの心理学　フレグランスジャーナル社

II-12
ニオイ

smell

　10年ほど前に，アメリカ国防省が「ニオイ爆弾」開発プロジェクトを実施した．この爆弾は人体に危害を加えることなく敵の戦意を損なうことができると期待された．そして世界中の誰もが嫌うニオイ物質の探究が行われた[1]．調査の結果，腐敗した有機体のニオイが最も嫌われる傾向は認められたが，文化・地域・人種に普遍的な悪臭の発見には至らなかった．

　あるインターネットコラムサイトに「においカミングアウト」というコーナーがあり，そこに寄せられた投稿を集めて出版された同名の書には，匿名の人々の様々なニオイの好みが収められている．クーラーのカビ臭，ペットの犬の足裏，貼りっぱなしの絆創膏など，ほとんどが想像したくないものばかりであるが，個々人にとっては思い入れがあり，そのニオイに快感を覚えるのである．嗅覚は原始感覚であり，ニオイに対する快不快は生得的であるとする見解をよく耳にする．しかし，われわれの日常生活に鑑みると，うなぎ屋の店先からのニオイは，偶々そこを通りかかった空腹な人には「よいニオイ」を提供しているかもしれないが，その店の隣に住居を構えてしまった人にとっては，毎日嗅がされる頭痛の種になっているかもしれない．自分にとって利益のあるものはそのニオイまでもがいいニオイであり，不利益をもたらすものであればそのニオイは悪いニオイになってしまうことが多い．自分にとって利益のあるものが他の人にとっても利のあるものとは限らないので，必然的にニオイに対する嗜好もバラエティーに富む．多くの動物種では，生体に不利益もしくは危害をもたらすものは，人間のように個体によって異

[1] Slotnick, R. S. (2002) Science that stinks, science observer. *American Scientist*, 90 (5), 225.

なるというケースはあまりなく，生得的な反応が観察されやすいかもしれない．人間においても生得的なニオイに対する快不快反応を否定することはできないが，学習的要因の影響が強いことが様々な研究で示されている．

　新生児は，誕生後母親から授乳され，接触することによって，急速に自分の母親の乳のニオイや[2]，体臭への選好を高めていく[3]．このように人間は発達の初期段階から，生態学的に自分にとって重要なもの，親近性の高いもののニオイに対しての嗜好を示すのである．たとえ人工的なニオイであってもそのニオイが自分の母親と連合されれば，たとえば自分の母親がつけている香水に対して，生後1週間の乳児がその香水を選好するようになること[4]や，人工的な食品のニオイが充満した部屋に，誕生直後から24時間置かれた新生児は，そのニオイを後に選好するようになること[5]が報告されている．また，乳児は母親の母乳を介して，母親の食の嗜好の影響を受けるようになる[6]．このように，ニオイの連合学習は生活環境や親の食習慣の影響の中で成立し，3歳児以上では，ニオイの種類によっては成人と同様の嗜好パターンを示すようになると言われている[7,8]．幼児に比較的好まれるニオイのするものは，幼児が接する機会が多いものと考えられる．大人が比較的好むバラの香りに対しても，また拒否するスカトール（糞尿）臭に対しても，2歳児ではその2種類を区別しているような反応を示さなかったことも報告されている[9]．どちらのニオイも，幼児のそれまでの生活の中では，意味をなさないものであり，それゆえに，「良い」いニオイ・「悪い」ニオイの概念が成立していないものと考えられている．

　生育環境や食生活によってニオイに対する嗜好は形成されていくと考えられる．日常的なニオイに対する反応を日本人とドイツ人で比較した研究[10]では，18種類のニオイの主観的強度，親近度，快不快度の評定および，そのニオイのするものが食べられると思うか，何のニオイか（同定）について回答が求められた．日本人とドイツ人の間で見られた反応の差異は，快不快度評定とそのニオイがするものを食べられる

2) Varendi, H., Porter, R. H., & Winberg, J. (1997) Natural odour preferences of newborn infants change over time. *Acta Pediatr*, 86, 985-990.

3) Cernoch, J. M. & Porter, R. H. (1985) Recognition of maternal axillary odors by infants. *Child Development*, 56, 1593-1598.

4) Schleidt, M. & Genzel, C. (1990) The significance of mother's perfume for infants in the first weeks of their life. *Ethology and Sociobiology*, 11, 145-154.

5) Balogh, R. & Porter, R. H. (1986) Olfactory preferences resulting from mere exposure in human neonates. *Infant Behavior and Development*, 9, 395-401.

6) Mannella, J. A. & Beauchamp, G. K. (1998) Infants' exploration of scented toys: Effects of prior experiences. *Chemical Senses*, 23, 11-17.

7) Schmidt, H. J. & Beauchamp, G. K. (1988) Adult-like odor preferences and aversions in three-year-old children. *Child Development*, 59, 1136-1143.

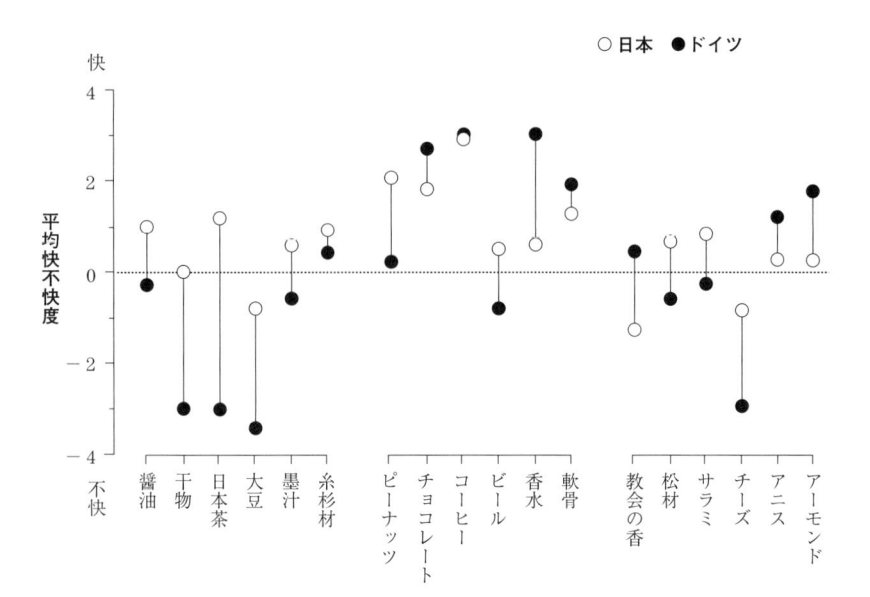

図12-1 ニオイと親近度の日独比較（Ayabe-Kanamura et al., 1998 [10]）

かの評価において顕著だった．たとえば，かつおぶしのニオイに対して，日本人の68％は「かつおぶし」と同定し，快不快度については，平均的には快でも不快でもない程度と評定し，95％の人が「このニオイのするものは食べられる」と回答した．一方，ドイツ人の60％は「何かが腐ったニオイ」と同定し，非常に不快と評定し，41％の人しか「食べられる」と回答しなかった．そのニオイが「何」のニオイかという情報はニオイに対する嗜好判断に影響し，そのニオイが「何」のニオイかという受け止め方や快不快または好き嫌いは後天的要因の影響を強く受けることがわかる．

あるニオイがした時にそのニオイをどのように認知するかで，そのニオイに対する評価は前述のように変わる．たとえば，イソ吉草酸を嗅いで，炎天下でテニスをしていた時に履いていた靴下を思い浮かべる人と，今朝食べた納豆を思い浮かべる人ではこのニオイに対する評価は異なるであろう．そして，このどちらを思い浮かべるかは過去のその人の経験に依存する．日常生活の中で接する機会のあるニオイでも同定

8) Strickland, M., Jessee, P. O., & Filsinger, E. E. (1988) A procedure for obtaining young children's reports of olfactory stimuli. *Perception and Psychophysics*, 44, 379-382.

9) 綾部早穂・小早川達・斉藤幸子 (2003) 2歳児のニオイの選考―バラの香りとスカトールの匂いのどちらが好き？ 感情心理学研究 10-1, 25-33.

10) Ayabe-Kanamura, S., Schicker, I., Laska, M., Hudson, R., Distel, H., Kobayakawa, T., & Saito, S. (1998) Differences in perception of everyday odors: A Japanese-

率は大変低いこと[11]）が一般的に知られている．この現象を利用して，いくつかの日常的なニオイを提示し，同定されたニオイ発生源と快不快度の関係が調べられている[12]．たとえば，ぬかみそのニオイに対して，「ぬかみそ」と回答（同定）した人は約半数で，残りは「何かが腐ったニオイ」と答えた．ここで，前者を回答した人たちのこのニオイに対する平均快不快度は，「快でも不快でもない」という程度であったが，後者を回答した人たちの評定は，「かなり不快」であり，統計的な有意差も認められた．他のニオイについても同様の現象がみられ，そのニオイを何のニオイと捉えるかで，そのニオイに対する感情的な評価は変わった．また，極端な悪臭を除けば何のニオイかわからないニオイに対しては，「より不快」と一般的には感じられやすいが[13]，一旦何のニオイであるのかがわかると，このニオイの発生源の一般的特性や価値（たとえば，「ぬか漬けはおいしい．」）の影響を受けてトップダウン的にこのニオイが好きとか快いと二次的に感じられるようである．

このように，あるニオイに対して，そのニオイの発生源の情報によって，そのニオイに対する快不快の評価が左右されることは他の研究からも支持されている[14)15)]．また，神経心理学的研究からは，同じイソ吉草酸のニオイを嗅いでも，それが「チェダーチーズ」と言われた場合と「体臭」と言われた場合では，帯状回や眼窩前頭皮質での応答の仕方が異なることが報告されている[16)]．

一方，女性の月経周期によるホルモンの状態と特定のニオイへの快不快評価の変化の連動や，体臭の遺伝子型によって好ましいと感じる体臭のニオイが異なること，空腹・満腹状態でニオイの快不快評価が変動するといった，身体の生理状態とニオイに対する快不快感に関してもいくつかの研究報告があるが，いずれも一貫した結果は得られておらず，共通認識となる知見には至っていない． 〔綾部早穂〕

German cross-cultural study. *Chemical Senses*, 23, 31-38.

11) Cain, W. S. (1979) To know with the nose: Keys to odor identification. *Science*, 203, 467-470.

12) 綾部早穂（2001）においの快不快感に及ぼす言語ラベルの影響 *Aroma Research*, 6, 159-163.

13) Engen, T. (1991) *Odor sensation and memory*. NY: Praeger.

14) Herz, R. S. & von Clef, J. (2001) The influence of verbal labeling on the perception of odors: Evidence for olfactory illusions? *Perception*, 30, 381-391.

15) 綾部早穂・斉藤幸子・菊地正（2002）ニオイの知覚に及ぼす経験の影響 筑波大学心理学研究 24, 1-5.

16) de Araujo, I. E., Rolls, E. T., Velazco, M. I., Margo, C., & Cayeux, I. (2005) Cognitive modulation of olfactory processing, *Neuron*, 46, 671-679.

【参考文献】
綾部早穂・斉藤幸子（編）（2008）においの心理学 フレグランスジャーナル社

II -13
基本味

fundamental flavor

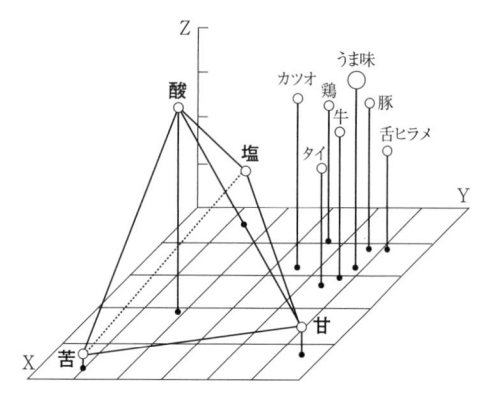

図13-1 5つの基本味

われわれが日頃口にする食物，食品の味はいろいろな化学物質の複合体の作る混合味であって，それを分析して詳細に表現することは不可能な場合が多い．しかし，誰もが1つの明確なことばで表現できる共通の味があれば，それは基本的な味（**基本味**）と言えるかもしれない．時代や国によりどんな味を基本味と考えるかは異なっていたが，1916年ドイツの心理学者ヘニング（Henning, H.）は，基本味には，甘味，塩味，酸味，苦味の4つがあって，それを四面体のそれぞれの頂点に配置すれば，すべての味は，この4基本味の組み合わせによって説明できるとする**味の四面体説**を唱えた．この考え方は，それまでバラバラであった基本味の概念を統一するとともに世界的なコンセンサスが得られた観があった．事実，それ以後の国内外の味覚の教科書には，この4つの味が基本味であると記載されてきた．ところが，1990年頃から，世界の教科書ではもう1つ別の基本味を追加して，基本味は5つあると記載され始めた．追加された味は「うま味」である[1]（図13-1）．うま味とは，昆布やかつお節からとるいわゆる「だしの味」のエッセンスであり，日本人を含む東アジアの人々には食文化としてなじみの味であった．

味覚は食べるための感覚である．食べるということは，発育，成長，運動，生命維持などのために必要な物質を取り込む行為であるが，一方でそれらを妨害する有害物，毒物を避けることも必要である．味覚の本来の役割は，体にとって摂取して良いものか，悪いものかを判断することである．その

[1] 本書キーワード「II-14 うま味」を参照．

表13-1 基本味の嗜好性と代表的物質

基本味	嗜好性	生体への信号	代表的物質
甘味 sweet	快	エネルギー源	糖類（ショ糖, 果糖, ブドウ糖など）, アミノ酸（アラニン, グリシンなど）, 合成甘味剤（サッカリンなど）, 天然甘味物質（ステビアなど）
うま味 umami	快	タンパク質	グルタミン酸ナトリウム（アミノ酸系）, イノシン酸ナトリウム（核酸系）
塩味 salty	快→不快	ミネラル	塩類（純粋な塩味は塩化ナトリウム）
酸味 sour	快→不快	代謝促進 腐敗物	酸（水素イオンを含む有機, 無機酸）
苦味 bitter	不快	毒物	アルカロイド[2]（キニーネ[3]など）, 配糖体（センブリ[4]に含まれるスウェルチアマリン[5]など）, アミノ酸（ロイシン[6]など）, 疎水性物質

判断の根拠は単純で，それがおいしいかまずいかで決めているのである．味は質的に5つの基本味に分類でき，表13-1はそれぞれの味を生じさせる代表的物質，それぞれの味が伝える情報（信号），快（おいしさ）・不快（まずさ）の情動性をまとめて示したものである．エネルギーのもとになるものは甘い味（糖の味），体の構成に必要なタンパク質のもとになるものはうま味（グルタミン酸やイノシン酸の味），そして，体の働きにとって必要なミネラルは塩からい味（塩化ナトリウムの味）でいずれも快感を生じる．一方，体が避けなければならないものとして，腐敗したものは酸味，毒物は苦みを生じ，いずれも不快感と結びつく．

再び基本味の概念に戻るが，基本味とは他の味とは重複しない独立した味のカテゴリーのことである．この考え方は多種類の物質間で味の類似度を調べ，多次元尺度構成法で分析した山口らのデータにより裏付けされる[7]．ラット，ハムスター，マウスなどでも，人が示す基本味をそれぞれ異なった独立した味ととらえているようである[8]．食経験の乏しい動物でもヒトと類似の味のカテゴリーをもつということは，これらの味を受容する基本的なしくみが遺伝的に備わっていることを意味している．味の刺激は味蕾内の**味細胞**により受け取られ，その情報は神経により脳に伝えられ，処理される．味細胞表面の膜には5基本味のそれぞれに対する特別の受容体が存在する[9]．甘味，苦味，うま味を生じさせる物質は，

2) 植物に含まれる窒素を含む有機化合物の総称．毒性や種々の生理・薬理効果を持つ．

3) 南米アンデス山地のキナという木から発見されたアルカロイド．マラリア寄生虫を駆除する作用がある．

4) リンドウ科に属する日本古来の薬草．非常に苦く，千回振り出し（煎じ）てもまだ苦いことから「千振」と名付けられた．

5) センブリの苦み成分．健胃薬として消化不良，食欲不振，胃痛，腹痛などに用いられる．

6) 必須アミノ酸の1つ．疎水性であるため苦みを呈する．肝機能を高め，筋肉を強化する働きがある．

7) 山口静子（1985）味覚心理学からみたうま

味細胞に発現するGタンパク質共役型受容体によって検知され，塩味と酸味を生じさせる物質はイオンチャネル型受容体によって検知される．甘味とうま味の検知には，T1R受容体ファミリーが関与しており，甘味はT1R2とT1R3のヘテロダイマー[10]によって，うま味はT1R1とT1R3のヘテロダイマーによって受容される．また，苦味は数十種からなるT2R受容体ファミリーによって受容される．塩味の受容体は，ENaC（上皮性ナトリウムチャネル），酸味の受容体はASIC2（酸感受性イオンチャネル2）と考えられている．

最近の分子生物学的研究によると，これらの受容体はそれぞれ異なった味細胞に発現するとされている．すなわち，この味細胞は甘い味を受けとる細胞，これは塩味を受けとる細胞，といった役割分担である．もし，甘味を受けとる細胞を砂糖以外の物質で刺激して興奮させることができれば，その物質は甘味を生じる物質ということになる．表13-1には，そのような甘味物質が示されている．もし，塩からい味を受けとる細胞を別の物質で活性化できれば食塩にかわる物質（食塩代替物）となるはずであるが，現在まだ見出されていない．

ところで，三原色を適当に混ぜ合わせることによっていかなる色も自由に作ることができる．味覚の場合はどうだろうか．残念ながら，甘味，塩味，酸味，苦味，うま味の5基本味に対する代表的な物質（基本味物質）である砂糖，食塩，クエン酸，キニーネ，グルタミン酸ナトリウムをどのように混ぜ合わせても，たとえばバナナの味を作ったり，カニの味を忠実に再現することはできない．同じ基本味のカテゴリー（たとえば甘味）に属するとしても，これら天然の食材の中には基本味物質（たとえば砂糖）とは異なる物質（たとえば果糖とかアラニン）が含まれていて，微妙な味の違いを生んでいるからである．したがって，「似て非なるもの」ではなく「忠実に」食材の味を再現するには，その食材に含まれる化学物質のエッセンスを混合して作り出すしかないのである．

味覚は食物選択のための感覚である．ほとんどの食べ物は

味の基本的性質 臨床栄養 66, 154-160.

8) Frank, M. E. & Nowlis, G. H. (1989) Learned aversions and taste qualities in hamsters. *Chemical Senses*, 14, 379-394.

9) Lindemann, B. (2001) Receptors and transduction in taste. *Nature*, 413, 219-225.

10) 2つの異なる分子あるいは単量体が物理的・化学的な力でまとまり，1つの働きをするもの．

単純な物質ではなく，種々の物質から成り立っているから，必要な物質の選択のためには個々の化学物質に対する受容体の存在が必要とも考えられる．しかし，実際にはそのようなことはなく，われわれは5基本味を手掛かりに他の必要な栄養素を摂取するという戦略をとっている．たとえば，リジンは体に必須のアミノ酸であるが，自然界にはリジンだけが単独には存在しないし，リジン専用の特別な味覚受容体も存在しない．リジンはタンパク質を構成するアミノ酸として存在するから，リジンが必要ならタンパク質を摂取しなくてはならない．われわれはグルタミン酸の味（うま味）でタンパク質を検出しているのである．

　一方，体が必要とするミネラルやアミノ酸の中には苦くてまずいものが少なくない．体にいいものはおいしいという原則に反するこのような事実をどう説明したらいいのだろうか．砂糖，食塩，グルタミン酸は，特徴的な味を有するだけでなく，混合味全体をおいしくする調味料効果を持つことにその謎解きの秘密がある．肉にもっとも多く含まれるグルタミン酸は，単独ではおいしくない他のアミノ酸（ヒスチジン[11]，システイン[12] など）が存在することによっていわゆる肉や魚介類の独特のおいしさを出すので，結果的に体に必要なアミノ酸が補充できるのである．純粋な塩化ナトリウムである食卓塩よりもカルシウム，マグネシウム，亜鉛などの微量金属イオンを含む天然塩の方が深みのある塩味になっておいしいのも**混合味効果**といえる．つまり，食材には多種類のミネラルが含まれているのだが，そのうちの主役である塩化ナトリウムの味を手掛かりにしておけば他の必要なミネラル類は補充できてしまうのである．このように，5種類の味覚受容体を使って，われわれは体に必要な栄養物を補給するとともに，これらの受容体のおかげでおいしく味わい楽しい食生活を送ることができるのである．

〔山本　隆〕

[11) タンパク質を構成する必須アミノ酸の1つ．鶏肉，牛肉，マグロ，サンマなどに多く含まれ，単独では苦味を呈するが，味に深みを与える効果があるとされる．分解されヒスタミンとなり，神経伝達物質として働く．

12) タンパク質を構成する非必須アミノ酸の1つ．硫黄（イオウ）を含むため，不快な味と香りがする．

【参考文献】
阿部啓子・山本隆・的場輝佳・ジェローン シュミット（2008）食と味覚　建帛社

Ⅱ-14 うま味

umami

　うま味とは**グルタミン酸**を口にしたとき生じる味の質のことで，**基本味**[1]の1つである．その発見は日本の食文化がきっかけとなり，その後のうま味研究の進展において日本人の研究者が大きく貢献している．

　1907年から1908年にかけて，当時の東京帝大理学部教授池田菊苗（きくなえ）（1864-1936）は，和食の味つけに使う昆布などのだし汁を人が「うまい」と感じるその本体を見出すことを目標として研究を行った．昆布を使って実験を重ね，アミノ酸の1つであるグルタミン酸が，昆布の「うまい」味の正体であることをつきとめ，この物質の呈する味に「うま味」と名づけた[2]．グルタミン酸そのものは，酸性であるから，酸味が混じるため，ナトリウム塩にして中性化したグルタミン酸ナトリウム（MSG）を化学調味料として使用すべく，彼はその製造法も考案した．

　池田菊苗が昆布からそのうま味成分としてグルタミン酸を抽出したように，1913年，小玉新太郎は，かつお節のだし汁のうま味は，その中に含まれているイノシン酸によることを発見した．さらに，1960年，国中明は，しいたけに含まれているグアニル酸もうま味を生じさせるエッセンスであることを発見した．酸性のために生じる酸味をなくすために，ナトリウム塩として中性化したイノシン酸ナトリウム（IMP），グアニル酸ナトリウム（GMP）はMSGと同様のうま味を呈するので，あわせて**うま味物質**と総称される．うま味物質はこれ以外にも，アデニル酸ナトリウム，（AMP），ウラシル酸ナトリウム（UMP），アスパラギン酸ナトリウム，グルタミン酸のアゴニストであるイボテン酸などがあり，

[1]「Ⅱ-13　基本味」参照．

[2] 池田菊苗（1909）新調味料に就て　東京化学会誌　30, 820-836.

IMP，GMP，AMP，UMP は核酸系うま味物質として一括され，MSG，アスパラギン酸ナトリウムはアミノ酸系のうま味物質として分類される．核酸系うま味物質とアミノ酸系うま味物質を混合するとうま味が 1 ＋ 1 ＝ 2 の足し算になるのではなく，7 〜 8 に大きく増強される．この現象を**相乗効果**と呼び，先に述べた国中により発見された．

　「甘味」と「甘い」は同意語と考えられるが，「うま味」と「うまい」の意味するところは異なる．池田菊苗の命名はこの点で，やや混乱を招くところがある．うま味はうま味物質を口にしたときの味の質を表すことばであるが，われわれが日常生活で使う「うまい」ということばは，「おいしい」ということばと同義語である．おいしい味という意味で使いたい時は，区別のため「旨味」と漢字で書く人もいるが，一般的なコンセンサスが得られているとは思えない．うまいということばは，多くの場合，調理された食べ物を食したときに思わず出ることばであって，化学構造の明確なある特定の単一物質を口にしても出てこない表現である．「うまい」に対しては「まずい」が反意語になる．つまり，これらのことばは食べ物を味わったときの快・不快（hedonics）にかかわる表現である．この点，英語では明確で，うま味は umami，うまいは delicious や savory である．

　うま味は 4 基本味（甘味，塩味，酸味，苦味）とは独立した味を有し，第 5 の基本味として今や世界の教科書にも「umami」として記載されている．そのきっかけとなったのは 1985 年にハワイで開催されたうま味の国際シンポジウムであった．心理学，生理学，生化学，栄養学，食品科学など多くの分野からうま味に関する研究成果が発表され，討議された[3]．たとえば，人の官能評価実験では，多種類の味溶液を味わって，味の類似度を調べ，多次元尺度構成法により分析し，三次元的に表すと，うま味は従来の 4 基本味とは独立したところに位置する（図 13-1 参照）．4 味の組み合わせでは合成不可能な味，すなわち，5 番目の基本味であることが示されたのである．

　うま味の感受性は動物によって異なる．ハムスターはうま

[3] Kawamura, Y. & Kare, M. R.（1987）*Umami: A basic taste*. Marcel Dekker.

味に応答を示さず，ラットとある系統のマウスは，うま味と甘味の区別ができないが，ある系統のマウスは，うま味物質の味を他の基本味と区別できる．サルではうま味物質に特異的に応じるニューロンが中枢神経で認められるので，うま味は4基本味とは異なった味覚情報として処理されている可能性がある．このように，うま味に関しては，動物種差，系統差が認められる．人やマウスの味細胞にはうま味物質が結合する受容体の存在が報告されている．うま味の受容体は，何種類か報告されているが，その代表的なものは，T1R1とT1R3のヘテロダイマー[4]である．マウスのうま味受容体はグルタミン酸のみならず，他の多くのアミノ酸にも応じるが，ヒトのうま味受容体はグルタミン酸にのみ応じ，イノシン酸の存在下で相乗効果を示すことも明らかにされた．近年，胃や腸の粘膜細胞にもうま味受容体が発見され，消化機能や食行動の調節に働くという知見が報告されている．

4)「Ⅱ-13 基本味」の注10）参照．

　ヒトの官能テストによると，MSGそのものの味（うま味）は，決しておいしいものではなく，高濃度になるとむしろ，まずくなる．しかし，これを調理時にいわゆる化学調味料（近年は，うま味調味料という）として使用すると，料理の味がおいしくなることはよく知られた事実である．欧米では，**MSG**を**味覚増強物質**（taste enhancer）として評価する人もいる．その作用機序の詳細は不明であるが，いろんな味が混じりあっているとき，そこに適当な濃度のグルタミン酸が存在するときわめておいしい味になるのである．食塩制限者のための減塩食はおいしさの低下が問題となるが，MSGの添加効果によっておいしさの低下を防ぐことができる．

　ウニ，カニ，ホタテ貝などの海産物の独特の味を作り出す有効成分が分析されているが，そこから，グルタミン酸を取り除くと，これら独特の味が消失してしまう．つまり，グルタミン酸は，調理食物のみならず，天然の食物の味を作り上げる上でも主役をなしているのである．

　うま味は必須の栄養素であるタンパク質のシグナルであるとされている．タンパク質は多数のアミノ酸の集合体であるが，グルタミン酸の味だけをタンパク質検知のマーカーとす

る根拠として，食用のタンパク質には必ずグルタミン酸が，しかも多量に含まれていること，先に述べたカニなどの例でもわかるように，複雑かつ独特の味を呈するうえで，グルタミン酸が中心的役割を演じ，かつ，全体の味をおいしくすることが挙げられる．

うま味は，東洋系の食文化の中でなじんできた味である．石毛[5]によれば，東南アジア，東アジアの非牧畜水田稲作地帯では，エネルギーのみならずタンパク質の生物価のすぐれている米を主食として大量に食べるために，味噌，醤油，魚醤（ぎょしょう）（魚に塩を加えて発酵させたもの）などの食欲増進剤を用いてきた．これら食欲増進剤は，塩分とうま味成分より成り，そのうま味を東南アジアの人たちは古くから魚醤という日常の食品を通じて経験的に知っていたのである．これに対して，古くから家畜の乳をしぼって飲んだり，乳製品に加工したりする伝統ある地域は西アジア，アフリカ，ヨーロッパであり，魚醤文化圏とは一致しない．これらの牧畜地帯では，乳製品，油脂，スパイス類を主に利用し，魚はそれほど重要な食料源ではない．したがって，このような，こってりした味や刺激的な味を用いる食生活では，穏やかな味であるうま味の存在にすら気づかなかった．食文化としてうま味を享受してきたのは水田稲作文化圏であり，なじみがなかったのが牧畜文化圏と考えられる．

しかし，近年，寿司に限らず多くの日本食が世界各国でブームとなっている．その原因の1つは，日本食の特徴であるうま味が新鮮な味として広く受け入れられたことにある．もう1つの理由は，日本食は栄養バランスがとれていて体にいいというイメージが広がったためである．

調理に際して，食塩量が少なくても，油脂を使わなくてもうま味を中心とした味つけによりおいしく食べることができる．しかも，穏やかなおいしさのため，食べすぎることがない．日本食がヘルシーであると言われるゆえんである．

〔山本　隆〕

5) 石毛直道（1987）うま味のルーツを探る―うま味　河村洋二郎・木村修一（編）うま味〜味の再発見　pp.24-57　女子栄養大学出版部

【参考文献】

山口静子（監修）（1999）うま味の文化・UMAMIの科学　丸善

II-15
アフォーダンス

affordance

　地球上では，空から様々なものが降りそそいでいる．光，雨，雪，氷……．それらはヒトの生活に自然の恵みを与えているが，害も及ぼす．真夏の強い陽射や，冷たい雨を避けるために，ヒトは自分の身体の上方に，空をおおう面を配置してきた．その一つはどの住まいにもあり，「屋根」とよばれている．空とヒトの間に広がるこの面は，石，木，金属，枯枝などを材料にしてつくられている．屋根の下にいるときは空からの危害を忘れられる．

　しかしヒトは屋根の外へ出て，生活の糧を得るために移動しなければならない．そこで，屋根の無い場所でも，空からの害を避けるいくつもの工夫をした．かつては植物の大きな葉などを頭の上にかざし，現代では様々な屋根付きの乗り物，傘や帽子など，「ポータブルな屋根」を用いている．

　このようにヒトや動物は，環境に様々な資源を探しあて，あるいは環境を改変して生活のために用いている．アメリカの心理学者ギブソン（Gibson, J.J.: 1904-1979）は動物の利用する環境の性質を**アフォーダンス**（affordance）とよぶことを提案した．英語の動詞アフォード（～を与える）からの造語で，「環境が動物に提供するもの，良いものであれ悪いものであれ，用意したり備えたりするもの」である[1,2,3]．

　ギブソンは環境を大きく物質（substance），媒質（medium），面（surface）の3種に分けた．

　屋根はその一例であるが，面は動物に多くのことを与えている．面は，ある程度の硬さと粘りを持つ環境の一部である物質が，空気中に露出しているところである．地球上で一番大きい面は地面であるが，ヒトはその上で，多くの種類の，

1) ギブソン, J.J.／古崎敬ほか（訳）(1985) 生態学的視覚論―ヒトの知覚世界を探る　サイエンス社

2) 佐々木正人 (1994) アフォーダンス―新しい認知の理論　岩波科学ライブラリー

3) 佐々木正人 (2008) アフォーダンス入門―知性はどこに生まれるか　講談社学術文庫

広さ，厚さ，硬さの面を用いて生活してきた．たとえば傾斜が小さく，凹凸の少ない広く硬い面は，移動や休息を．垂直で硬く不透明な面は，衝突や，迂回や，身を隠すことを．地面にあり，地面とわずかな高低差をもつ面は，昇ることや降りることを．それよりもさらに少し高い適当な広さの面は，座ることをヒトにアフォードする．

物質も多様なアフォーダンスである．たとえば最大の物質である水は，泳ぐ，飲む，溶かす，洗う，容器に入れて運ぶ，暖める，冷やす，などをアフォードする．あまり硬くない物質の一部は，形を変えることをアフォードする．（必要なら刻んだり煮たり焼いたりして）食べたり，裁断したり，縫い合わせたりして身につけている．石や鉄などのもっと硬い物質は，加工して他の硬いものを変形するための道具や，身を守る武器（ヤスリや鋸や金槌やナイフなど）にすることをアフォードする．

ヒトなど陸上動物にとっての媒質である空気にもアフォーダンスがある．空気は，呼吸する，匂いを放散する（季節の推移や，火山や他の動物の存在情報になる），嗅ぐ，光を散乱（照明）する．また，空気中には境界がないので，どこまでも遠くへ移動することをアフォードする．

上記に述べた例は環境が提供しているアフォーダンスのごく一部である．ギブソンは，環境には無限のアフォーダンスが潜んでいるとした．彼の提唱した**生態心理学**（ecological psychology）では，動物の活動を，アフォーダンスを発見し，それらを組み合わせて周囲に配置することと考えている．アフォーダンスは動物に尽きない探索の行為を導く周囲の意味であり，使うことでかけがえのない価値になる存在である．

ギブソンは自身の理論を**生態学的実在論**（ecological realism）とよんだが，アフォーダンスは動物に先立って地球上に存在し，進化を導いた資源である．アフォーダンスはそばに動物がいてもいなくても，発見されなくても環境に存在する．ただし，アフォーダンスはギブソンによれば環境の事実であり，かつ行動の事実でもある．つまりアフォーダンスとは「動物と環境の相補性」であり，それには動物が含意され

ている．したがってアフォーダンスを真に理解するためには，それを知覚し，利用している動物の行為をつぶさに観察する必要がある．

ここでアフォーダンスの発見を目指した観察の一例を紹介する[4]．対象はカブト虫（メス）．昆虫を床の上に仰向けにして置くと，背が湾曲し，脚が短いので，自分の動きだけでは起き上がることができない．起き上がりには周囲の面や物の性質が必要である．カブト虫の起き上がりのアフォーダンスを知るために虫の側にいろいろなものを置いて，起き上がりの過程を観察した．うちわ，シソの葉，割り箸を利用した過程を写真15-1～15-3に示した．

観察全体では，タオル，Tシャツ，ティッシュペーパー，様々な厚さや硬さのヒモやリボンなど約20種類の物をカブト虫のそばに置いてみた．図15-4に示すように，カブト虫の起き上がりは3種に分類できた．第一は，床の溝，物の縁，虫の下にある面の肌理などと，虫の脚先端の鋭いツメががっちりと絡み，そこを支点として脚がテコの働きをして，胴体全体を一気に力強く持ち上げる起き上がり(a)．第二は，シソの葉やリボンのような形状を容易に変えることができる物を，複数の脚で掴んで抱え，背の湾曲を用いて，左右へと全身を揺らして回転する起き上がり(b)．第三は，棒などの硬くて変形しにくい物と，地面がつくる長いトンネル状の隙間を通過しながら，全身を上下反転させる起き上がり(c)である．

カブト虫は起き上がりのためにいくつかの回転を工夫しておこなう．その行為には環境の性質が必須である．虫は物にある起き上がりに利用できる性質をはじめから知っているわけではない．起き上がりは物にアフォーダンスを探る過程と同時に実現した．アフォーダンスは行為の努力と時間をかけてあらわれる．図15-4はアフォーダンスを絵に描いて表現する試みのつもりである．

さて，アフォーダンスの観点は，心理学にとどまらず，物，場所や建築のデザインに貢献できる．おそらくヒトがもっとも関心を持って工夫を凝らしているのは面や物の配置であ

[4] 佐々木正人（2011）起き上がるカブト虫の観察 質的心理学研究 10号 46-63.

[5] 後藤武・佐々木正人・深澤直人（2004）デザインの生態学―新しいデザインの教科書 東京書籍

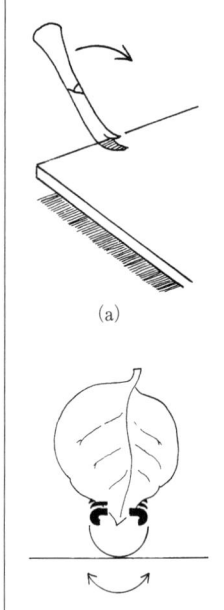

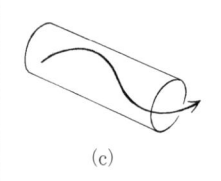

図15-4 起き上がりのアフォーダンス？

写真15-1　うちわ　　**写真15-2　シソの葉**　　**写真15-3　割り箸**

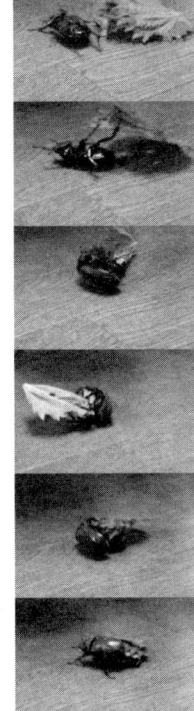

(写真15-1) うちわの上でカブト虫を裏返すと，後ろ脚で蹴り，回転し，前進し，うちわの外に出た．うちわの上から出ると蹴り出した右後ろ脚の先端（ツメ）がうちわの縁と床の隙間に入り，すぐさまそこを支点にして強い勢いで全身が一気に前のめりに起き上がった．

(写真15-2) 仰向けのの左横に一枚のシソの葉を置いた．虫はそれをツメで引き寄せ，持ち上げ，6脚で抱え込み横へ倒れこんだが起き上がれなかった．すると今度はシソの葉を束ねて抱え込み，葉を左右へと揺らし，葉の回転に身をまかせて置き上がろうとした．この試みも成功しなかった．虫はすぐに葉の柄につながる部分が自身から遠くなるように葉を持ちかえ，ちょうどヨットの帆のように葉柄部を上にして抱え込みもう一度横へ倒れ込んだ．先の方が重い葉の回転で生じた強い遠心力のせいで起き上がることができた．

(写真15-3) 仰向けの虫の腹の上に割り箸を一本置いた．箸の両端の太さは異なっていた．虫は棒の下で，木登りでもするように，スルスルと細い側の端に行き，そこで身を左に傾け前脚を割り箸からはずし，中，後脚で割り箸をつかみ全身を左右へと揺らした．起き上がりかけると両前脚を差し出して床を掴むようにし，そこを支えにして全身を割り箸から引き離し起き上がった．

る．衣服のコーディネイト，食卓や仕事机の上でくり返されている物の配置換え，部屋の模様替えなど，どれも活動や生活を支えるアフォーダンスを探す行為である．ヒトは元来，誰でも素人デザイナーであり，建築家なのだろう．ヒトとは周囲を改変して新しい意味を見出すことに強い意欲を持ち続けている動物なのである[5]．そして，その動機を与え続けているのがアフォーダンスなのである．

〔佐々木正人〕

【参考文献】

リード, E.／佐々木正人（監訳）（2006）伝記ジェームズ・ギブソン：知覚理論の革命　勁草書房

II-16
ダイナミック・タッチ
dynamic touch

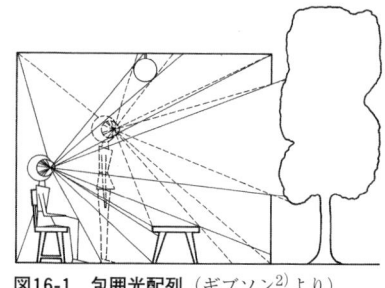

図16-1　包囲光配列（ギブソン[2]より）

　19世紀から多くの理論は，知覚とは，感覚器官への入力刺激を原因として，脳（心）が世界の像をつくりあげることであると説明してきた．アフォーダンス理論のギブソン（Gibson, J. J.）は，外界と動物の間に内的な媒介を想定するこの種の知覚論を「間接的知覚論」とよび批判し，「直接知覚（direct perception）論」を提案した．動物は媒介なしに直接，環境に出会うと主張するこの知覚論は二つのアイデアを基礎にしている[1]．

　一つがアフォーダンスを特定する「情報」である．ギブソンは「知覚は刺激に基づいていない」とし，視覚について「生態光学（ecological optics）」という情報の理論をつくりあげた．その概要は以下である．

　明るい場所にいるとき，動物には，様々な方向から光が到達している．方向による強度差という構造が光にはある．環境では，微小な肌理をもち光を乱反射する「面」が動物を取り囲んでいる．乱反射は，この面の間でくり返され多重反射となる．その結果，空気中は「照明」とよばれる密な光のネットワークに埋められる．照明下の動物は，周囲の面の肌理を投影する光の構造に360度囲まれていることになる．ギブソンはこの動物を囲む光を**包囲光**（ambient light）と名付けた．

　媒質（空気）中にある包囲光は，動物がそれを利用するか，しないかにかかわらず眼への潜在的な情報（刺激のように必ずある反応はもたらさない）であり，視覚の十分条件である．図16-1に示したように，動物は包囲光に，変化すること（図では立つ，座るという知覚者の身体の動き）と変わらないこと（部屋や机や窓のかたち）の両方を見る．包囲光配列

1）J. J. ギブソン（著）エドワード・リード & レベッカ・ジョーンズ（編）（境敦史・河野哲也訳）（2004）直接知覚論の根拠―ギブソン心理学論集　勁草書房

の縁，境界，コントラスト，比率，差異，肌理などが視覚の情報となる[2]．

直接知覚論の第二の基礎は，動物が全身の活動によって情報を抽出（pick up）するというアイデアである[3]．

包囲光に環境の意味を探る活動は**視覚システム**（visual system）とよばれる．小さな節穴から何かを覗くときのように，静止して片眼だけで情報を探索することは希である．通常は，両眼の動き＜それを埋め込む頭部の動き＜頭部に繋がる頸の動き＜胴体の動き＜そして上体を移動させている両脚の動き（たとえば遠くの物を見るためにそれに歩いて近づく）など多様な活動の「入れ子」で環境を見ている．この情報を獲得するための全身の動きの組織を**知覚システム**（perceptual system）とよぶ．

知覚システムの働きは身体の動きの特徴に深く根ざしている．身体の中心には25個の骨を縦に並べた脊柱があり，それに重い頭部が乗り，揺れる，よじれる，反るなど常に動揺している．他の身体部分もこの軸に関節で接続し，全身も同様な柔構造である．

さらに骨に張りつく梳かした髪のように細い筋繊維は，互いに絡み合うことはないので，骨を押すことはない．したがってゴムのように柔らかい筋を多方向から骨に貼り付け，引く力だけで身体を思い通りに動かすことはきわめて困難である．この構造的な不安定性を基礎にする脊椎動物ヒトの動きを制御しているのは情報である．たとえば立位姿勢はつねに動揺しているが，その前後左右への揺れは，周囲の面の肌理を投影した包囲光の流れの拡大や縮小に同調している（図16-2）．つまり姿勢は光の情報で制御されている．近づいてくる面（ボールや自動車など）との「接触までの残り時間（いつ衝突するか）」は，その面の光流動の拡大率という情報によって知覚

2) J. J. ギブソン（古崎敬他訳）（1985）生態学的視覚論—ヒトの知覚世界を探る　サイエンス社

3) J. J. ギブソン（佐々木正人・古山宣洋・三嶋博之監訳）生態学的知覚システム　東京大学出版会

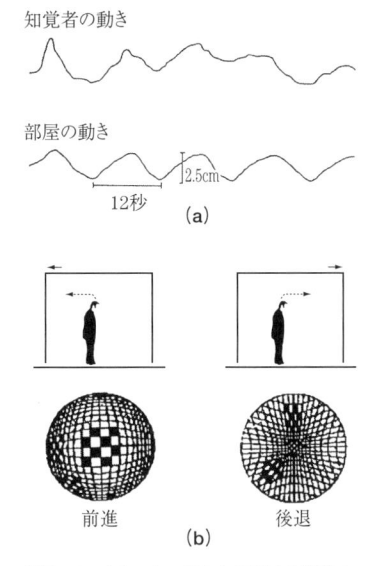

図16-2　(a)へやの揺れに同調する姿勢(T. Stoffregen: *Journal of Experimental Psychology*, 11, 554(1985)より)，(b)壁の動きから生ずる光学的流動による姿勢のコントロール(M. T. Turvey et al. In H. Harken and M. Stadler(Eds.), *Synergetics of Cognition*, Berlin; Tokyo: Springer(1990)より)

されている．知覚システムの動きと，それが抽出する情報は循環している．動きが情報をもたらし，情報が動きを制御する．動物は周囲と知覚によって深く結び付いているのである．

ギブソンは基礎定位，視覚，聴覚，触覚，味覚・嗅覚の5種の知覚システムの存在を仮定した．その中で，物質に接触してその意味を探る活動が**触覚システム**（haptic system）である．手のひらで面をかすかになでるような触覚の方法もあるが，触覚の大部分は物の一部を持って振る**ダイナミック・タッチ**（図16-3）である．「物の質量は，投げ上げ，受け取り，左右への揺り動かしなどの様々なやり方で，物を振ることで判断できる．……振ることには，変化から永続的な成分を分離する働きがある．……（振る者の）自己を特定する情報をあたかも濾過するかのようにして，物の純粋な情報を残せるのである．この過程には時間がかかる．それは，不変項は時間をかけて起こる一連の変形でつくられるからである．」[3]とギブソンは述べている．ダイナミック・タッチはギブソン自身が研究した**アクティブ・タッチ**の概念に含まれる．ダイナミック・タッチによって，物の長さや先に行くほど尖っているとか，広がっている等の物のかたちなどの性質を，別個に知ることができる．そのための情報は力学でいう「慣性テンソル」（図16-4のキャプション参照）に近似している．物を振ると，その運動やトルク（回転力）は変化するが，物がある軸の周りに回転する時の抵抗値である慣性テンソルは不変である．慣性テンソルによって生ずる力の場は慣性楕円体として描くことができる（図16-4）が，ヒトは物を振ることで抵抗力の空間分布から物のかたちを知覚する[4)5)]．

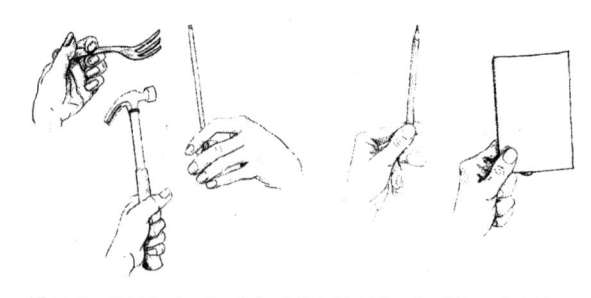

図16-3 ダイナミック・タッチは，何かに触るときにはつきものであるが，ほとんど気づかれることがない．物を持って振ったりするときにはいつも，ダイナミック・タッチを行っている．目で見ずに，鉛筆の端をしっかりとつまんで振ったり，アドレス帳のかどをしっかりと持って振ったりすれば，その物の大きさや，その物が手に対してどちらの方向を向いているかといったことがはっきりとわかるだろう．（ターベイ[4)]より）

4) マイケル・T・ターベイ（三嶋博之訳）(2001) ダイナミック・タッチ（佐々木正人・三嶋博之編訳）アフォーダンスの構想—知覚研究の生態心理学的デザイン　東京大学出版会

5) クローディア・キャレロ（廣瀬直哉訳）(2005) 筋感覚の物理学と心理学　生態心理学研究　2巻1号,57-67.

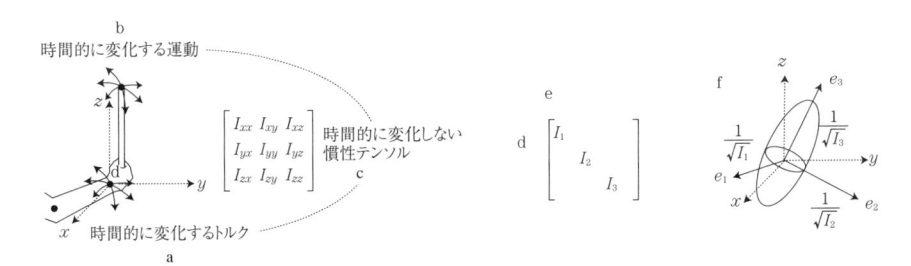

図16-4 物体が振られると，回転を引き起こす力すなわちトルク（a）と，角度の変位や速度の加速度（b）によって表される回転運動が時間的に変化する．これら時間に依存した力と運動は，通常手首（d）にあってそれ自体は動かない回転の中心での，時間と独立した慣性テンソル（c）によって結びつけられる．慣性テンソルは，物体の3次元運動における回転速度変化についての慣性もしくは抵抗を定量化する9つの数の配列であり，Iの文字で表される．配列もしくは行列の対角にある数は，3軸での回転にともなう抵抗を定量的に表す慣性モーメントである．対角外にある数は回転軸に対して直交する方向での抵抗を定量的に表す慣性乗積である．9つの数は，回転の中心となる固定点で定義される座標系のとり方に依存して決定される．どのように座標系を定義しても，それとは独立に，3つの対角上の数のみから構成されるテンソルの形態（e）が存在する．その3つの数は主慣性モーメントもしくは固定値であり，3つの慣性主軸もしくは固有ベクトル（e）との関係で定義される．固有ベクトルの方向を向いた軸をもつ慣性楕円体（f）を考えることによって，慣性テンソルの幾何学的表現を得ることができる．慣性楕円体の中心から表面への軸に沿った距離は，対応する軸の慣性モーメントの2乗根の逆数に比例している．

　ダイナミック・タッチの力学的原理は自己身体の知覚にも応用可能である．全身が揺れるとき，身体は各所で慣性楕円体となり，全身はそれがつながった一つの慣性情報となる（図16-5）．スポーツを始める前のウォーミングアップで知覚されているのがこの慣性楕円体のつながりとしての全身である．ヒトはこの自身を特定する慣性情報に，物の慣性情報を取り込むことで，物と自身の動き（たとえば剣道ならば，竹刀とそれを扱う技），自己と他者の身体の動き（たとえば柔道の技のタイミング）などを知覚している．

　乗り物の操縦，多くのスポーツの場面[6]などを考えれば，知覚が全身の営みであることはすぐに理解できる．意味を埋め込んでいる光，振動，力など多種の情報を探り，はじめて環境の多層な意味に到達できる．そのためには長い年月をかけた各知覚システムの修練と知覚システム間を複合する経験が必要である．情報と知覚システムは，ヒトの活動の謎に迫る心理学の新しい理論的道具立てである．〔佐々木正人〕

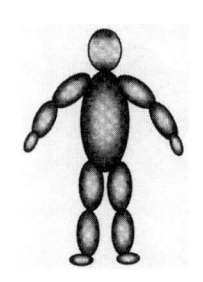

図16-5　楕円体男
（キャレロ[5]より）

[6] 佐々木正人（2008）時速250kmのシャトルが見える―トップアスリート16人の身体論　光文社新書

【参考文献】
ギブソン, J. J.／佐々木正人・古山宣洋・三嶋博之（監訳）（2011）生態学的知覚システム　東京大学出版会

II - 17
痛み
pain

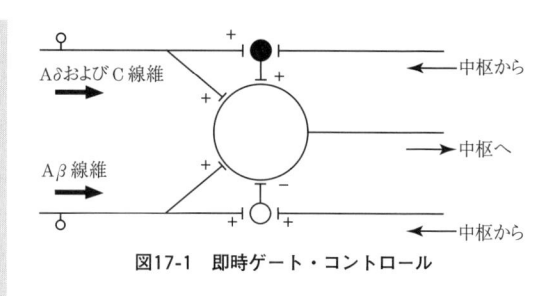

図17-1 即時ゲート・コントロール

一般に感覚は，生体の生存を確保するために必要な情報を収集する機能を備えているが，痛みは，どのようにわれわれの生存に役立つのだろうか．このことに関して従来から，痛みには3機能があるとされてきた．そのひとつは，生体に警告信号を発し，その痛みから逃れるように方向づけるはたらきである（痛みがないと，ストーブに誤って手を触れても，反射的に手を引っ込めることはしない）．2番目は，危険回避のはたらきである．つまり，ある事態で身体を傷つけるような痛みを経験すると，その後，同じような事態に遭遇したときには，はじめから身を近づけないようにする（サボテンに触れて痛い体験をすると，2度と素手でそれに触れようとしない）．3番目は，損傷や疾病に罹った生体の活動を制限して，休息せざるをえないようにすることである．たとえば，運動中に骨折のような損傷を受けたとき，痛みがなければ運動を持続していっそう患部を悪化させかねないが，痛みが生じることによって，体の動きが止まり，それ以上に患部が深刻にならない．ただし，このような目的に合致しない痛みもある[1]．

痛みの分類
痛みは，さまざまな方法で分類されるが，その代表的なのはつぎのとおりである．
(1) 体の損傷とその回復に関連づけた分類（一過痛，急性痛，慢性痛）：**一過痛**（transient pain）とは，身体への損傷は，ほとんどないかまったくなく，痛みの持続は，刺激を受けている間に限定されるか，残効があったとしても数秒から数分で止まる痛みである（例．誤って針を

[1] ガンの痛み（初期には軽微なことが多いが，末期は凄惨）や慢性痛もある．

刺したときや向こうずねを打ったとき）．**急性痛**（acute pain）とは，身体への損傷が特定でき，それが原因で痛みが生じる場合である．この痛みでは，損傷部位が治れば痛みも消える．指を切って痛い，虫歯がうずくなどは，この例である．**慢性痛**（chronic pain）とは，痛みの原因となる身体の損傷がすべて癒されているにもかかわらず，なお痛みだけが持続している場合である．

(2) 場所（深さ）による分類（表面痛，深部痛，内臓痛）：**表面痛**とは皮膚の表面の痛みである．チクチクした痛み，ヒリヒリした痛みがそれであり，痛みの程度は軽く，その場所もはっきり特定できる．**深部痛**とは，筋肉，腱，関節から生じる疼痛であり，比較的重くて，患部全体がジワーと痛む．**内臓痛**は，さらに身体の奥にある内臓（胃が痛い）の痛みを指す．このほかにも，身体部位をじかに特定することによって痛みを表現した，頭痛，腰痛，歯痛，関節痛，神経痛といった分類もある．

(3) 臨床痛と実験痛：**臨床痛**とは，自然に生じた疾病（骨折や捻挫，心筋症，末期がん，生理痛など）に随伴して生じる痛みをさし，**実験痛**とは，さまざまな刺激（機械的，化学的，温度的，電気的）を与えることによって，人工的につくられた痛みをさす．臨床痛は，生存に直接かかわるので，一般に，恐怖，怒り，悲しみ，絶望などの強い情動が体験されるが，実験痛は，そのような情動がかなり抑えられた痛みである．

痛みの測定法

痛みの測定法は，言語法，精神物理学的方法，動作（行動）法などに分けられる．

(1) 言語法では，日常的に用いられる，痛みを表すとされることばを用いて痛みが測定される．その代表的なものが，**マクギル痛み尺度**（McGill Pain Questionnaire）[2]である．この尺度では，約70語の痛み語が提示されて，患者は，自分が体験している痛み語を選ぶ．各痛み語は，3カテゴリー（感覚的，情動的，評価的）のどれかに含まれ，その強度（5段階）が事前に決められているので，患者の反応から，痛み

[2] R. メルザック・P. D. ウォール／中村嘉男（訳）(1986) 痛みへの挑戦　誠信書房

の感覚的，情動的，評価的側面の割合が推定されると同時に，痛みの強さも推定される．この尺度は，日常語を測定手段としているので，言語の数だけ測定法があるといえる．マクギル痛み尺度を手本にした尺度は日本語にもある[3]．

(2) 精神物理学において用いられるほとんどの測定法が，痛みの測定のために用いられる．

閾値の測定：痛みが生じ始める刺激の強度を痛覚閾とよび，耐えられる最大の痛みを与える刺激値を耐痛閾とよぶ．痛覚閾が低い人（あるいは条件）は，痛みに対する感度が敏感であり，耐痛閾の低い人は，痛みに対する忍耐力が低い．

系列カテゴリー判断法：これは，「無痛」「弱い痛み」「中くらいの痛み」「強い痛み」「激痛」のような連続的なことばを被験者に提示して，そのとき体験している痛みに該当するカテゴリーを選択させる方法である．ことばの理解がむずかしい人や子どものために，無痛から激痛までの表情をした人の顔を提示して，そのとき体験している痛みに対応する表情を選ばせる方法もある（「顔痛み尺度」）．

視覚的アナログ尺度：被験者に15cmの直線を提示して，その左端を無痛，右端を想像できる最大の痛みとみなして，そのときに体験している痛みを，その線上に印をつけることによって表現する方法である．無痛点から印をつけた点までの距離が大きいほど痛みも大きいとされる．

マグニチュード推定法：これは，痛みの大きさを自由に数値を用いて表現する方法である．すなわち，強い痛みには大きな数値を，弱い痛みには小さな数値を用いるように求めるが，視覚的アナログ尺度のように尺度の両端を設定しない．

(3) 動作（行動）法は，痛みのある部位を用いて簡単な動作を行い，痛みのない部位と比較することによって，その痛みの重篤度を測る方法である．たとえば，頚肩腕障害（けいけんわん）のある腕を使って，一定の重さ（1 kg）を支えるように求めると，それに耐えきれず腕が震えるが，健常な腕では安定している．あるいは，ラットのような被験体を熱プレートの上に置き，プレートを熱し始め，時間の経過に伴って変化する動物の行動（たとえば，足裏を舐める）を観察することによって，痛

[3] 東山篤規・宮岡徹・谷口俊治・佐藤愛子（2000）触覚と痛み おうふう

みの閾値（特定の行動を誘発する温度）を決定することができる．

痛みの要因

神経機構：痛みは，細い神経である $A\delta$ および C 線維によって末梢から脊髄へと運ばれるとされる．この細い線維の入力は，脊髄の後角細胞（図 17-1 の中央の大きな白丸）において，触覚の生成に関係する太い $A\beta$ 線維からの入力と，中枢からの下行経路（図 17-1 の右から左への矢印）とによる修飾を受ける．後角細胞では，細い線維の入力が入ってくると，活発にインパルスが発射され，興奮性介在ニューロン（小さい黒丸）も活動して，ますます後角細胞からの出力を高めるが，太い線維から入力が入ると，後角細胞は，一時的に興奮させられるが，すぐに抑制性介在ニューロン（小さい白丸）の作用によってその興奮が抑えられる．痛みの量は，後角細胞から発射されるインパルスの量に対応する．後角細胞におけるこのような相互作用は，メルザックとウォールによって，ゲートコントロール説としてまとめられた[4]．

体内の鎮痛物質：身体に強い損傷が与えられると，中枢にエンドルフィンやエンケファリンとよばれる体内麻薬様物質が生成されて，それが後角細胞にはたらきかけて，鎮痛効果を発揮することが知られている（図 17-1 の右からの矢印）．

認知的要因：痛みに影響する認知的要因のひとつは不安である．不安を引き起こす状況に置かれたときは（状態不安），そうでないときに比べて，損傷が同程度でも，痛みの程度が高まるとされる．痛みに影響するもうひとつの認知的要因は注意である．損傷した部位に注意を向けたときと，それから注意を逸らしたときを比較すると，前者のほうが痛みを高める．たとえば，転んで傷ができた子どもは，泣き出しがちであるが，母親が，あやして子どもの気を紛らわしたり逸らしたりすると泣きやむのは，注意の効果であるとされる．

〔東山篤規〕

4) P. ウォール／横田敏勝（訳）(2001) 疼痛学序説　南江堂

【参考文献】

東山篤規・宮岡徹・谷口俊治・佐藤愛子（2000）触覚と痛み　おうふう
ウォール, P./横田俊勝（訳）(2001) 疼痛学序説　南江堂

II-18 信号検出理論

signal detection theory

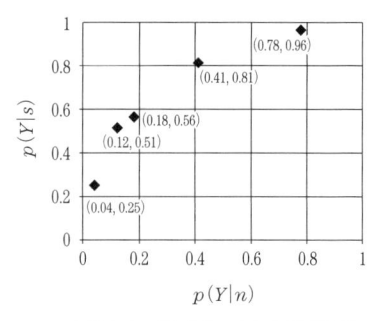

図18-1 リンクナーたちの実験結果

基本仮説

信号検出理論（SDT）とは，雑音の中から信号を検出するという電気工学的問題に統計的決定理論が組み合わされて生み出されたものであり，心理学では，知覚や記憶の判断過程の分析に用いられる．この考え方を理解するために，暗闇の中で微弱な光が与えられ，その光を検出する事態について考えてみよう．このとき暗闇が与える刺激を雑音 n，雑音の上に光が加えられている刺激を信号 s とよぶ．この2刺激がランダムに提示され，観察者は，各試行に信号が含まれていたかどうかを「はい Y」と「いいえ N」で反応する．

この事態における観察者は，雑音だけが与えられても，それに信号が付け加えられても，各試行において何らかの感覚的興奮を体験すると仮定される．この興奮の程度を観察 x とよび，1次元連続体である観察軸上の1点として位置づけられると仮定する．x は，同じ刺激が与えられても確率的に変動すると考え，x が雑音 n のみによって得られたときの確率密度関数を $f(x|n)$，x が雑音に信号 s が加えられた刺激によって得られたときの確率密度関数を $f(x|s)$ とする．

SDTでは，観察 x が得られると，それが $f(x|n)$ から得られたものか $f(x|s)$ から得られたものかを決定しなければならない．このとき，観察者が用いる基準を

$$l(x_0) = \frac{f(x_0|s)}{f(x_0|n)} \quad (1)$$

と仮定する．x_0 は，あるときに観察者が体験する特定の感覚的興奮を表し，$l(x_0)$ は x_0 に対する**尤度比**とよばれる．もし，観察者が，$l(x_0)$ が，ある値 $l(c)$ よりも大きいときに

は，x は $f(x_0|s)$ から得られたと判定し，反対に，それが $l(c)$ よりも小さいときには，x は $f(x_0|n)$ から得られたと判定する．この c 値のことを判定基準とよぶ．

尤度比と判定基準によって信号の有無を判断すれば，その判断が正しいときも，まちがっているときもある．すなわち，s が与えられて Y と答える場合を**ヒット**（hit），s が与えられて N と答える場合を**ミス**（miss），n が与えられて Y と答える場合を**虚報**（false alarm），n が与えられて N と答える場合を**正当拒否**（correct rejection）という．ヒット率がわかれば，ミス率は1からヒット率を引けば求まり，虚報率がわかれば，正当拒否率は1から虚報率を引けば求まる．よって，ヒットと虚報の割合によって，データが完全に記述される．

s が大きくなると，ヒット率は増加し虚報率は減少する．これは，SDT では，感覚の弁別力が高まったと考える．一方，同じ強度の s が与えられても，n と s の出現頻度を変えたり，反応に報酬（あるいは罰）やフィードバックを与えたりすると，ヒット率や虚報率が変化する．これは，SDT では，判定基準が変化したと考える．後者の事態において，グラフの横軸に虚報率 $p(Y|n)$，縦軸にヒット率 $p(Y|n)$ をとって，実験の結果を描いた曲線を ROC 曲線[1]とよぶ．図18-1 は，サッカリン溶液 s と水 n の弁別実験の結果である[2]．すなわち，サッカリン溶液の生起率を 0.1 から 0.9 までの5段階に変化させたときに得られた，虚報率とヒット率の関係を示す（図の中の数値）．SDT では，ROC 曲線を用いて，感覚の弁別力と判定基準が分離して，それぞれの値を統計的に推定する．

正規分布が仮定される場合

いま，$f(x_0|n)$ と $f(x_0|s)$ の分布が，それぞれ図 18-2 のように正規分布をすれば，ヒット率 $p(Y|s)$ と虚報率 $p(Y|n)$ の確率は次式によって与えられる．

$$p(Y|s) = \frac{1}{\sqrt{2\pi}\sigma_s} \int_c^\infty exp\left[-\frac{(x-m_s)^2}{2\sigma_s^2}\right] dx \quad (2)$$

$$p(Y|n) = \frac{1}{\sqrt{2\pi}\sigma_n} \int_c^\infty exp\left[-\frac{(x-m_n)^2}{2\sigma_n^2}\right] dx \quad (3)$$

1) ROC = receiver operating characteristic curve

2) Linkner, E., Moore, M. E., & Galanter, E. (1964) Taste threshold, detection model, and disparate results. *Journal of Experimental Psychology*, 67, 59-66.

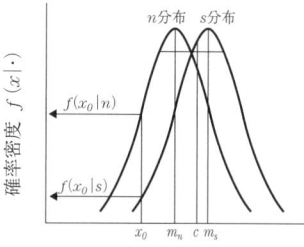

図18-2 n 分布，s 分布，判定基準 c の関係

ただし，m_n と m_s は，2 分布の平均値，σ_n と σ_s は，2 分布の標準偏差，c は判定基準である．

この 2 分布の平均距離を，雑音の分布の標準偏差 σ_n で標準化して弁別力インデックス d' を定義する．

$$d' = \frac{m_s - m_n}{\sigma_n} \quad (4)$$

c の位置も σ_n で標準化して C を定義する．

$$C = \frac{c}{\sigma_n} \quad (5)$$

SDT の課題は，弁別課題などから d', σ_n/σ_s, C の値を見出すことである．平均 m_n から基準 c までの距離を，その標準偏差 σ_n で標準化し，それを $z(Y|n)$ とすると，

$$z(Y|n) = \frac{c - m_n}{\sigma_n} \quad (6)$$

となる．同じように，平均 m_s から基準 c までの距離を標準化し，それを $z(Y|s)$ とすると次式を得る．

$$z(Y|s) = \frac{c - m_s}{\sigma_s} \quad (7)$$

式 (6) と (7) より c を消すと次式を得る．

$$\sigma_n z(Y|n) + m_n = \sigma_s z(Y|s) + m_s \quad (8)$$

$$z(Y|s) = \frac{\sigma_n}{\sigma_s} z(Y|n) - \frac{m_s - m_n}{\sigma_s} \quad (9)$$

また式 (8) に式 (4) を代入して整理すると次式を得る．

$$d' = z(Y|n) - \frac{\sigma_s}{\sigma_n} z(Y|s) \quad (10)$$

式 (9) より明らかなように，グラフの横軸と縦軸に虚報とヒットの標準得点をとって，データに直線を当てはめると，その勾配は σ_n/σ_s に等しくなる．式 (10) より，d' は，$z(Y|s)$ が 0 のとき $z(Y|n)$ に等しくなるので，式 (9) から得られた切片の符号を反転した $(m_s - m_n)/\sigma_s$ を勾配 σ_n/σ_s によって割ると求まる．一方，判断基準は，式 (5) より，虚報の標準得点によって求まる．

図 18-3 は，図 18-1 の両軸を確率から標準得点に書き変えたときに得られる，$z(Y|s)$ と $z(Y|n)$ の関係を示す．これ

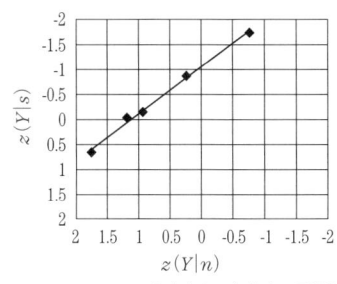

図18-3 $z(Y|s)$ と $z(Y|n)$ の関係

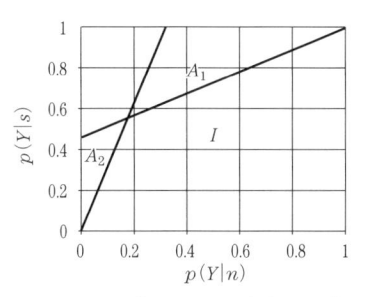

図18-4 ノンパラメトリックな方法による弁別力A'と判定基準B''

に直線を当てはめると，$z(Y|s) = 0.95 z(Y|n) - 1.06$ となる．これより σ_n/σ_s は 0.95，d' は 1.12 になる．

正規分布が仮定されない場合

$f(x|n)$ の分布の型が特定されないときや，$p(Y|s)$ と $p(Y|n)$ の値が一対しかわかっていないときには，つぎに述べるノンパラメトリックな方法[3]によって，刺激の弁別力 A' と判定基準（反応バイアス）B'' が求まる[4]．

図 18-4 の横軸は虚報の割合，縦軸はヒットの割合を表し，得られた一対の虚報率とヒット率が点 $\{p(Y|n), p(Y|s)\}$ で示されている．ここで，右上の点 (1, 1) と左下の点 (0, 0) からこの点を通る直線を引くと，グラフは 4 領域に分かれ，ROC 曲線は，図中の A_1 と A_2 の領域内のどこかを通る．そこで領域 I と，領域 A_1 と A_2 の 2 分の 1 の領域を合わせた量を刺激の弁別力 A' と定義することができる．

$$A' = I + \frac{A_1 + A_2}{2} = \frac{1}{2} + \frac{\{p(Y|s) - p(Y|n)\}\{1 + p(Y|s) - p(Y|n)\}}{4p(Y|s)\{1 - p(Y|n)\}}$$

となる．また，A_1 と A_2 との領域の面積の比から判定基準 B'' が定義される．すなわち，

$$B'' = \frac{A_1 - A_2}{A_1 + A_2} = \frac{p(Y|s)\{1 - p(Y|s)\} - p(Y|n)\{1 - p(Y|n)\}}{p(Y|s)\{1 - p(Y|s)\} + p(Y|n)\{1 - p(Y|n)\}}$$

となる． 〔東山篤規〕

3) ノンパラメトリックな方法とは母集団の分布の型が未知のものに対する方法という意味である．

4) Pollack, L. & Norman, D. A. (1964) Non-parametric analysis of recognition experiments. *Psychonomic Science*, 1, 125-126.
Pollack, I., Norman, D. A., & Galanter, E. (1964) An efficient non-parametric analysis of recognition memory experiments. *Psychonomic Science*, 1, 327-328.

【参考文献】
ゲシャイダー, G. A./宮岡徹（監訳）(2002) 心理物理学：方法・理論・応用　北大路書房
小谷津孝明 (1973) 統計的決定：刺激の弁別における信号検出理論　印東太郎（編）心理学研究法 17 モデル構成　東京大学出版会

III 遠心的認知：中枢処理と表出

III-19 認知／感情

cognition/affect

　人間の**認知**の特性を知る上で，**感情**を考慮に入れるべきなのかどうかについては，現在でも賛否両論あるだろう．経験的には，私たちの思考にしろ行動にしろ，感情に影響されていることは確かである．しかし，伝統的な認知心理学の立場では，認知と感情を互いに独立したシステムとして扱ったり，感情は認知を阻害するものとみなしたりしていた．だからこそ，認知研究の実験刺激には感情的色彩の希薄なものや中立的なものが使用されることが多かった．また，認知課題を遂行する人の感情状態も，中立的であると想定するか，単に分散を大きくする誤差として処理してきた．そのような認知重視／感情無視の風潮に対して，認知研究における感情の必要性を強く論じたのがノーマン（Norman, D. A.）であり[1]，感情を適応的な視点から捉えて立体モデルを提唱したプルチック（Plutchik, R.）[2]や**アージ理論**（urge theory）を提唱した戸田正直[3]らである．

　少なくとも，情報処理的な観点で認知的情報処理と感情的情報処理は互いに影響し合うことや，大脳神経レベルで知的情報と感情的情報は異なる回路を辿りつつも相互に関連した活性化が観察されるなど，両者が相互作用的に働いていることに関する実験的証拠は多数存在する．適応システムとして捉えた場合，認知システムと感情システムは，処理内容や処理時間の違いから，ときに相乗的あるいは補完的に作用し合うこともあれば，拮抗することもある．そのような働きを解明することは，認知心理学の立場からも重要なことである．

　一口に感情と言っても，その概念や注目する機能や役割は，多岐にわたっている[4]．ここでは，広義の感情という語を用

1) Norman, D. A. (1980) Twelve issues of cognitive science. *Cognitive Science*, 4, 1-32.

2) Plutchik, R. (1980) *Emotion: A Psychoevolutionary Synthesis*. Harper and Row.

3) 戸田正直（1992）感情―人を動かしている適応のプログラム　東京大学出版会

4)「III-20　情動／ムード」参照．

いているが，認知心理学的な研究の中で操作的に扱われるのは，多くの場合，**気分**（mood）と呼ばれるものである．気分は比較的強度が低い持続性の感情状態を示すもので，「憂うつだ」「うきうきしている」というように，対象や原因が曖昧であることも多い．対人関係場面などで生じる「怒り」や「喜び」のような急峻で強い変化を伴う**情動**（emotion）が対象になることもあれば，どのような気分や情動が生じやすいかという性格特性に近いものが扱われることもある．

　認知心理学的な立場で感情を扱う研究の1つは，反応時間や想起率，あるいは選択率を従属変数とする記憶や評価・判断実験パラダイムの中で，独立変数として「感情変数」を導入するというものである．これは，あくまで認知心理学の枠組み内で感情を扱うということであり，ある意味で認知と感情にどのような折り合いをつけるかという研究上の葛藤を回避することにもっとも成功した例である[5]．多くの実験とシンプルなモデルの提示でもっともよく知られ，今もなお影響力を持っているのは，おそらくバウアー（Bower, G. H.）[6]の一連の研究であろう．彼は，コリンズ（Collins, A. M.）とロフタス（Loftus, E. F.）[7]による意味ネットワーク**活性化拡散モデル**（spreading activation model）を拡張して，感情ノードを導入することで，感情が記憶に影響を与える現象を認知的枠組みの中で説明しようと試みたのである．特定の感情状態になることでその感情ノードが活性化され，そこにリンクしている概念ノードに活性化が拡散するために，当該の感情関連の記憶が促進されるというものである．このモデルは，特に記憶の**気分一致効果**（mood congruent effect）と呼ばれる現象をうまく説明することができ，実験的な検証も多く行われている．気分一致効果とは，悲しい時にはネガティブな**感情価**（affective valence）をもつ内容を記銘しやすく，楽しいときにはポジティブな感情価をもつ内容を記銘しやすいといった現象である．なお，バウアーは後に，感情ノードだけでは現象を説明しきれないとして「評価ノード」も導入している．感情ネットワークモデルを前提とした多くの研究は，意味記憶[8]研究における間接プライミング実験のパラダイ

5) 谷口高士（1991）認知における気分一致効果と気分状態依存効果　心理学評論　34, 319-344.

6) たとえば Bower, G. H. (1981) Mood and memory. *American Psychologist*, 36, 129-148.

7) Collins, A. M. & Loftus, E. F. (1975) A spreading-activation theory of semantic processing. *Psychological Review*, 82, 407-428.

8)「Ⅲ-36　意味記憶」参照.

ムに則って行われており，**感情プライミング**（affective priming）[9]と呼ばれることもある．

これは生理的喚起も含めた感情状態に関する情報が，後続の認知的処理に自動的な影響を及ぼすという考え方で，感情理論の1つであるジェームズ＝ランゲ説（James-Lange theory）[10]を前提にしているといえる．ザイアンス（Zajonc, R. B.）[11]は，感情プライミング研究によって得られた知見をもとに，より先鋭的に感情先行説（primacy of affect theory）を主張した．これと真っ向から対立したのが認知先行説（primacy of cognition theory）を唱えたラザルス（Lazarus, R. S.）[12]で，1980年代に行われた両者の議論はラザルス＝ザイアンス論争として有名である[13]．

一方，臨床的な知見を背景に，感情が特定のスキーマ（schema）[14]と関連することで認知的な処理の枠組みを変えるというスキーマモデルを提案したのが，認知療法の提唱者ベック（Beck, A. T.）[15]である．たとえば，抑うつ時に発動される否定的自己スキーマ（negative self schema）によって，自己に不利な情報が選択的に処理されたり，失敗経験や自分の欠点などが多く思い出される．そのことによって，さらに抑うつの度合いは深くなる（抑うつのスパイラル）．感情スキーマモデルは，感情ネットワークモデルよりも多くの現実的な事象をうまく説明できる反面，感情スキーマそのものは抽象的かつ曖昧で観察困難な概念である．

認知と感情の相互作用に関しての研究がもっとも活発に，また，現実との対応を視野に入れて取り組まれているのは，社会認知分野であろう．感情ネットワークや感情スキーマによって説明可能な記憶や判断，あるいは情報の入力から出力までの枠組みの偏りは，ある意味で個人の世界に閉じたものである．これに対して，社会認知的研究においては，対人関係や商業活動など広範な状況下での感情の役割を，認知的な処理や最終的な反応，さらにはその後の行動への影響も含めて対応づけていくことが必要となる．したがって，1つの感情が1つの行動に影響を及ぼすという単純な機能論にはやや否定的である．感情の働きをよりダイナミックにモデル化し

9) 間接プライミングの一種で，特定の気分にある場合に，その気分と関連する意味の言葉の処理が促進される現象を指す．

10)「泣くから悲しい」と言われるように，末梢の状態が先にあって，後からそれが感情として認知されるという考え方．

11) Zajonc, R. B. (1984) On the primacy of Affect. *American Psychologist*, 39, 117-123.

12) Lazarus, R. S. (1984) On the primacy of cognition. *American Psychologist*, 39, 124-129.

13) 次の文献を参照．加藤和生（1998）認知と情動のからみ—「認知が先」か「情動が先」か　丸野俊一（編著）心理学のなかの論争[1] 認知心理学における論争（Pp.55-82）ナカニシヤ出版

14)「Ⅲ-31　スキーマ」参照．

15) Beck, A. T. (1967) *Depression: Clinical, experimental and theoretical aspects.* Harper and Low.

たものとしては，フォーガス（Forgas, J. P.）が提唱する**感情混入モデル**（affect infusion model）がある[16]．これは，感情は情報処理方略の選択を方向づけるとともに，選択される4つの処理方略の中でさらに感情の役割が異なるというモデルである．ここで取り上げられた処理方略とは，感情の影響が小さい直接アクセス処理と動機づけられた処理，感情の影響が大きいヒューリスティック処理（感情情報をもとに判断を行う）と実質処理（感情プライミングが起こりやすい）である．この中には，バウアーが提唱する感情ネットワークモデルも包括されている．複数の異なるタイプの処理方略を導入することで，記憶や判断の気分一致効果だけでなく，その非対称性や逆転現象などにも適用することが可能となった．この他にも，受け取った感情情報と状況や課題の性質によって，自動的に反応傾向や行動傾向が生じる自動的処理モードと，制御を行う統制的処理モードが選択されるという，北村のSACモデル（situated strategies of automatic and controlled processing model）などが提案されている[17]．

　これらの，処理モード選択的な社会認知的な感情モデルの背景になっているのは，ポジティブな感情は感情維持的で比較的自動的な処理を志向し，ネガティブな感情は感情改善的で分析的で緻密な制御的な処理を志向するという考えである．ところがアイゼン（Isen, A. M.）[18]は，ポジティブな感情は柔軟で創造的な思考を促進すると主張している．これは，現在の社会認知研究で主流的な，ポジティブな感情は簡便でヒューリスティックな処理を，ネガティブな感情は入念でシステマティックな処理を導きやすいというシュワルツ（Schwarz, N.）[19]やフォーガスらの考えとは相反する．両者の主張はともに多数の実験的知見に基づいており，どちらが正しいのかというよりも，想定されている状況や課題，あるいは，「柔軟」や「創造的」といった用語にどのような意味を持たせているかの違いであるように思われる．　　　〔谷口高士〕

16) Forgas, J. P. (1995) Mood and judgment: The affect infusion model (AIM). *Psychological Bulletin*, 117, 39-66.

17) 基本的にはポジティブ気分のときは，直観的，自動的な簡易な思考方略をとる．一方，ネガティブ気分のときは，分析的，体系的，熟慮的な思考方略をとって，不適応行動とならないようにするとともに，気分の調整を図ろうとする．（北村英哉, 2003, 認知と感情, ナカニシヤ出版）

18) Isen, A. M. (1987) Positive affect cognitive processes and social behavior. In Berkowitz (Ed.), *Advances in experimental social psychology,* 20, 203-253. Academic Press.

19) Schwarz, N. (1990) Feelings as information: Informational and motivational functions of affective states. In E. T. Higgins & R. M. Sorrentino (Eds.), *Handbook of motivation and cognition: Foundations of social behavior,* Vol.2, (Pp.527-561) Guilford Press.

【参考文献】
海保博之（編）（1997）「温かい認知」の心理学：認知と感情の融接現象の不思議　金子書房
村田光二（編）（2010）現代の認知心理学6 社会と感情　北大路書房

Ⅲ-20
情動／ムード

emotion/mood

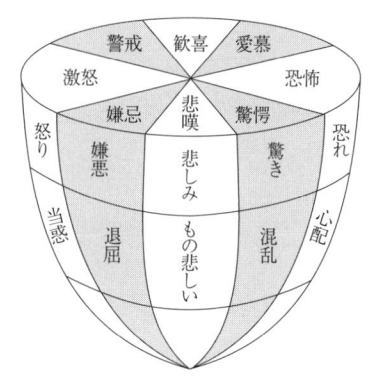

図20-1 プルチックの感情多次元模型(Plutchik, 1980／浜(編)1981[1])

　感情，情動，情緒，気分（ムード），情感といった言葉は，ほぼ同義語として使用されることもあれば，異なるものを指して使い分けられることもある．日本では，もっとも一般的で包括的なものとして**感情**（affect）[2]が使用される．そして，外部刺激によって喚起され行動表出や生理的喚起を伴うものを**情動**（emotion），比較的変化の少ない定常的な状態を表すものとして**気分**（mood），主観的体験の側面を強調して**情感**（feeling）などと使い分けている．学術的な解説書や辞書でさえ必ずしも一貫していないが，学術用語としての感情はemotionと対応させられていることが多い．

　そもそも感情とは何であり，どのような起源を持つのかという問いに対するスタンスの多様性が，感情研究を複雑にしている．研究者の数だけ感情の定義や理論があるといっても過言ではないだろう．たとえば，進化適応，動機づけ，感情調整，生理，認知，社会文化など，感情を捉える立場は非常に多面的である．どのような現象面に注目するかについても，状態，特性，類型，機能，表出／受容，情報処理，コミュニケーション，行動選択，神経的基盤，生理的反応など，挙げていけばきりがない．

　感情研究の1つの主流的な立場は，**進化適応**（evolutionary adaptation）的観点から感情を捉えるものである．感情とは，人が危険を回避したり危機を克服したりするために必要な，生理的な準備態勢に起源を発するものであり，適応上必要なものと考えられる．対処行動に対応させて感情をカテゴリー的に分類しようとするのは自然な流れであり，素朴な

1) 浜治世 (編) (1981) 現代基礎心理学　第8巻　動機・情緒・人格　東京大学出版会　Pp. 145-161.

2)「Ⅲ-19　認知／感情」参照．

感情観にも近い．表情などの感情表出的行動との対応づけや，感情表現語の評価などによって分類された感情カテゴリーは，しばしば**基本感情**（basic emotions）と呼ばれる．基本感情の種類やその内容は，研究者によって若干異なるものの，概ね 6 ～ 8 種類程度である．たとえば，表情研究で有名なエクマン（Ekman, P.）は，喜び，恐れ，驚き，嫌悪，怒り，悲しみの 6（あるいは軽蔑を加えた 7）としている[3]．イザード（Izard, C. E.）は，興味・興奮，喜び，驚き，苦悩・不安，怒り，嫌悪，軽蔑，恐れ，恥，罪悪感の 10 と，やや多く挙げている[4]．また，プルチック（Plutchik, R.）は，1 次的感情として恐れ－怒り，驚き－予期，悲しみ－喜び，嫌悪－受容をそれぞれ円環上で対称的に配置し，それぞれの下に強度の小さいものを 3 次元的に配置して逆釣鐘状の立体モデルを提案した[1)5)]．このモデルではさらに，隣接するもの同士で 2 次，3 次の混合感情と呼ばれる複雑な感情が生じることも説明している．進化適応的観点においては，感情表出は神経レベルで規定されたものである．したがって，基本的な表情の表出と，その認識カテゴリーである基本感情は文化普遍的であると考えられる．実際には文化によって異なる表情表出や認識がなされているが，エクマンは，それを文化固有の表示規則（display rule）[6]の制約によるものであると説明する．

　このような進化適応的立場および基本感情という考えに真っ向から対立するのが，アヴァリル（Averill, J. R.）[7]などに代表される感情の**社会的構築主義**（social constructivism）である．この立場では，感情は人が社会化される中で獲得，構成されていく社会的役割であり，行動や状況に対する解釈である．当然ながら，基本感情といった固定的なものではなく可変的なものであり，状況に対する個人的な評価を含むものの社会的な価値観に大きく左右されるものであるとされる．

　また，カテゴリーとして感情を分類する基本感情に対して，少数の感情次元への還元を試みるアプローチも存在する．古くは，スペンサー（Spencer, H.）やヴント（Wundt, W.）にまで遡る．ヴントは，感情経験を快－不快，興奮－沈静，緊張－弛緩（しかん）の 3 次元で説明できるとした．近年の次元的研

3) Ekman, P. & Friesen, W. V.（1975）*Unmasking the face: A guide to recognizing emotions from facial cues*. Prentice-Hall.〔工藤力（訳編）（1987）表情分析入門―表情に隠された意味をさぐる　誠信書房〕

4) Izard, C. E.（1991）*The psychology of emotions*. Plenum.〔荘厳舜哉（監訳）（1996）感情心理学　ナカニシヤ出版〕

5) Plutchik, R.（1980）A general psychoevolutionary theory of emotion. In R. Plutchik & H. Kellerman（Eds.）, *Emotion: Theory, research, and experience*: Vol.1 *Theories of emotion*.（Pp.3-33）, New York: Academic Press.

6) 基本感情に基づく表情表出は普遍的であるが，文化によって特定の表情表出が抑制されることがある（たとえば日本では成人男性が人前で悲しみを見せることは望ましくないとされてきた）．このような文化依存的な表出制限を表示規則と呼ぶ．

7) Averill, J. R.（1980）A constructivist view of emotion. In 5）, Pp.305-339.

究では，主に表情写真や感情表現語に対する評価を多変量解析して，2〜3次元が析出されている．たとえばシュロスバーグ（Schlosberg, H. S.）は，表情写真の分類から，快－不快と注目－拒否の2次元，後に活性化の次元として睡眠－緊張を加えた3次元を提案した[8)][9)]．また，ラッセル（Russell, J. A.）は，快－不快，覚醒－眠気の2軸からなる平面上に，各種の感情語が円環状に配置されるモデルを提唱し，後にアフェクト・グリッド（affect grid）と呼ばれる測定法に応用した[10)]．現在では，これをパソコンのモニタに提示し，マウスやタッチパネルなどで連続的あるいは離散的に反応させることで，リアルタイムな主観的感情状態を測定するなど，さまざまな研究で利用されている．

感情がどのように生起するのかについては，しばしばジェームズ（James, W.）の末梢起源説とキャノン（Cannon, W. B.）の中枢起源説が取り上げられる．末梢起源説では，「悲しいから泣くのではない，泣くから悲しい」というように，身体的な賦活が大脳に伝わることで感情が経験されるとする．一方，中枢起源説では，刺激を受けた視床の活性パターンが大脳に伝わることで感情が経験されるとする．両者を巡る多くの議論と研究の中から，シャクター（Schachter, S.）による感情と認知の2要因説[11)]，アーノルド（Arnold, M. B.）による認知的評価先行説[12)][13)]，ラザルス（Lazarus, R. S.）の認知的評価2過程説[14)] などが生まれた．これらはいずれも，認知が感情に先行するとみなすものである．

解剖学的には，パペッツ（Papez, J.）による感情回路（Papez circuit）[15)] と，ルドゥ（LeDoux, J. E.）による二重経路説（dual pathway theory）[16)] が重要であろう．これらは，感情と認知の関係に関する研究にも，大きな影響を与えた．パペッツの感情回路は，思考，運動，感情に関係する3つの情報処理経路の1つで，感覚視床⇒視床下部⇒視床前核⇒帯状回⇒連合野⇒海馬⇒視床下部とつながる閉回路である．帯状回から連合野に情報が入ることで感情体験が生じ，海馬から視床下部に情報が流れることで感情表現につながるとされた．また，近くを認知回路が通るために，記憶や思考も感情

8) Schlosberg, H. (1952) The description of facial expressions in terms of two dimensions. *Journal of Experimental Psychology*, 44, 229-237.

9) Schlosberg, H. (1954) Three dimensions of emotion. *Psychological Review*, 61, 81-88.

10) Russell, J. A., Weiss, A., & Mendelsohn, G. A. (1989) Affect grid: A single-item scale of pleasure and arousal. *Journal of Personality and Social Psychology*, 57, 493-502.

11) Schachter, S. & Singer, J. (1962) Cognitive, social, and physiological determinants of emotional state. *Psychological Review*, 69, 379-399.

12) Arnold, M. B. (1960) *Emotion and personality*: Vol. 1 *Psychological aspects*, Columbia University Press.

13) Arnold, M. B. (1960) *Emotion and personality*: Vol. 2 *Neurological and psychological aspects*, Columbia University Press.

の影響を受けると考えられた．しかし，パペッツの感情回路は実際には感情処理の回路としては正しくないことが分かっており，マクリーン（MacLean, P. D.）によって，辺縁系のリング状回路こそが感情を処理する回路であるとして拡張された[17]．ルドゥの二重経路説は，感情は，大雑把だが自動的で迅速な処理が行なわれる扁桃体を中心とした経路と，複雑で高次の認知的な処理が行なわれる経路の，2つの経路で処理されるというものである．

　認知も感情も，生物としての人間がよりよく環境に適応して個体および種の保存の確率を高めるために発生し発展したものである．高次の認知活動には，前頭葉を始めとする大脳新皮質における連合的な働きが重要である．これに対して感情は，大脳辺縁系の扁桃体や，生存に必須な間脳の視床や視床下部など，より古い部位の働きに大きく依存している．起源的には，感情システムが認知システムよりも古くから存在したといえる．そして，感情は比較的単純で即応的な，一次的生存適応行動のために最適化されていたと考えられる．辺縁系や間脳は，末梢とより下位のレベルで連絡しているため，生理的喚起や運動に直結しやすく，素早い反応が可能である．ある程度パターン化した即応的な適応システムである反面，新奇な事態や複雑な状況にはあまり向いていないともいえる．一方，認知システムは，より複雑な二次的三次的な適応行動を可能にする．認知的処理においては，記憶のデータベースの検索や情報の比較，可能性の検討などの思考を経て，最終的な判断，出力がなされるが，これには一定の時間を要する．対応すべき状況が変化すれば，処理に割り込みをかけて修正あるいは再演算をする必要もある．迅速ではないが，幅広い対処を可能とする柔軟な適応システムであるともいえる．　　　　　　　　　　　　　　　〔谷口高士〕

14) Lazarus, R. S. (1966) *Psychological stress and the coping process*. McGraw-Hill. など．

15) Papez, J. (1937) A proposed mechanism of emotion. *Archives of Neurology and Psychiatry*, 38, 725-743.

16) LeDoux, J. E. (1989) Cognitive-emotional interactions in the brain. *Cognition and Emotion*, 3, 267-289.

17) MacLean, P. D. (1949) Psychosomatic disease and the visceral brain: Recent developments bearing on the Papez theory of emotion. *Psychosomatic Medicine*, 11, 338-353.

【参考文献】
濱治世・鈴木直人・濱保久（2001）感情心理学への招待：感情・情緒へのアプローチ　サイエンス社
コーネリアス, ランドルフ R.／齊藤勇（監訳）（1999）感情の科学：心理学は感情をどこまで理解できたか　誠信書房

III -21
表情

facial expression

表情の動き

　表情[1]とは，ごく短く辞書的な定義を述べるのであれば，喜びや悲しみといった特定の感情を体験する際に，目や眉や口といった特定の顔部分が決まった動きをすることであり，その動きによる他者への感情の伝達のことである．しかし，このようにもっともらしい定義を述べずとも，誰しもが毎日の日常生活の中で観察し体験している表情というものは，その用法や機能が一般に広く理解されている．口角を上昇させれば笑顔となるし，眉の内側を上昇させれば悲しみの顔となる．こうした事実は，観察と実験を繰り返さずとも，自明のものとして皆に共有されている知識だといえる．

　しかしながら，改めて，「なぜ楽しいときに口角が下降するのではなく上昇するのか」「なぜ喜びではなく，悲しみの感情の体験と，眉毛の外側ではなく内側の上昇が結びついているのか」といった問いを発してみると，意外にも表情の動きの必然性を説明できないことに気づく．口角の動きや眉の内側の動きと，喜びや悲しみといった感情の関係は恣意的なものなのであろうか．それとも，なんらかの必然性のあるものなのだろうか．さらにいえば，そもそもその結びつきは，学習により形成されたものなのだろうか．文化集団が違えば，日本人とはまったく逆に，喜びに際して眉の内側を上昇させるような人々もいるのだろうか．

ダーウィンの表情進化論

　こうした問いに最初に答えようとしたのが，進化論で有名なダーウィン（Darwin, C. R.: 1809-1882）であった．ダーウィンはその著書『人及び動物の表情について』[2]において，

1）日本語の表情という単語は，正確に英語に訳すと facial expression of emotion となり，4つもの単語がならぶ．これを直訳すると，「感情の顔面による表出」となるが，これはいかにも回りくどく煩雑である．これに対し，日本語では簡潔に「表情」という2文字からなる1つの単語が存在する．さらにいえば，日本語において「表情」という語は「街の表情」「師走の表情」「山々の表情」などといった風景や社会集団の様子を表す語としても用いられる．こうした用語の観点からも，英米に比して，日本という文化圏における「表情」という単語が日常生活の中でより重要な役割を果たしていることがわかる．

2）Darwin, C.（1872）. *The expression of the emotions in man and animals*. London: John Murray. 〔浜中浜太郎（訳）（1931）〕『人及び動物

イヌの情動表出やサルの表出を観察記載し，あわせて西欧文明の影響が及んでいない人々の表情を，宣教師たちの報告などをもとに収集したのである．

ダーウィンの最大の貢献は，周知のように，変異と自然淘汰により種が分化していく過程を理論化した点にあるが，彼がもたらした最大のインパクトは，私たち人間がサルとかつては兄弟であったという事実を指摘した点にある．人間のみが神の似姿として作られ，またヒト以外の生物たちも神が作ったものであるとするキリスト教の価値観からすれば，「ヒトはサルから別れた」とするダーウィンの考えは，現代においてさえも受け入れることを拒否している人が数多くいるぐらいであるから，当時としては激しい反発を招くものであった．この反発を説得するために書かれものが，1つは『ヒトの由来』[3]であり，もうひとつが翌年に発表された『人及び動物の表情について』であったともいえる．

この本においてダーウィンは，以下の3つの原理をたて，表情を含めたコミュニケーション行動の進化を議論している．① 連合的習慣の原理，② 反対の原理，③ 神経系の構造による動作の原理，の3つである．

① は，主に目的を達成するためにある動きをする場合，その動きがコミュニケーション行動へと進化したのではないかとする議論である．たとえば噛み付くという攻撃を行うことと，口をあけてキバを見せるという表出が必要となる．この表出が次第に攻撃行動と結びつくことで怒りの表情が進化する，といった事例として考えればいいだろう．

② は，意味が反対のメッセージは顔や体の物理的な動きとしても反対になるという原則である．犬が威嚇において肩をあげるのに対し，劣位の表出では肩を下げる．人間の表情でも，怒りと悲しみでは眉毛の動き方が逆だし，笑いとその他の不快表情では口角の上下の動きが，これも逆となる．

③ は，少しわかりにくいが，① のような何らかの目的を達成する際に副次的に生じる表出を，どうやらダーウィンは考えていたようである．たとえば涙などはこの原理で進化したものと考えられる[4]．

の表情について』岩波文庫

3) Darwin, C.（1873）*The descent of man and selection in relation to sex*. New York: D. Appleton.

4) 3つの原理をごく大雑把に説明したが，いずれも自然選択や淘汰，あるいは性選択などの概念ほどには広まっておらず，現代ではほとんど忘れられた存在となっている．その理由としては，たとえば獲得形質の遺伝を想起させることや実証的データの乏しさなどの点が指摘される．しかし本来，記号の進化，あるいはコミュニケーション行動の進化を考える際には，この3つの原理が示唆に富んだ視点を提供していることだけは指摘しておきたい．

表情の通文化性と生得性

表情を心理学においてメジャーな研究テーマに押し上げた最大の功労者は，アメリカの心理学者エクマン（Ekman, P.）である．彼は主著『表情分析入門』[5]において，アメリカ，ブラジル，チリ，アルゼンチン，日本，そしてニューギニアでの表情写真を用いた認知実験の報告を行い，喜び，悲しみ，怒り，嫌悪，驚き，恐怖の6つの基本感情が，文化によらず同じような顔の動きにより表出されているとの主張を行った．また，エクマンによれば，これらの基本6感情の表出を担っているのが，約40の顔部分による動作単位（action unit）であり，たとえばAU1（眉の内側を上げる）＋AU15（唇の端を押し下げる）といった形で，「悲しみの表情」が記述されることになる．エクマンの一連の主張には数多くの批判があるが[6]，現在においても表情認知の実験を行う際のスタンダードな写真刺激として，『表情分析入門』に掲載されている基本6感情の表情写真がしばしば用いられている[7]．

表情が通文化的であるとの主張は，ヒトという種にとって表情は遺伝的な影響を強く受けた生まれつきの能力であることを示唆している．この主張は，ダーウィン以来の考え方であるが，たとえば人間の行動の進化論的な由来を考える**ヒューマンエソロジー**（human ethology）の分野でも同様の主張がなされている．ヒューマンエソロジストのアイブル＝アイベスフェルトは，生まれつき目の見えない少女の表情を撮影し，その表情が基本的には目が見えている人たちと特段変わらないことを主張した[8]．つまり，視覚により他者の表情を観察し学習する機会がなかったものであっても，私たちとほぼ同じように表情を表出しているのであるから，その能力は生得的なものであると主張したのである．

コミュニケーションとしての表情

最初にふれたように，エクマンは表情を「感情の表出」として捉えている．たとえば，私たちが通常「笑顔（smile）」と呼んでいる表出も，エクマンにいわせれば「幸福（happiness）」の表出ということになる．あくまでまず，感情というものが心の中で生じ，それが受け手に伝達されるべく外に

[5] Ekman, P. & Friesen, W.V. (1975) *Unmasking the faces.* Malor Books. 〔工藤力（訳編）（1987）表情分析入門―表情に隠された意味をさぐる 誠信書房

[6] たとえば，Russell, J. A. (1994) Is there universal recognition of emotion from facial expression?: A review of the cross-cultural studies. *Psychological Bulletin,* 115, 102-141. Russell, J. A. (2003) Core affect and the psychological construction of emotion. *Psychological Review,* 110, 145-172.

[7] エクマンは，表情が表出される文脈は文化により異なっていることは認めているが，どの表情をどのような程度どのような場面で表出するかといった，いわゆる表示規則（display rule）の問題は，今後も大いに検討の必要があるだろう．この傾向は，fMRIの興隆による近年の表情認知の脳科学研究において，さらに顕著となっている．「Ⅲ-20 情動／ムード」の注6）参照．

[8] Eibl-Eibesfeldt, I. (1970) *Liebe und Hass. Zur Naturgeschichte ele-*

あらわれたものが表情という媒体である，とする観点にたっている．これは心理中心主義的な見方であり，一方向的にすぎるとの批判がある．たとえば会議などで発言を求められて少し笑顔をたたえながら集団の中で起立し発言する，といった場面などでも，人は笑顔の表出を行う．この表情を「幸福の表出である」とするのは少々無理があるだろう．エクマンの立場からすれば，幸福感情をベースにした表示規則の問題として説明されるのかもしれないが，むしろ，よりコミュニケーションの機能に観点をおいた「社会的なメッセージの表出」とでもしたほうがシンプルな説明となるかもしれない．このように，表情を一方向の感情の伝達ととらえるのではなく，送り手と受け手の双方の共同作業によるコミュニケーション行動としてとらえる観点は，様々な研究者から提示されている[9]．エクマンにとって，表情とはあくまで，ある心の状態（たとえば「幸福」）の伝達なのであって，仮にその感情が正確に伝達されなければコミュニケーションとしては正しくないということなのだろう．「社会性」「緊張緩和」といったメッセージは，あくまでも幸福が伝達された後の付加的な読み取り規則により生成されるとの考えである．この考えは，ある意味では，表情という語の英語，すなわち facial expression of emotion（感情の顔面による表出）という用語にできうる限り忠実であろうとすることから来ているともいえる．

本項では字数の関係であえてふれなかったが，今後表情研究は脳科学的な観点からの研究がますますさかんとなってくるだろう．と同時に，そこで繰り返し用いられる「エクマンの6種類の写真」をこえて，そもそも表情とはいったい何なのかを考えていくには，進化論，コミュニケーション論，記号論など，様々な観点をも包括する視点が重要となってくるものと思われる．

〔金沢　創〕

mentarer Verhaltensweisen. Mit einem Register. München, Piper.〔日高敏隆ほか（訳）（1974）愛と憎しみ　みすず書房〕

9) たとえば下記など. Fridlund, A. J. (1994) *Human facial expression: An evolutionary view*. San Diego: Academic Press.

【参考文献】

エクマン，P・フリーセン，W. V.／工藤力（訳編）（1987）表情分析入門　表情に隠された意味をさぐる　誠信書房

III-22 マインドリーディング

mind reading

マインドリーディングとは，一般的には「読心」と翻訳され，他人の心の状態を行動やしぐさから読み取ったり，その人の未来の行動を予測したりすることを指す．しかし，より専門的な意味においては，いくつかの学問分野において，時代を牽引する特殊な用いられ方を，この語はしてきた．その中心にあるのは，**心の理論**（theory of mind）研究で著名となったイギリスの発達心理学者，バロン＝コーエン（Baron-Cohen, S.）である．たとえば，彼はその著書 *Mindblindness* の第3章において Mindreading という章をたて，マインドリーディングについて詳細な説明を行っている[1]．こうした経緯から，マインドリーディングを，「自閉症児と心の理論」の文脈で捉えることが一般的であるのかもしれない．この文脈も確かに重要ではあるのだが，「マインドリーディング」には，より広い背景がある．広く流布されている「心の理論」関連の説明は他書を参考にしていただくとして[2]，本項では主に，この「背景」の説明を行うこととしたい．

行動生態学

一般に進化論においては，「適者生存」や「自然淘汰」などのキャッチフレーズにもあるように，各個体が自らの利益を追求し競争相手に勝利することで，行動を含めた様々な形質が進化してきたのだと説明する．しかしダーウィン以来，こうした「利己性」の原理だけでは説明できない行動や形質が，いくつか指摘されてきた．その中でも，社会性の生物たちがみせる自己犠牲的な行動は，利己性の原理に最も矛盾するものであった．たとえばハチやアリといった膜翅目には，自らの繁殖能力を失ってまでも他個体を助けるような，いわ

1) Baron-Cohen, S. (1995) *Mindblindness*. MIT Press. 〔長野敬ほか（訳）(1997) 自閉症とマインド・ブラインドネス 青土社〕

2) 子安増生（2000）心の理論 岩波書店

ゆる「ヘルパー」といったグループが観察される．自分では子孫を残すことができないのに，なぜこうした利他行動が子孫に受け継がれてきたのかは，単純なダーウィンの自然淘汰の原理では説明しきれない謎と考えられてきた．

自己犠牲的な利他行動を，いわゆる「包括適応度」の概念によって説明しようとしたのが，**社会生物学**や**行動生態学**と呼ばれる分野であった．そのスポークスマンは，いうまでもなく「利己的な遺伝子」という概念を世界に流布させたドーキンス（Dawkins, C. R.）である．その実証的な研究基盤は「社会生物学」の E. ウィルソン（Wilson, E. O.）[3]，「行動生態学」のクレブス（Krebs, J. R.）とデービス（Davies, N. B.）[4]，そして理論的には数理生物学者のハミルトン（Hamilton, W. D.）[5]らの功績による．ごく簡単にいえば，血縁関係にある個体の繁殖を手助けすることは，自らの遺伝子を残すことができなくとも，自分の遺伝子と同じ情報をもった遺伝子を残すことにつながる．つまり一見利他的に見える個体の行動は，究極的には遺伝子の利己性として説明されるのである．ここでは，淘汰や生存の単位は個体ではなく，遺伝子ということになる．個体は，遺伝子が自らを増やすために戦略的に用意した，乗り物（ヴィークル; vehicle）にすぎないとうわけである．

コミュニケーション＝操作説

一般に情報理論におけるコミュニケーションとは，送り手から受け手への情報の伝達であるとされる．とするならば，その進化論的な究極要因が説明されなければならない．鳥や昆虫や哺乳類たちは，何のメリットがあり，どのような「利己的な遺伝子」の戦略から情報の伝達を行っているのだろうか．

この問いに答えるべく用意されたのが，クレブスとドーキンスによる**コミュニケーション＝操作説**であった[6]．情報を伝達することで，送り手にとって（包括適応度を上げるような）都合のよい行動を受け手にとらせるということが，「利己的な遺伝子」にとってのコミュニケーション行動の動機となる．この説明において念頭にあるのは，たとえば擬態などのいわゆる「だます」コミュニケーションであるが，求愛行

[3] エドワード O. ウィルソン／坂上昭一ほか（訳）(1983-1985) 社会生物学 全5冊 思索社

[4] J. R. クレブス・N. B. デイビス／山岸哲・巌佐庸（共訳）(1991) 行動生態学 蒼樹書房

[5] Hamilton, W. D. (1964) The evolution of social behavior. *Journal of Theoretical Biology*, 7, 1-52.

[6] Dawkins, R. & Krebs, J. R.（1978）Animal signals: Information or manipulation? In J. R. Krebs & N. B. Davies（Eds.）, *Behavioural ecology: An evolutionary approach*, 1st ed. (Pp.282-309), Blackwell: Oxford. Krebs, J. R. & Dawkins, R.（1984）Animal signals: Mind-reading and manipulation. In J. R. Krebs & N. B. Davies（Eds.）, *Behavioural ecology: An evolutionary approach*, 2nd ed.（Pp.380-402）, Sinauer.

動や儀式的な闘争などもその説明対象に含まれている．ほとんどの動物たちにみられる「威嚇(いかく)」について考えてみるとき，本当に自らの命をかけて相手を攻撃する意思があるのか，あるいは本気ではなくただの脅しであるのかは，実際のところ判断が難しい．もし，リスクを負って攻撃する意図はないにもかかわらず，威嚇によって相手が引き下がってくれるのであれば，そのコミュニケーション行動は，送り手にとって都合のよい行動であり生存を有利にする．一方，受け手からすれば，そのコミュニケーション行動が，真に攻撃を意図しているものなのか，あるいは単なる「空手形」であるのかを見極めることは，これも生存に直結する能力ということになる．ここに，コミュニケーション行動の真の意図をよみとる「マインドリーディング」の能力が，社会性を備える動物たちに進化する動機が用意される．

　コミュニケーションの送り手にとって，その動機が受け手の操作であるなら，コミュニケーションの受け手にとってその動機は，意図の読み取り，すなわち送り手の「マインドリーディング」ということになるのである．このような「操作」と「マインドリーディング」の「軍拡競争」の果てに，1つの完成形としてのヒトのコミュニケーションを考えることもできるだろう．すなわち，受け手のマインドリーディング自体をもマインドリーディングし，互いにマインドリーディングしあうような関係である．こうした視点に立つとき，受け手や送り手がマインドリーディングを行う能力を，ヒト以外の生物たちはどの程度獲得しているのかという問いが生まれることとなる．

心の理論と誤信念課題

　あまり指摘されることはないが，1978年にプレマック(Premack, D.)とウッドラフ(Woodruff, G.)[7]がいわゆる「心の理論」という概念で，チンパンジーの個体間コミュニケーションを考察したとき，間違いなく背景には上記のコミュニケーションの進化に関する考察があったはずである．「チンパンジーは心の理論をもつか？」という問いかけは，逆にいえば，ヒトという生物がもつマインドリーディング能

[7] Premack, D. & Woodruff, G. (1978) Does the chimpanzees have a theory of mind? *Behavioral and Brain Sciences*, 1, 515-526.

力を,「心の理論」と言い換え,より至近的な個体間の場面に即して考えることで,その能力をチンパンジーの中に探ろうというものであった.

この問いかけに対して哲学者デネット（Dennett D. C.）[8]は,以下のように解答した.「実験者がバナナの入ったロッカーの鍵を赤い箱に入れて出て行くところをあるチンパンジーが観察する.次に別の飼育係が来て鍵を別の緑の箱に移動してしまい,この様子もそのチンパンジーは見ている.このとき,実験者がもどってきてエサをやろうとするのであるが,もしチンパンジーが『心の理論』をもっているのであれば,『実験者は最初に赤い箱のほうへと鍵をとりにいくはずだ』とチンパンジーは予測するだろう」.この問いかけは,基本的には,他者の誤った信念（赤い箱に鍵が入っている）と,事実（緑の箱に鍵が入っている）の2つを同時に処理しながら区別することができるのであれば,「心の理論をもつ」と考えてよいだろうとの提案であり,後の発達心理学者たちの実験へとつながっていくものであった.

ウィマー（Wimmer, H.）とパーナー（Perner, J.）[9]は,いわゆる**誤った信念課題**（false belief task）を幼児を対象に実施し,5歳以上の幼児は他者の誤った信念と事実との区別が可能となることを実験的に示した.このアイデアを,自閉症児を対象に,しかもプレマックらの論文タイトルに倣って発表したのが,バロン＝コーエンの1985年の論文「自閉症児は『心の理論』をもつか？」である[10].

バロン＝コーエンが考える「マインドリーディング」は,いわばこの行動生態学の概念を,至近的なメカニズム論へと変奏させることで生み出された概念であるともいえるだろう.彼の試みを,もし現代において深化させたいと思うのであれば,進化論で想定された「マインドリーディング」についてより深く考察することが鍵となるのかもしれない.

〔金沢　創〕

[8] Dennett D. C. (1978) Beliefs about beliefs. *Behavioral and Brain Sciences*, 1, 568-570.

[9] Wimmer, H. & Perner, J. (1983) Beliefs about beliefs: Representation and constraining function of wrong beliefs in young children's understanding of deception. *Cognition*, 13, 103-128.

[10] Baron-Cohen, S. Leslie, A., & Frith, U. (1985) Does the autistic child have a 'theory of mind'? *Cognition*, 21, 37-46.
「心の理論」は,その後,発達心理学や自閉症児研究の流れを作るパラダイムへと成長していくが,注意すべきは,この論文以前に「心の理論」というキーワードは,ほとんど省みられるこのないマイナーな概念だったという点である.たとえば1983年までにキーワード「心の理論」をあげている論文は,78年2,79年0,81年1,82年3,とわずかしかない.1994年には97の論文がこのキーワードを取り上げていることを考えれば,その違いは明らかであろう.

【参考文献】

バロン＝コーエン,S./長野敬・長畑正道・今野義孝（訳）(1997)自閉症とマインド・ブラインドネス　青土社

III-23 共感性

empathy

共感性とは

共感性が心理学の研究で重要な概念としてさかんに取り上げられるようになったのは，50年ほど前の1960年代になってからである．その後，多くの研究者によって，この概念が研究されてきたものの，統一された定義のないまま，さまざまに解釈されてきた．

古くはフェッシュバック（Feshbach, N. D.）[1]が，共感性とは「他人の情動的反応を知覚する際に，その他人と共有する情動的反応」であると定義した．アイゼンバーグ（Eisenberg, N.）[2]は，共感性とは「相手の情動状態から生じ，その状態にともなってこちら側に生じるような情動状態である．相手の情動と一致した代理的な感情経験であり，相手と感情をともにすることである」と定義した．そして，共感性に対して，**同情**（sympathy）とは「相手の情動の状態についての情動反応であって，それが相手についてのあわれみや悲しみ，配慮の感情を作り上げる．同情は相手と同じ情動を感じることを意味しているわけではなく，相手あるいは相手の状態に対して感じる感情のことである」と述べている．

わが国では，澤田[3]が「単なる他者理解という認知的過程ではなく，認知と感情の両方を含む過程であり，他者の感情の代理的経験あるいは共有を必ず伴うもの」と定義している．

このように共感性は，相手と同じ感情状態になることを意味することが多かった．

しかし，バトソン（Batson, C. D.）[4]にとって，共感性とは「他人中心の関心やあわれみの気持ちであって，それは他

1) Feshbach, N. D. (1978) Studies of empathic behavior in children. In B. A. Maher (Ed.), *Progress in experimental personality research*, Vol.8 (Pp.1-47), New York: Academic Press.

2) Eisenberg, N. (1986) *Altruistic emotion, cognition, and behavior.* Hillsdale, NJ: Lawrence Erlbaum Associates.

3) 澤田瑞也 (1992) 共感の心理学：そのメカニズムと発達　世界思想社

4) Batson, C. D. (1991) *The altruism question: Toward a social-psychological answer.* Hillsdale, NJ: Lawrence Erlbaum Associates.

の人の苦しみや悩みを見ることから生じるもの」である．つまり，相手との間で情動が一致しているのは共感ではないことになる．

ホフマン（Hoffman, M. L.）[5]は，共感性とは「他人の感情との正確なマッチングではなく，自分自身の置かれた状況よりも他人の置かれた状況に適した感情的反応」であると定義し，さらに**共感的苦痛**（empathic distress）という考えを提起した．共感的苦痛とは，誰かが痛みや危険を感じていたり，そのほかの形での苦痛を感じていたりする現場に立ち会っている場合，こちらが感じる苦痛である．この共感的苦痛が向社会的行動の動機として働くとしている．共感的苦痛と向社会的行動とはプラスの関係にあるだけでなく，向社会的行動に先行し，向社会的行動の後には共感的苦痛の強さは低下することを示している．

最近では，アイゼンバーグら[6]は，共感性と同情，さらに**個人的苦痛**（personal distress）を，**共感関連反応**（empathy-related responding）と呼んでいる．そして，共感性は価値としては中性（ニュートラル）で，同情は道徳性の動機づけとして重要な情動的側面であり，個人的苦痛は他者志向というよりはむしろ利己志向を導くような反応であるとしている．

共感性の測定

共感性を状態と捉えるか特性と考えるかで，測定法が異なる．状態として共感性を測定する方法は，身体生理的測定法や実験場面での感情の自己報告などがある．一方，特性として共感性を測定する方法は，物語法や質問紙法などがある．

デイヴィス（Davis, M. H.）[7]は，共感性を多次元で捉えることを提案した．対人的反応性指標（IRI: Interpersonal Reactivity Index）という尺度で，(1) 他者への同情や思いやりといった他者志向的感情としての**共感的関心**（empathic concern），(2) 日常生活の中で自発的に他者の視点を取る傾向性に焦点をあてた**視点取得**（perspective taking），(3) 他者への苦しみに対する苦痛感や不快感に関する自己志向的感情の**個人的苦痛**（personal distress），(4) 仮想の状況・場面

[5] Hoffman, M. L. (2000) *Empathy and moral development: Implications for caring and justice.* New York: Cambridge University Press.
〔菊池章夫・二宮克美（訳）(2001) 共感と道徳性の発達心理学：思いやりと正義とのかかわりで　川島書店〕

[6] Eisenberg, N., Spinrad, T. L., & Sadovsky, A. (2006) Empathy-related responding in children. In M. Killen & J. Smetana (Eds.), *Handbook of moral development* (Pp.517-549), Mahwah, NJ: Lawrence Erlbaum Associates.

[7] Davis, M. H. (1983) Measuring individual differences in empathy: Evidence for a multidimensional approach. *Journal of Personality and Social Psychology*, 44, 113-126.
Davis, M. H. (1994) *Empathy: A social psychological approach.* Madison, WI: Brown & Benchmark.
〔菊池章夫（訳）(1999) 共感の社会心理学：人間関係の基礎　川島書店〕

表23-1 　共感性の発達段階（Hoffman, 2000[5]）などに基づき作成）

I. 曖昧な共感（1歳頃）
　自他未分化，反射的な共感
　他者の困惑をみると，自分が経験しているように感じる
　　例．他児がころんで泣く⇒泣きそうになり母親にしがみつく

II. 自己中心的共感（1歳から2歳）
　自他が分化するが他者の内的状態はわからない
　困惑しているのは他者であることはわかっているが，他者の内的状態はわからず，自分と同じと考える
　　例．泣いている子を慰めるのに，その子の母親が傍にいても自分の母親を呼んでくる

III. 他者の感情への共感（2歳以降）
　視点取得ができ，他者が自分とは異なった内的状態をもっていることがわかる
　　例．泣いている相手を慰めるのに，自分のものではなくその相手の子の熊のぬいぐるみをもってくる

IV. 他者の生活状況への共感（5歳から8歳にかけて以降）
　他者をその他者自身の歴史とアイデンティティをもつ連続的な人としてみる
　その状況での手がかりだけでなく，その場の状況をはなれた一般的な状況や他人の経験について考慮できる
　　例．慢性的な病気，経済的な困窮・欠乏状態にいる人たち，犠牲者などに共感できる

に自分を置き換えて想像する傾向性に焦点をあてた**ファンタジー**（fantasy），の4つから構成されている．

こうした考えに沿った尺度として，わが国でも成人向け[8]や青年向け[9]，児童向け[10]が開発されている．

共感性の発達

ホフマン[5]によれば，共感性は次の4つの水準（表23-1）を経て発達する[11]．

第1の水準は，「曖昧な共感（global empathy）」と呼ばれる段階である．自他の区別がない段階で，他者の苦痛によって自己も反射的に苦痛を経験する．しかし，対象が不明瞭であるために，共感というよりは自己の苦痛として行動してしまう．

第2水準は，「自己中心的共感（egocentric empathy）」と呼ばれる．自他の身体的区別が可能でも，他者の内的過程の理解が不十分である．そのため，苦痛を経験しているのが他者であることは理解できても，他者の苦痛と自己の代理的苦痛とを混同してしまう．その結果，泣いている子に自分の愛用している人形を渡すといった行動をとったりする．他者を慰めるために，自己が安心できる手段をとる．

8) 明田芳久（1999）共感の枠組みと測度：Davisの共感組織モデルと多次元共感尺度（IRI-J）の予備的検討　上智大学心理学年報 23, 19-31.

桜井茂男（1988）大学生における共感と援助行動の関係：多次元共感測定尺度を用いて　奈良教育大学紀要 37, 149-154.

9) 登張真稲（2003）青年期の共感性の発達：多次元的視点による検討　発達心理学研究 14, 136-148.

10) 長谷川真里・堀内由樹子・鈴木佳苗・佐渡真紀子・坂元章（2009）児童用多次元共感性尺度の信頼性・妥当性の検討　パーソナ

第3水準は、「他者の感情への共感（empathy for another's feeling）」と呼ばれ、ある程度正確な感情認知に基づく共感である。この時期の子どもは状況や表情から他者の感情を理解でき、他者の視点が他者独自の欲求と場面の解釈に基づいていることも知っている。しかし、他者の感情を、他者の過去・現在・未来という他者独自の人生の中で位置づけることはできない。

　第4水準は、「他者の生活状況への共感（empathy for another's life condition）」と呼ばれる。役割取得が発達するにつれ、他人中心の苦痛は次第に、他人に対するあわれみの感情という形をとり、さらにその場や状況を超えた共感的苦痛へと姿を変えていく。共感は、現状況で表出されている他者の感情だけでなく、他者の幸福状態に基づいて生起する。

共感性の社会化に関連する要因

　共感性の男女差については、これまでの研究では幾分結果が誇張されてきたものの、やや女子の方が共感性は高いことが繰り返し示されてきている[6]。

　共感性の発達をうながす要因の1つとして、早期の親子間の愛着関係がある。ケステンバウムら（Kestenbaum, R.）[12]は、12か月時と18か月時に安定した愛着関係をもってきた子どもたちは共感的な感情と行動を発達させること、回避的な愛着関係をもってきた子どもたちは他者の苦しみに対して適切に応答できないこと、抵抗的な愛着関係をもってきた子どもたちは自他の感情状態を区別することに困難を感じ、自分自身の個人的苦しみのために共感的に応答することが少なくなることを報告している。

　親が子どもの苦痛に敏感に応答することが、子どもの共感的能力を促進させる[13]。また、子どものマイナスの感情に親が応答的に反応することは、子どもが他者の感情を正確に認識する能力を促し、子どもの共感性を促進させることが報告されている[14]。

〔二宮克美〕

【参考文献】

澤田瑞也（1992）共感の心理学：そのメカニズムと発達　世界思想社

リティ研究 17, 307-310.

11) 首藤敏元（2010）幼児・児童の共感的反応　菊池章夫・二宮克美・堀毛一也・斎藤耕二（編）社会化の心理学ハンドブック（第3版）（Pp.289-307）川島書店

12) Kestenbaum, R., Farber, E. A., & Sroufe, L. A. (1989) Individual differences in empathy among preschoolers: Relation to attachment history. In N. Eisenberg (Ed.), *New directions for child development: Empathy and related emotional response*, 44 (Pp.51-64), San Francisco, CA: Jossey-Bass.

13) Davidov, M. & Grusec, J. E. (2006) Untangling the links of parental responsiveness to distress and warmth to child outcomes. *Child Development*, 77, 44-58.

14) Fabes, R. A., Poulin, R. E., Eisenberg, N., & Madden-Derdich, D. A. (2002) The coping with children's negative emotions scale (CCNES): Psychometric properties and relations with children's emotional competence. *Marriage and Family Review*, 34, 285-310.

III-24 道徳性認知

moral cognition

辞書的定義によれば，**道徳**とは「人のふみ行うべき道．ある社会で，その成員の社会に対する，あるいは成員相互間の行為の善悪を判断する基準として，一般に承認されている規範の総体．法律のような外面的強制力を伴うものではなく，個人の内面的な原理．」である[1]．道徳とは社会規範であり，その内面性が重視される概念であると言える．

心理学の領域では，コールバーグ（Kohlberg, L.）[2]が，「何が善で何が悪なのか」といった善悪の判断基準を**正義**（justice）に置いて研究を行った．そして，「すべての人間が公正に扱われなければならない」といった個人の尊厳を内実とする「正義」の観点から3水準6段階の発達段階説を提唱した．一方，ギリガン（Gilligan, C.）[3]は，コールバーグの理論は男性中心のものであると批判した．そして，女性の判断基準として**配慮と責任**（care and responsibility）が重要であるとし，レベルⅠ「個人的生存への志向」，レベルⅡ「自己犠牲としての善良さ」，レベルⅢ「非暴力の道徳性」という3つのレベルを提案した．

このように正しさ，正義の問題は，その基準を何に置くかで異なってくる．最近では，ハーヴァード大学の政治哲学者であるサンデル（Sandel, M. J.）[4]の学部科目「正義（justice）」が大変な人気科目となり，この問題に対して人々の関心が高いことがわかる．

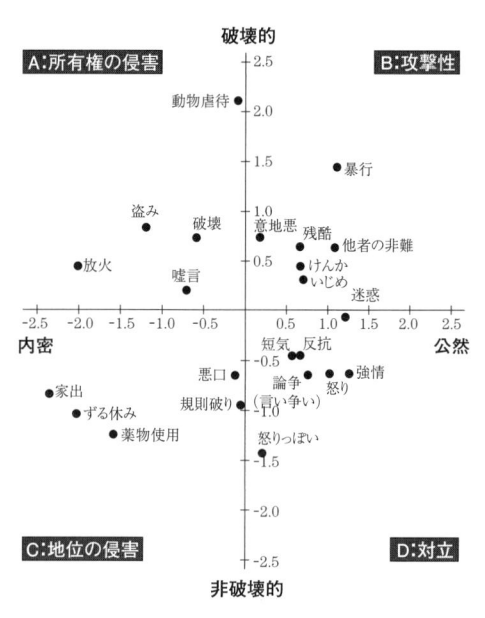

図24-1 子どもの反社会的行動の2次元
(Frick et al., 1993)[8]

1) 新村出（編）(2008) 広辞苑（第6版）岩波書店

2) Kohlberg, L. (1976) Moral stages and moralization: The cognitive-developmental approach. In T. Lickona (Ed.), *Moral development and behavior: Theory, research and social issues*. New York: Holt, Reinhart & Winston.

3) Gilligan, C. (1982) *In a different voice: Psychological theory and women's development*. Harvard: Harvard University Press.

悪・攻撃行動・反社会的行動

ストウブ（Staub, E.）[5]は，**善**（goodness）とは，「個々人あるいは集団全体に利益をもたらす行為」であるとし，対極の概念である**悪**（evil）とは「人間の破壊性（destructiveness）」であると指摘した．2001年9月11日のアメリカ，ニューヨーク世界貿易センタービルへの旅客機の自爆攻撃に代表されるテロ行為（図49-4参照），ナチによるユダヤ人他の大量殺戮といった他者に対する**暴力**（violence）だけでなく，持続的な敵意，無視，懲罰的な扱いなど，「他者を害する人間の行動全般」を指している．

パーク（Parke, R. D.）とスラビー（Slaby, R. G.）[6]は，**攻撃行動**（aggression）を，「他人や他の人々を傷つけたり，害を及ぼしたりすることを目的とした行動」と定義している．また，ブレイン（Brain, P. F.）[7]は，攻撃行動を定義するために次の4つの条件を提案している．攻撃行動とは，(1) 傷つけたり損害を与えたりする潜在性（potential）をもっており，(2) 意図的であり，(3) 覚醒（arousal）しており，(4) 犠牲者にとって有害である，という4条件である．

フリック（Frick, P. J.）ら[8]は，子どもの**反社会的行動**（anti-social behavior）を公然か内密か，破壊的か否かという2つの軸で，所有権の侵害，攻撃性，地位の侵害，対立の4つの行動に区分している（図24-1）

嘘・欺瞞

このほかにも，人間には不道徳な行動や感情が存在する．例えば，「嘘をつく（lie）」という行動である．古くはピアジェ（Piaget, J.）[9]がこの問題を取り上げた．子どもが「嘘」をどのように定義するかを検討した結果，3つの型が見られた．もっとも原始的な定義は，「嘘」を「悪い言葉」だとするものである．「嘘」を言うことは真実を言わないことだとはっきり知っているものの，「嘘」と「悪い言葉」を同一視してしまう．次は6歳から10歳の子どもに見られる「嘘とは本当ではないことだ」というものである．3番目は，10歳から11歳の子どもが「意図的な誤りは嘘である」という主張である．ごまかしと過失の違いを確実に知っていながら，

〔岩男寿美子（監訳）(1986) もうひとつの声：男女の道徳観のちがいと女性のアイデンティティ　川島書店〕

4) Sandel, M. J. (2009) *Justice: What's the right thing to do?*. London: Allen Lane.〔鬼澤忍（訳）(2010) これからの「正義」の話をしよう：いまを生き延びるための哲学　早川書房〕

5) Staub, E. (2003) *The psychology of good and evil: Why children, adults, and groups help and harm others*. New York: Cambridge University Press.

6) Parke, R. D. & Slaby, R. G. (1983) The development of aggression. In E. M. Hetherington (Ed.), *Handbook of child psychology*, 4th ed. Vol.4. *Socialization, personality, and social development* (Pp.547-641), New York: Wiley.

7) Brain, P. F. (1994) Hormonal aspects of aggression and violence. In A. J. Reis, Jr. & J. A. Roth (Eds.), *Understanding and control of biobehavioral influences on violence*. Vol.2 (Pp.177-244), Washington D.C.:

「嘘」という言葉の中に含みこませてしまうのである．さらに，ピアジェは，嘘の目的（主観的）と誤謬性の程度（客観的）によって，嘘の責任判断を調べている．その結果，嘘が真実らしくなくなればなくなるだけ，またその内容が現実から遠ざかれば遠ざかるだけ，その嘘は一層悪いとする反応と嘘が明白でなければならないほど罪悪が重いとする反応が見られている．そして，何ら評価しうるような物質的結果を伴っていないが，明らかに意図的な欺瞞を包含した例話と有害な結果を伴うが，単なる誤りを包含した例話の善悪判断をさせている．年少児は，嘘は遺憾な結果を伴うほど罪が重くなると考えている（客観的責任判断）．一方，年長児は物質的結果よりも意図の方が重大であるとしそれを考慮する（主観的責任判断）．

またピアジェは，「なぜ嘘を言ってはいけないか」を，子どもたちに問うている．その結果，次の3段階が見られた．

第1段階：嘘は懲罰の対象になるために悪いのであり，もし罰せられなければ，嘘は許されると考えている．

第2段階：嘘は本質的に悪いと考えられ，たとえ懲罰がなくても悪いとされる．

第3段階：嘘が相互信頼と愛情に反するがゆえに悪いと考えられる．

嘘は，「意図的にだます陳述をさし，単なる不正確な陳述とは異なる」という定義がある[10]．また，ウィルソン（Wilson, J. M.）とキャロル（Carroll, J. L.）[11] は，「嘘」を次の5つに分類している．

(1) 自己保全（self-preservation）のための嘘：罰や非難，不承認を避けたり，ばつの悪さを避けたりするもの．

(2) 自己誇張（self-aggrandizement）の嘘：現実よりも自分をよく見せようとするのに用いられ，注目や承認などを得るために自分の能力や持ち物，成し遂げたものを自慢したり，ほらを吹いたりといった嘘．

(3) 忠誠（loyalty）の嘘：ある人を護るために，その人の違反行為について間違った供述をするなどの嘘．

(4) 利己的（selfishness）な嘘：物質的な利益を得ようと

National Academy Press.

8) Frick, P. J., Lahey, B. B., Loeber, R., Tannenbaum, L., Van Horn, Y., & Christ, M. A. G. (1993) Oppositional defiant disorder and conduct disorder: I. Meta-analytic review of factor analyses. *Clinical Psychology Review*, 13, 319-340.

9) Piaget, J. (1932) *The moral judgment of the child*. London: Routledge & Kegan Paul. 〔大伴茂（訳）(1954) 児童道徳判断の発達 同文書院〕

10) 二宮克美 (1999) うそ 中島義明・安藤清志・子安増生・坂野雄二・繁桝算男・立花政夫・箱田裕司（編）心理学事典 (p.56) 有斐閣

11) Wilson, J. M. & Carroll, J. L. (1991) Children's trust-worthiness: Judgments by teachers, parents, and peers. In K. J. Rotenberg (Ed.), *Children's interpersonal trust: Sensitivity to lying, deception, and promise violations*, New York: Springer-Verlag.

してつく嘘.

(5) 反社会的・有害（antisocial or harmful）な嘘：わざと人を非難したり，けなしたりしてその人を傷つけるといったもの.

ナップ（Knapp, M. L.）[12]は，嘘をつく動機として，次の10個をあげている．(1) 罰を避けるため，(2) 自分自身を害から守るため，(3) 自分自身が報酬を得るため，(4) 他者を守る・助けるため，(5) 他者からの賞賛を得るため，(6) 厄介な・恥ずかしい社会的状況から脱するため，(7) プライバシーを保つため，(8) 他者に力を行使するため，(9) 社会的期待を達成するため，(10) 楽しむため.

嘘と類似したものに**騙し・欺瞞**（deception）がある．ツッカーマン（Zuckerman, M.）ら[13]は，「欺き手が間違っていると思っている信念や理解を，他者に引き起こそうとする行為」と定義している．こうした行動の代表例として，わが国では「振り込め詐欺」（オレオレ詐欺）といった犯罪が起きている．それは架空請求詐欺・融資保証金詐欺・還付金等詐欺の総称である[14].

なお**作話**（confabulation）といった明らかに脳の器質的病変，とくに記憶に障害が原因となって生じる「嘘であるという意識のない」しかし事実とも異なる作り話もある.

犯罪

犯罪（crime）とは「刑罰法令」があってはじめて成り立つ事柄である[15]．安香は，犯罪を以下のように定義している．「『こういうことをしてはいけない．もしもしたら公的に処罰する』という社会のきまりを破った行為である．単に"悪い"というのではなく，そのときのその社会で"みんなが悪いと決めている"行為である．だから，同じ行為であっても，時代や社会が異なれば，犯罪になったりならなかったりするし，道徳的あるいは常識的にだれもが悪いと思う行為でも，犯罪にならないことはたくさんある.」つまり，犯罪とは実定法に違反する，有責，可罰の行為である． 〔二宮克美〕

12) Knapp, M. L. (2007) *Lying and deception in human interaction.* (Penguin Academics) Boston: Person Allyn & Bacon.

13) Zuckerman, M., DePaulo, B. M., & Rothenthal, R. (1981) Verbal and nonverbal communication of deception. In L. Berkowitz (Ed.), *Advances in experimental social psychology*, Vol.14 (Pp.1-59), New York: Academic Press.

14) 平成19年の「振り込め詐欺」事件の認知件数は15,975件で，被害総額は約222億円であるという報告がある（警察庁, 2008）

15) 安香宏（2008）新心理学ライブラリ＝20 犯罪心理学への招待：犯罪・非行を通して人間を考える　サイエンス社

【参考文献】

加藤司・谷口弘一（編著）(2008) 対人関係のダークサイド　北大路書房

Ⅲ - 25

衝動性

impulsivity

衝動性は,「精神障害の診断と統計マニュアル第4版」[1]の診断基準において,「自己または他人に対して害のある行為を行う衝動,動因または誘惑に対する非耐性」と定義される.多次元的とされるその発現形態は,心理学,認知神経科学,ミクロの領域をターゲットとする分子生物学,経済学にいたる多様な研究領域において解明されつつある.

行動科学的分類においては,衝動性は二つのサブタイプとして,①即時的に得られる小報酬を中長期的に得られる大報酬よりも優先してしまう**報酬割引衝動性**(reward discount impulsivity),②速やかな反応選択がもとめられる文脈において運動反応制御の不全を示す**反応制御衝動性**(response inhibition impulsivity)に大別される[2].

前者の報酬割引衝動性は,一定時間待つことで得ることのできる大きな報酬,あるいは速やかに得られる小さな報酬のいずれかを選択する**遅延割引課題**(delay discounting task)において計測される.報酬に対する主観的な価値は,報酬量が増加するほど,かつそれが速やかに得られるほどに高まる.したがって,そうした報酬量と獲得のタイミングとが拮抗する遅延割引課題において,報酬の主観的価値はこれが与えられるタイミングが遅延するとともに低減する.この割引の程度(割引率)は,動物研究の知見に基づき次式で記述される[3].

$$V = A / (1 + kD)$$

(V: 主観的な価値, A: 報酬量, D: 遅延時間, k: 割引率)

この双曲線関数の示すとおり割引率(k)の値が大きいほど,遅延にともなって価値は大きく低下する.この割引率は,たとえばニコチン依存やヘロイン乱用等の物質や薬物乱用に

1) American Psychiatric Association (1994) *Diagnostic and statistical manual of mental disorders : DSM-IV*. Washington, D.C.: American Psychiatric Association.

2) Swann, A. C., Bjork, J. M., Moeller, F. G., & Dougherty, D. M. (2002) Two models of impulsivity: Relationship to personality traits and psychopathology. *Biological Psychiatry*, 51, 988-994.

3) Mazur, J. E. (1987) An adjusting procedure for studying delayed reinforcement. In M. L. Commons, J. E. Mazur, J. A. Nevin, & H. Rachlin (Eds.), *Quantitative analyses of behavior*. Vol. 5. *The effect of delay and of intervening events on reinforcement value*. (Pp.55-73), Hillsdale, NJ: Lawrence Erlbaum Associates.

おいて，非使用者と比較して大きいことで知られる[4]．なお，ここでのkは，報酬を得るまでの遅延時間に基づく「時間割引（temporal discounting）」の変数であるが，報酬の獲得される可能性，すなわち**確率割引**（probabilistic discounting）によっても規定されうる[5]．

こうした遅延割引に関する神経科学的な研究は，強化学習（reinforcement learning）の理論的枠組のもとで発展し，数理モデルと脳という実体との比較・検討のもとで大きく進展している．とくに短・長期的な報酬予測（割引率）に関する行動データに基づく計算論的アルゴリズムにより，遅延割引課題における短期的な報酬予測への大脳基底核**線条体**（striatum）の被殻腹側部の関与，他方，長期的な報酬予測においては被殻背側部の賦活が報じられており[6]，報酬予測の時間的スケールによって応じて起動される並列的回路の存在が示唆される．

遅延割引課題の他に，報酬割引衝動性を計測する**ギャンブリング課題**（gambling task）が広く用いられている．そのうち最も有名な「アイオワ式」と呼ばれるタイプの課題では，4つあるカードの山のいずれかよりカードを1枚選んでめくり，そこに表示されている金銭を得たり失ったりしながら，より高い累積得点を目指す．この4つのうち2つのカードの山はハイリスク・ハイリターン，残りはローリスク・ローリターンの山であり，前者の山は，ここからカードを引き続けるうちに中長期的に損をするよう，確率的に固定されている．言うまでもなく，始めはカードの山の「良し悪し」を見分けることはできないが，一般的には，やがてカードを引くうちにリスキーな山を避けるようになる．ところが，**前頭前野腹内側部**（ventro-medial prefrontal cortex: VMPFC），あるいは**島**（insula）の損傷者，衝動性の高い個人においては大報酬の伴う危険な山にこだわり続けた結果，最終的には大きく損をしてしまう[7]．

衝動性のもう一方のサブタイプである反応制御衝動性は「手を出してはならないと理解していても，うっかり出してしまう」といった運動反応の制御不全を伴う．こうした反応

4) Kirby, K. N., Petry, N. M., & Bickel, W. K. (1999) Heroin addicts have higher discount rates for delayed rewards than non-drug-using controls. *Journal of Experimental Psychology: General*, 128, 78-87.

5) Rachlin, H., Raineri, A., & Cross, D. (1991) Subjective probability and delay. *Journal of the Experimental Analysis of Behavior*, 55, 233-244.

6) Tanaka, S. C., Doya, K., Okada, G., Ueda, K., Okamoto, Y., & Yamawaki, S. (2004) Prediction of immediate and future rewards differentially recruits cortico-basal ganglia Loops. *Nature Neuro-science*, 7, 887-893.

7) Clark, L., Bechara, A., Damasio, H., Aitken, M. R. F., Sahakian, B. J. & Robbins, T. W. (2008) Differential effects of insular and ventromedial prefrontal cortex lesions on risky decision-making. *Brain*, 131, 1311-1322.

制御衝動性は，ADHDを始め，アルコール乱用等の物質乱用[8]，外界からの薬物的な作用によらない病的賭博（pathological gambling）等においても共通して見出されることで知られる．こうした反応制御衝動性を測る主な課題が**ゴー／ノーゴー**（go / nogo）**課題**である．課題では，特定の知覚刺激の呈示にともなって速やかな運動反応をもとめるゴー試行と，一方では，呈示にともなって反応の抑制をもとめるノーゴー試行の2種から成る．それらの遂行にともない，運動反応を抑制すべきノーゴー試行時に思わずボタンを押してしまう**遂行エラー**（commission error: CER）が衝動性の指標となる．なお，反応抑制に要した時間そのものを直接的に同定することは原理上困難であるが，**停止信号課題**（stop signal paradigm: SSP）においては，それを停止信号反応時間（stop signal reaction time：SSRT）として，「ホースレース・モデル」の理論に基づいて推定・算出することが可能である[9]．

近年，こうした運動反応抑制時に活動する脳領域として**腹外側前頭前皮質**（ventro-lateral prefrontal cortex; VLPFC）が知られる．一般的に，反応抑制時（ノーゴー試行）において，ゴー試行に比した右VLPFCの活性化が観察され，たとえ，それが正反応ではなくとも，抑制を試みるだけで活性化する[10]．こうした運動反応の抑制に加え，VLPFCの右側は，思考・運動・感情・注意等の抑制プロセスに共通してかかわる，いわば「メタ抑制領域」として知られる[11]．このように，従来，衝動性を含む，行動の基盤となる生物学的メカニズムは，①ニューロイメージング，②損傷脳研究，③動物研究の各々から研究されてきたが，これに加えて，ヒトを対象とした遺伝子学，薬理学からのアプローチも目覚ましい成果をあげている．

たとえば，衝動性とセロトニンとのかかわりが，セロトニンを選択的に増減する**トリプトファン急性枯渇法**（acute tryptophan depletion: ATD）において明らかとされている．ATDは，セロトニンの前駆物質，すなわちセロトニンの生成に必要となる必須アミノ酸のL-トリプトファン（L-tryptophan）の経口摂取量を変化させることで,生体内のセロトニンを増減し，

8) Plutchik, R., & van Praag, H. M. (1995) The nature of impulsivity: Definitions, ontology, genetics and relations to aggression. In E. Hollander & D. J. Stein (Eds.), *Impulsivity and aggression*, (Pp.7-24), New York: Wiley & Sons.

9) ホースレース・モデルの原理の詳細は，Logan, G. D. & Cowan, W. B. (1984) On the ability to inhibit thought and action: A theory of an act of control. *Psychological Review*, 91, 295-327.

10) Aron, A. R., Robbins, T. W., & Poldrack, R. A. (2004) Inhibition and the right inferior frontal cortex. *Trends in Cognitive Sciences*, 8, 170-177.

11) Schweighofer, N., Bertin, M., Shishida, K., Okamoto, Y., Tanaka, S. C., Yamawaki, S., & Doya, K. (2008) Low-serotonin levels increase delayed reward discounting in humans. *The Journal of Neuroscience*, 28, 4528-4532.

神経活動や行動との因果関係をもとめる手法である．この ATDの手続きにより生体内のL-トリプトファンを減じると，報酬割引衝動性が亢進する[11]等，衝動性へのセロトニンの関与を示す知見が報じられる一方で，反応制御衝動性に対する影響は及ばない可能性も示されている．たとえば，ATD群と統制群（擬薬を投与した群）のゴー／ノーゴー課題の成績に有意差はなく[12]，同じく停止信号課題におけるSSRTにおいてもATDの効果，および5-HTT遺伝子機能の影響は生じない[13]．さらには，セロトニンの再取り込み阻害薬として使用されるシタロプラム（citalopram）を投与した後に停止信号課題を実施してもSSRTへ影響は及ばない[14]．こうした知見を総合して考えてみると，セロトニンは報酬予測への関与は示す一方，運動反応の制御プロセスへの直接的な関与は薄いと考えることができるだろう．

上記のことに加えて，衝動性や攻撃性に影響しうるセロトニンやドパミン神経系遺伝子に関する知見も明らかとなってきた．ヒトの遺伝情報は，性染色体（X，Y）と22種類の常染色体に記録されており，そこに含まれる塩基対において遺伝情報が構成される．こうした同一種の個体間に存在する塩基配列の相違（遺伝子多型）のうち，**SNP**（single nucleotide polymorphism）と呼ばれる塩基の置換が衝動性を修飾しうる．たとえば，**セロトニン2A受容体**遺伝子多型は，この受容体をコードする遺伝子の特定箇所において連続したアデニンの配列（AA）と，アデニンの少ない配列（AG，またはGG）を持つ個人とに大別されるが，AA型の個人は後者の個人と比較して，より衝動的な特徴を示す．このことが，アルコール乱用，神経性過食症等の診断基準や質問紙調査のスコア（BIS-11（Barratt Impulsiveness Scale 11th version），UPPS（Urgency, Premeditation, Perseverance, Sensation seeking scale）等）との関連において報告され，近年は，健常者における反応制御衝動性との関連性がゴー／ノーゴー課題において見出されている[15]． 〔野村理朗〕

12) Crockett, M. J., Clark, L., Tabibnia, G., Lieberman, M. D., & Robbins, T. W. (2008) Serotonin modulates behavioral reactions to unfairness. *Science*, 320, 1739.

13) Clark, L., Roiser, J. P., Cools, R., Rubinsztein, D. C., Sahakian, B. J., & Robbins, T. W. (2005) Stop signal response inhibition is not modulated by tryptophan depletion or the serotonin transporter polymorphism in healthy volunteers: Implications for the 5-HT theory of impulsivity. *Psychopharmacology*, 182, 570-578.

14) Chamberlain, S. R., Müller, U., Blackwell, A. D., Clark, L., Robbins, T. W., & Sahakian, B. J. (2006) Neurochemical modulation of response inhibition and probabilistic learning in humans. *Science*, 311, 861-863.

15) Nomura, M., Kusumi, I., Kaneko, M., Masui, T., Daiguji, M., Ueno, T., Koyama, T., & Nomura, Y. (2006) Involvement of a polymorphism in the 5-HT2A receptor gene in impulsive behavior. *Psychopharmacology*, 187, 30-35.

【参考文献】
野村理朗（2011）衝動性　廣中直行（編）心理学研究法　学習・動機・情動　誠信書房

III-26
ニューロイメージング
neuroimaging

　脳の活動を画像化するニューロイメージングは，情報処理パラダイムに基づき，心理構成概念や理論に基盤を与え，こころの脳内機構を解明する手立てとして有益である．特に1990年に機能的核磁気共鳴装置（functional magnetic resonance imaging: **fMRI**）の原理[1]が発見されて以降，その利用にともなって心理学諸領域で見出された知見は年々増加し，今や有益なツールとしての「市民権」を獲得した感がある．

　脳の活動は，神経の電気的活動とこれを支える血行動態の二種の系において計測される．神経の電気的活動が生じると，続いてその近傍の組織にエネルギー源となる酸素等を運搬するヘモグロビンを含んだ動脈血が供給される．神経活動の亢進（一次信号）が酸素消費や糖代謝の変化（二次信号）を促し，血流が変化する（三次信号）というプロセスである．なお，局所神経組織の活動にともなって酸化ヘモグロビンを含んだ血液の流量が30～50％ほど増加するが，実際に消費される酸素はその5％程度である[2]．したがって，脱酸化ヘモグロビンに対して相対的に増加する酸化ヘモグロビンを，たとえば，fMRIにおいてはMR信号として測定する[3]．ニューロイメージングは，こうした信号の強度と被験者が行う課題の間に相関性を探し，神経活動を表現するものとして解析するのである．

　一次信号の指標は脳波（electroencephalogram: **EEG**），脳磁計（magnetoencephalography: **MEG**）において，ミリ秒単位での神経活動の観測が可能である．他方，空間分解能に優れる測定方法は，三次信号を計測するfMRI，近赤外分光法（near-infrared spectroscopy: **NIRS**）が広く知られる．ある

1) Ogawa, S., Lee, T., Nayak, A. S., & Glynn, P. (1990) Oxygenation-sensitive contrast in magnetic resonance image of rodent brain at high magnetic fields. *Magnetic Resonance in Medicine*, 14, 68-78.

2) Fox, P., Raichle, M., Mintun, M. & Dence, C. (1988) Nonoxidative glucose consumption during focal physiologic neural activity. *Science*, 241, 462-464.

3) 酸素分子と結合していない脱酸化ヘモグロビンは常磁性であるのに対し，酸素分子と結合した酸化ヘモグロビンは反磁性を示す．脱酸化ヘモグロビンは血管周辺に磁場の不均一性をもたらすため，磁気共鳴により引き起こされたプロトン（水素原子核）のスピン回転の位相を乱して磁気共鳴信号を減少させる．

4) Cacioppo, J. T. & Berntson, G. G. (1992)

いは陽電子放射断層撮影法（positron emission tomography: **PET**）は，その他の方法論と異なり，放射性同位元素を静脈注射する点で侵襲性を伴うものの，神経伝達物質および受容体・チャネルの機能の視覚化を可能とする点で特徴的である．

こうした種々のニューロイメージング法の誕生により，心理学と神経科学との境界領域である**認知神経科学**（cognitive neuroscience）は深化を遂げ，もとより視知覚研究の領域において知られてきたそうした傾向は，認知的プロセス（記憶・感情・運動など）から，競争と協同，集団と文化等のマクロレベルの事象を扱う**社会神経科学**（social neuroscience）[4]へと急速な展開をみせる．

こうしてニューロイメージングは，心理学において提起されてきた難問に挑み，その解を得るための手がかりを提示してきた．たとえば，怒り表情のような感情的刺激は，それが閾下で呈示されたとしても**扁桃体**（amygdala）[5]において自動的に検出され，後続する認知的な情報処理に影響を及ぼす[6]．これは，「認知と感情のどちらの情報処理が先行するのか」というザイアンス（Zajonc, R.B.）／ラザルス（Lazarus, R.）間の論争[7]に対し，感情が認知に先立つことを脳という実態から示した．あるいは，記憶を促進する自己参照効果（self-reference effect）は，単なる精緻化の量に基づくのか，あるいは自己に特化した知識構造へのアクセスにより生じるのかが不明であったが，自己参照時に特異的となる前頭前野内側部の活動から後者が支持された例[8]など，行動指標のみでは検証の困難な問題解決に向けた進展が多く得られている．

もちろん，こうしたニューロイメージングはその強みとともに，問題や限界点にも留意すべきである．ニューロイメージングは，脳損傷の症例研究，神経細胞の単一計測法等とともに，「こころの鳥瞰図」の完成へと向けて脳部位－機能の対応関係を明らかにしてきた．これは，大脳皮質の細胞構築学的分類に基づくブロードマン（Brodmann, K.）の脳地図などにおいて広く知られる**脳機能局在論**の原理に基づく．有益な方法論ではあるが，モジュール化された心的機能やその下位プロセスが特定の脳部位へと還元しうるとは限らない[9]

Social psychological contributions to the decade of the brain: Doctrine of multilevel analysis. *American Psychologist*, 47, 1019-1028.

5) 側頭領野深部に位置し，外部刺激が自己にとって安全で報酬的であるのか，あるいは脅威であるのかについて評価をし，情動行動を喚起する．

6) Nomura, M., Ohira, H., Haneda, K., Iidaka, T., Sadato, N., Okada, T., & Yonekura, Y. (2004) Functional association of the amygdala and ventral prefrontal cortex during cognitive evaluation of facial expressions primed by masked angry faces: An event-related fMRI study. *Neuroimage*, 21, 352-363.

7) 近年は論点が整理され，「認知」や「感情」の定義の相違から派生したものであるといった見方が一般的となるなど，問題はある程度解決する一方で，その心理・神経科学的なメカニズムについては不明な点が残る．

8) Kelley, W. M., Macrae, C. N., Wyland, C. L., Caglar, S., Inati, S., & Heatherton, T. F. (2002) Finding the self?: An event-related fMRI study.

という事実から，ニューロイメージングを「現代の骨相学」とする批判が加えられる一面もあった．他方，こうした動向と並行して，脳領域間の神経ネットワーク動態を解明するeffective connectivity analysis等の手法も多様になり[10]，**脳の可塑性**を示す知見も報じられるに伴い，関心は「ゆるやかな局在」の様相へと広がってきた．

近年は，**イメージングジェノミクス**（imaging genomics）と呼ばれる新展開もここに加わる．従来のニューロイメージングの方法論は，特定の刺激，文脈，心的状態において，脳のどの部位がどの程度活性化するかを示してきた．それは現象の「記述」であり，そこから結論できるのはある種の相関関係に過ぎない．この点において，ニューロイメージングは侵襲的な動物実験との相補的な関係にあるが，イメージングジェノミクスはヒトの**遺伝子多型**（gene polymorphism）に注目し，こうした原理上の問題に対する一つの解決方法を提示するものと考えられる[11]．

遺伝子は4種類の塩基（A，T，G，C）から構成されており，それら個体間の配列の差異，すなわち遺伝子多型が形質の差異（行動や心理の個人差）を生ずる．この遺伝子の個人差を独立変数として，脳や行動に与える影響についてアプローチするイメージングジェノミクスにより，たとえば，上記したような扁桃体の活動の個人差が，セロトニン神経系遺伝子の個人差により修飾されることが見出された[12]．この知見が2002年に『サイエンス』誌に報じられて以降，国際的規模での成果をあげつつある手法である．

無論，われわれは遺伝子の機能に拘束されているのではない．成員となる集団，地域，あるいは制度，文化に内在する規範・道徳等に応じて，個人の認知・行動様式は変容する．たとえば，社会的支援は抑うつの遺伝的脆弱性を緩和する方向で作用をするなど[13]，仮に遺伝子の塩基配列が同様のものであっても，外部環境からの入力を受けてその機能的な発現プロセスは変化しうるのである．たとえば，セロトニン神経系の情報伝達を担う**セロトニン・トランスポーター**（serotonin transporter）の遺伝子多型の一つであるS型は，

Journal of Cognitive Neuroscience, 14, 785-794.

9) Willingham, D. T. & Dunn, E. (2003) What neuroimaging and brain localization can do, cannot do, and should not do for social psychology. *Journal of Personality and Social Psychology*, 85, 662-671.

10) Toro, R., Fox, P. T., & Paus, T. (2008) Functio-nal coactivation map of the human brain. *Cerebral Cortex*, 18, 2553-2559.

11) 野村理朗（2003）認知神経科学によりヒトの情動行動を読む 和光純薬時報, 71, 16-17.

12) Hariri, A. R., Mattay, V. S., Tessitore, A., Kolachana, B., Fera, F., Goldman, D., Egan, M. F., & Weinberger, D. R. (2002) Serotonin transporter genetic variation and the response of the human amygdala. *Science*, 297, 400-403.

13) Kaufman, J., Yang, B. Z., Douglas-Palumberi, H., Houshyar, S., Lipschitz, D., Krystal, J. H., & Gelernter, J. (2004) Social supports and serotonin transporter gene moderate depression in maltreated children.

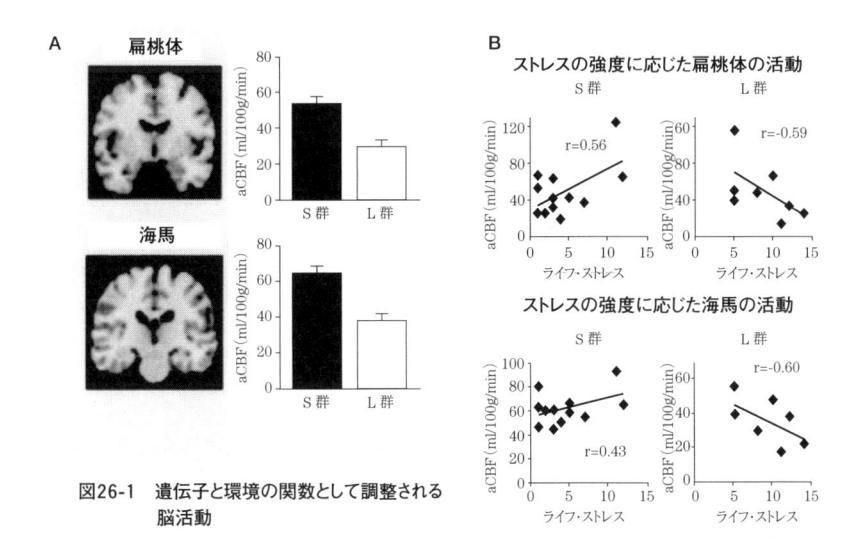

図26-1　遺伝子と環境の関数として調整される脳活動

塩基配列の長さが異なるL型と比較して，ストレスに対する抑うつ罹患率が高いのではないかと言われているが，L型の左扁桃体はストレスが高い人ほどその活動は低下し，逆に，S型の人では上昇する[14]（図26-1）．扁桃体の左側はネガティブな思考の反芻に伴って活動するという，抑うつの罹患率との関連性が指摘されている部位であり，扁桃体の活動を指標として，遺伝子多型と環境因との交互作用をみることができる．こうしたゲノムそれ自体の変異以外において，環境因が遺伝子の発現に及ぼす現象の記述を目指す**エピジェネシス**（epigenesis）は，個体発生の「前成説（preformation）」に対する「後成説」の概念を指す．すなわち，前成説では生得性を重視するのに対して，発生以降の内外環境の影響を重視する後成説は，物理・社会的環境に対する生体反応が遺伝子の生成するタンパク質に影響を及ぼす点を重視する．この「後成説」はヒトゲノムの解読完了が宣言された2003年以降，再興の兆しがあり，イメージングジェノミクスと連動した動向を注視すべきであろう．　　　　　　　　〔野村理朗〕

Proceedings of National Academy of Science of the United States of America, 101, 17316-17321.

[14] Canli, T., Qiu, M., Omura, K., Congdon, E., Haas, B. W., Amin, Z., Herrmann, M. J., Constable, R. T., & Lesch, K. P. (2006) Neural correlates of epigenesis. Proceedings of National Academy of Science of the United States of America, 103, 16033-16038.

【参考文献】
宮内哲・三﨑将也（2007）非侵襲脳機能計測と感覚・知覚研究　大山正・今井省吾・和氣典二・菊池正（編）新編 感覚・知覚心理学ハンドブック Part 2 （Pp.151-170）誠信書房

III - 27

意思決定

decision making

意思決定とは，選択肢（代替案）群から選択肢を選ぶ行為を指す．意思決定は，個人的決定と集団決定に二分できる．個人的決定には，商品選択や進路決定などがある．集団決定には，サークルのリーダーを皆で選んだり，会社の取締役会で経営方針を決めたりすることなどがある．また，確実性の観点から，選んだことによる結果が確実に決まる**確実状況下の決定**（例：商品を選ぶ）か，結果が既知あるいは未知の確率によって起こる**不確実状況下の決定**（例：ある馬の馬券を買う）かで分けることもできる[1]．

意思決定は大きく5つの段階に分けることができる．第一は，何について決定するかという目標や問題を同定することである（例：卒業後の進路を決める）．第二は，情報を収集することである（例：企業の情報を集める）．第三は，選択肢（代替案）を複数立てることである．ここでは現実的な選択肢（例：志望する就職先）を網羅することが大切である．第四は，選択肢を検討し評価することである．ここでは決定によって起こる結果の確率や**効用**（主観的な望ましさ）を評価する（例：就職できる可能性と就職できた場合の望ましさに基づいて総合評価を求めて，選択肢間の比較をする）．第五は，選択肢を選択（決定）する（例：志望する就職先を決める）．ここでは，**期待効用**（確率と効用の積）**最大化**などの規則を用いる．最後は，決定に基づく行動の計画，実行とその評価である（例：志望する就職先の先輩にコンタクトを取る．うまくいかなかったときは，目標を修正して，再度決定する）．

良い決定をするためには，選択肢や決定結果を適切に評価

1) 広田すみれ・増田真也・坂上貴之（編著）(2006) 心理学が描くリスクの世界—行動的意思決定入門 (改訂版) 慶応義塾大学出版会

2) von Neumann, J. & Morgenstern, O. (1944) *Theory of games and economic behavior.* New York: Wiley.〔銀林浩・橋本和美・宮本敏雄（監訳）(1972) ゲームの理論と経済行動　東京図書〕

する必要がある．決定の評価基準には，以下のものがある．

第一は，主観的期待効用最大化の基準である．たとえば，複数の商品から購入するものを決めるときには，商品の**効用**（主観的な望ましさ）を比較して，それが最大になるものを選ぶ．効用が不確実だが，結果がどのくらい起こりそうかという信念の度合いである**主観的確率**で表現できるときは，効用に主観的確率をかけた**主観的期待効用**を最大化することになる．たとえば，競馬でどの馬に賭けるかを選んだり，A社とB社のどちらに入社するかを決めたりするときには，結果が不確実なので主観的確率に基づく判断がなされる．なお，期待効用理論は，経済学をはじめ多くの分野で用いられる理論である[2]．しかし，期待効用理論があてはまらない現象として，同じ選択肢でも利得と損失のどちらの枠組みで提示するかによって選択のされやすさが逆転する**枠組み効果**（framing effect）がある[3]．

第二は，リスク最小化の基準である．損失の確率と損害の大きさが最も小さい選択肢を選ぶことが望ましい決定である．これは，投資，経営等においてよく用いる基準である．

第三は，後悔最小化の基準である．決定後に後悔が最も小さくなるように意思決定することが望ましい．人生における重要な決定において用いることの多い基準である[4]．

第四は，**満足化**の基準である[5]．これは，多数の選択肢が1つずつ出現する状況において，その中からひとつを選ぶときにつかう基準である．これはあらかじめ適切な要求水準を設定し，その水準を上回るような，満足できる選択肢に出会ったときに，探索を停止して決定するやり方である．これは，いつ選ぶ活動をやめるかという**停止問題**と関わる．時間や情報の制約から，効用を最大化する選択肢を選ぶことができない決定場面で有効である．たとえば，一人ずつ会う候補の中から秘書や結婚相手を決める場合や就職先やアパートの部屋を決める場合があてはまる．

第五は，**多重制約充足**の基準である[6]．意思決定においては，自由に選択肢から決定するというよりも，制約を満たすような決定をする必要がある．たとえば，就職先を選ぶ時は，

3) Tversky, A. & Kahneman, D.（1981）The framing of decisions and the psychology of choice, *Science*, 211, 453-458.
カーネマンとトバスキーは，こうした期待効用理論の限界を克服し，理論を拡張したプロスペクト理論を下記の論文で提唱している．Kahneman, D. & Tversky, A.（1979）Prospect theory: An analysis of decision under risk. *Econometrica*, 47, 263-292.

4) Bell, D. E.（1982）Regret in decision making under uncertainty. *Operation Research*, 30, 961-981.
「Ⅲ-28 後悔」参照．

5) Simon, H. A.（1957）*Models of man: Social and rational*. New York: John Wiley.〔宮沢光一（監訳）（1970）人間行動のモデル　同文館〕

6) Holyoak, K. & Thagard, P.（1995）*Mental leaps: Analogy in creative thought*. MIT Press.〔鈴木宏昭・河原哲雄（監訳）（1998）アナロジーの力　新曜社〕

自分の能力，勤務地，自分の関心などの制約を考慮に入れて決める．制約が多いときには，「決める」のではなくて，自然に「決まる」こともある．

　意思決定を適切に行うためには，その基礎となる過程である判断（選択肢などの対象についての評価）を正確に行う必要がある．正確な判断は規準や（統計学や論理学などの）規範的規則，計算手順（アルゴリズム）に基づいて行われる．しかし，人は判断を経験則や発見的方法である**ヒューリスティックス**（heuristics）に基づいて行うことがある．それは迅速ではあるが，系統的なエラー，すなわちバイアスを引き起こすこともある．頻度や確率の推定と意思決定については，1970年代からカーネマン（Kahneman, D.）とトバスキー（Tversky, A.）が3つの主なヒューリスティックスとして，想起しやすさに基づく**利用可能性**（availability），典型性判断に基づく**代表性**（representativeness），初期値から推定する**係留と調整**（anchoring and adjustment）を挙げている[7]．そのほかにも，心のなかのシナリオに基づく**シミュレーションヒューリスティック**，選択肢がある条件（属性）を満たしているかで削っていく消去法[8]などがある．さらに，1990年代後半から，ギゲレンツァー（Gigerenzer, G.）らのグループ[9]は，ヒューリスティックスは現実の環境への適応の観点から見ると非合理的ではなく，生態学的合理性がある点を強調している．彼らは，単純な情報処理で少ない情報を使う**迅速・節約**（fast and frugal）**ヒューリスティックス**が，多くの情報を利用した複雑な計算手順に基づく解と遜色ない解を導くことを示している．ここでは，迅速・節約ヒューリスティックスの一部として，再認ヒューリスティックと単一理由決定ヒューリスティックを取り上げる．

　第1の**再認ヒューリスティック**は，知っている（再認できる）ものと知らないものからなる選択肢を判断するときに，知っているものを選ぶヒューリスティックである（たとえば，複数のメーカーの商品がある時に，知っているメーカーの商品を選ぶ）．第2の**単一理由決定ヒューリスティック**とは，何らかの手がかり次元（属性，理由）に着目し，その値を比

7) Kahneman, D. & Tversky, A. (1982) The psychology of preferences. *Scientific American*, 246, 160-173. 〔選択の心理学　日経サイエンス, 12, 112-119.〕

8) Tversky, A. (1972) Elimination by aspects: A theory of choice. *Psychological Review*, 79, 281-299.

9) Gigerenzer, G., Todd, P. M., & the ABC Research Group (1999) *Simple heuristics that make us smart*. New York: Oxford University Press.

10) フランクリンが考案した功罪表（merit and demerit table）は，以下の手順で進める．意思決定することがらについて，下図のように，紙の真ん中に線を引き，左に賛成の理由，右には反対の理由を，箇条書きにしてできるだけ多くリストアップする．つぎに，それぞれの理由に重みづけをする．そして，賛成と反対の間で等しい重みの理由（2つと1つでもよい）を消していく．そして，残った項目によって決定をくだす．

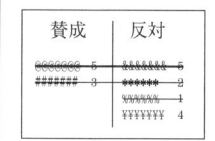

賛成	反対
●●●●●●● 5	●●●●●●● 5
●●●●●● 3	●●●●● 2
	●●●●●● 2
	●●●●●●● 4

較して，値の高い方の選択肢を選ぶことである．単一理由決定ヒューリスティックには，さらに具体的ないくつかのヒューリスティックが含まれる．たとえば，どの手がかり次元を選ぶかに関しては，「最良を取り，残りは無視」(take the best, ignore the rest) ヒューリスティックがある．これは，妥当性の高い手がかり次元（根拠）を一つだけ使い，後の次元は無視することである（例：就職先を選ぶときに給料で選ぶ）．しかし，どの次元が妥当かわからなければ，時間節約のために，前回うまくいった次元（属性）を使うのが，「前回の方法を使う」(take the last) ヒューリスティックである（例：果物を選ぶ時に，ある産地で選んでおいしかったので，今回も同じ産地で選ぶ）．さらに，対象の次元に関する知識が全くなければ，ランダムに次元を選ぶのが，「最小限」（ミニマリスト；minimalist）ヒューリスティックである．

　良い意思決定を行うには，何らかの支援を得ることが重要である．第1に，信頼できる知識や情報をもつ他者からのアドバイスがある．第2は，意思決定を支援するツールとして，長所と短所を比較するフランクリン（Franklin, B.）の功罪表[10]，行動と状態の組み合わせの利得表（pay-off matrix）[11]，決定と状態の分岐を示す決定木（decision tree）[12] などを用いることである．第3に，コンピュータによる意思決定支援システムがある．これは，決定問題の構造化や図表示によって，分析を助けるものである．また，必要な情報（選択肢や属性情報など）を利用しやすい形で提供し，選択肢を設定したり，効用を評価する．加えて，確率や効用の計算を行うことによって，シミュレーションや反復修正を可能にする．さらに，集団意思決定においては，知識の共有，討論の支援，個人的決定の統合によって，決定の組織化を支援する．これらの支援システムは，人の決定における認知的な負荷や認知的バイアスを低減し，正確で早い決定を助ける[13]．

〔楠見　孝〕

11) 利得表とは，下表のように，ある行動（例：デートの行き先の選択）をした時に，どのような結果になるかを，状態ごとに，利益や損失で表す．この表に基づいて，期待値を算出して最大の選択肢を選ぶことができる．

状態 行動	晴 (80%)	雨 (20%)
海水浴	1	0
映画	0.3	0.8

数値は1から0の利得（満足度）を示す

12) 決定木とは，下図のように，決定と状態の時間的・論理的な流れを，行動選択を決定分岐点□からのアークで示し，予想される状態を偶発分岐点○からのアークで示す．複雑な決定を分析し，確率や利得に基づく評価ができる．

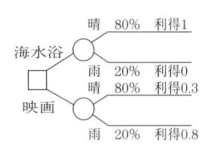

```
        晴 80%  利得1
海水浴
        雨 20%  利得0
        晴 80%  利得0.3
映画
        雨 20%  利得0.8
```

13) 小橋康章（1988）決定を支援する　認知科学選書18　東京大学出版会

【参考文献】
奥田秀宇（2008）意思決定心理学への招待　サイエンス社
繁桝算男（2007）後悔しない意思決定　岩波科学ライブラリー 129　岩波書店

III - 28
後悔
regret

　後悔とは，意思決定によって生じた悪い結果を，現実とは異なる良い状況（以前の状況や他の選択肢を選んだ状況）と対比する**反実仮想**（counterfactual thinking）によって生じるネガティブな感情である（例：もし……だったら）．後悔には，自責感（self-blame）ともう一度決定をやり直したいという欲求がある．一方，失望（disappointment）や悲しみ，フラストレーションは，後悔と同様に悪い結果に伴って生じるが，期待との対比にとどまっている点が後悔とは異なる（例：がっかりした，期待はずれだった）[1][2]．

　反実仮想が生じやすいのは，目標の達成があと少しのところで阻止された場合（例：もう少し早く家を出ていれば電車に間に合った）や，余計な行動，普段と異なる行動を取ったために，悪い結果が生じた場合（例：もしいつも通りの道を通っていたら事故に遭わなかった）である[3]．こうして生起する反実仮想は，類似した過去経験の想起とともに規準（norm）を形成する．そして規準からの逸脱（非日常的，例外的な程度）が大きいと感情（驚き，後悔など）が強く起こる[4]．

　後悔が生起しやすい条件は，第1に選択肢が多いときである．ある選択肢を選ぶことによって，**機会コスト**（他の選択肢を選んでいれば得られたであろう機会を失うこと）が大きくなるためである（選択肢が1つの時は機会コストがないため，後悔は起きにくい）．また，決定の変更が可能な状況（例：返金可能な商品）は，いつまでも機会コストについて考えるため，後悔が持続しやすい[5]．第2は，自分が直接コントロールでき，自分の個人的責任が大きいときである[6]．そのため，個人的決定に比べて集団意思決定の場合は，後悔

1) Gilovich, T. & Medvec, V. H. (1995) The experience of regret: What, when, and why. *Psychological Review*, 102, 379-395.

2) Zeelenberg, M., van Dijk, W. W., & Manstead, A. S. R. (1998) Reconsidering the relation between regret and responsibility. *Organizational Behavior and Human Decision Processes*, 74, 254-272.

3) Kahneman, D. & Tversky, A. (1982) The simulation heuristic. In D. Kahneman, P. Slovic, & A. Tversky (Eds.), *Judgment under uncertainty: Heuristics and biases*. Cambridge University Press.

4) Kahneman, D. & Miller, D. T. (1986) Norm theory: Comparing reality to its alternatives. *Psychological Review*, 93, 136-153.

が小さくなる[7]．第3に，失敗した出来事の責任を自分だけに帰属して非難する抑うつ的帰属スタイルの人は後悔をしやすい．ほかにも，判断が正当化できないとき，選択した結果に順応して満足度が減少したときには後悔が起きやすい[5]．

後悔は，行動の有無によって二分できる．**行動したこと**（action）**の後悔**（例：あんなことをしなければよかった）は，恥，怒り，自己嫌悪を伴う熱い後悔である．一方，**行動しなかったこと**（inaction）**の後悔**（例：あの時しておけばよかった）は，感傷的で持続的な抑うつ気分をもたらす沈んだ後悔である．行動したときの後悔は，最近1週間を振り返るような短期的な経験において，強いと評価されたり，よく思い出される．一方，行動しなかった後悔は，人生を振り返るような場面において，強いと評価されたり，よく思い出される[1)8)]．

行動した後悔と行動しなかった後悔は，時間経過による後悔低減の仕方が異なる[1]．行動した後悔は，第一に，行動の失敗にもとづいて，行動による回復（行動の改善とやり直し）をすることによって，後悔を低減しやすい．とくに反復性の出来事については1回限りの出来事よりも行動的回復による後悔の低減が起きやすい．たとえば，告白してふられた人は「次は自分の気持ちをうまく伝えられるようにしよう」と考えることにより，後悔を低減する傾向がある[9]．一方，行動しなかった場合は，行動しないことから行動することへの変化は困難である．これは行動しないことの（習）慣性（inaction inertia）ができてしまうからである．第二に，行動した後悔は心理的修復（**認知的不協和**の低減）が起きやすい．行動した場合，行動しなかった場合よりも責任が大きく，この結果，不協和が大きくなる．このため，ネガティブな出来事による不協和を低減しようとする無意識的傾向は，行動しなかった場合より行動した場合の方が強く起きやすい．

一方，行動しなかった後悔は時間経過によって増大する[1]．行動しなかった時点では，失敗のおそれによる行動の抑制が起こる．しかし，時間が経過するにつれて，行動を抑制したおそれやその理由が弱まり，行動の成功についての自信が増大する．さらに，行動する理由は行動しない理由よりも，想

5) Schwartz, B.（2004）*The paradox of choice*. Ecco Press. 〔瑞穂のりこ（訳）（2004）なぜ選ぶたびに後悔するのか—「選択の自由」の落とし穴 ランダムハウス講談社〕

6) Connolly, T. & Zeelenberg, M.（2002）Regret in decision making. *Current Directions in Psychological Science*, 11, 212-216.

7) 小宮あすか・楠見孝・渡部幹（2007）個人—集団意思決定における後悔 心理学研究 78, 165-172.

8) Gilovich, T. & Medvec, V. H.（1994）The temporal pattern to the experience of regret. *Journal of Personality and Social Psychology*, 67, 357-365.

9) 上市秀雄・楠見孝（2004）後悔の時間的変化と対処方法—意思決定スタイルと行動選択との関連性 心理学研究 74, 487-495.

起がしやすい．こうした想起しやすさの違いによって，行動を促進する力は行動を抑制する力よりも大きくなる．したがって，行動しなかったことの後悔が大きくなる．また，未完行動の利用（想起）可能性の高さは**ツァイガルニク (Zeigarnik) 効果**としても指摘されている．行動したことによる結果は現実の失敗という残念な結果によって完結する．一方，行動しなかった結果の想像上の世界での可能性は無限に開かれている（例：空想・白昼夢）．たとえば第一志望校を受験して失敗した後悔は短期的に低減するが，第一志望校を受験しなかった後悔は長期的に持続する[9]．

ここまでは過去の**経験的後悔**（experienced regret）について述べてきたが，後悔には，意思決定場面における未来の結果の**予期的後悔**（anticipated regret）がある[10]．これは，意思決定後に生じうる後悔を最小化するように意思決定することを支えている[11]．ここでは，選択結果についての未来のメンタルシミュレーション[3]をおこなう．たとえば，選択肢Aを選び，将来失敗したときに，その選択を後悔するかどうか（たとえば，選択肢Bをとればよかったと悔やむかどうか）を判断する．予期的後悔による現象としては，後悔を回避しようとして，曖昧な選択肢やリスクのある選択肢を回避し，確実な選択肢を選んだり（確実性効果），商品選択において危険を避けて，既知のブランドを選ぶ（再認ヒューリスティック）ことがある[11]．そのほかにも，比較による後悔を避けるために友人と同じ選択をしたり（例：同じメニューを選ぶ），行動することの後悔の予期が強すぎて行動しないことが習慣になったりする（例：レジ待ちの列を移らない）．また，**埋没費用**（sank cost）**効果**がある（例：過去に投資した回収不能な費用があるため，その株式や物の価値がなくなっても手放せない）．予期的後悔が後悔を避ける選択を導く例には，保険に加入したり，持っている宝くじを人に譲るのをためらうことがある．さらに，交通事故や犯罪被害防止，麻薬撲滅，病気予防のためのキャンペーンは，不幸な主人公が後悔するドラマを見せることによって，人々に予期的後悔を喚起させて，危険な行動を回避させる効果がある[12]．

10) Zeelenberg, M. (1999) Anticipated regret, expected feedback and behavioral decision making. *Journal of Behavioral Decision Making*, 12, 93-106.

11)「Ⅲ-27 意思決定」参照．

12) Roese, N. (2005) *If only: How to turn regret into opportunity*. Broadway.
〔村田光二（監訳）(2008) 後悔を好機に変える―イフ・オンリーの心理学　ナカニシヤ出版〕

13)「Ⅲ-27 意思決定」の満足化の基準を参照．

14) Camille, N., Coricelli, G., Sallet, J., Paradat-Diehl, P., Duhamhel, J., & Sirigu, A. (2004) The involvement of the orbitofrontal cortex in experience of regret. *Science*, 30, 1167-1170.
この研究では，後悔の感情の強さと，内側前頭眼窩皮質（medial orbitofrontal cortex）の活動との相関が見いだされている．この大脳皮質は，報酬の評価

後悔をしやすいかどうかの個人差は，意思決定のしかたの個人差の影響を受ける．たとえば，意思決定において，できるだけ多くの選択肢について，認知的・時間的コストをかけて比較を行い，次善では妥協せず，最善のものを選ぼうとするのが**最大化追求人間**（maximizer）である．最大化追求人間は，選択が終わったあとも選ばなかった選択肢（機会コスト）についてあれこれ考え，選んだものに対しての評価や満足度が低くなるため，後悔することが多く，より一般的な**生活満足度**（life satisfaction）も低い．それに対して，自分なりの基準をもって，選択において，その基準を上回るまずまずの選択肢が見つかったら決定するのが**満足化志向人間**（satisficer）である[13]．満足化志向人間の方が，選択肢が少なく，選択後は，そのよい点に焦点を当てるため，後悔することが少ない[5]．

　後悔の研究方法には，実験法と調査法がある．実験法には，後悔を引き起こす要因を統制したシナリオを読ませて後悔の程度を評定させる実験[2)3)9)]，ギャンブル課題などを用いて実際に選択をさせ後悔を生起させる実験，その際生理学的指標や脳画像を指標とする実験などがある[14]．一方，調査法には，質問紙法や面接法による後悔した出来事のリストアップ[8]，意思決定の前後の縦断的調査をおこない，進路選択など現実世界の後悔への対処方略と後悔の時間的変化を調べる方法[15]などがある．

　後悔は，ネガティブな感情ではあるが，適応的な機能を持つ[16)17)18)]．第1に，経験的後悔が引き起こす反実仮想は，人が，失敗経験を内省し，行動改善することによって，将来の意思決定を良い方向に導く．第2に，予期的後悔は，後悔を最小化するという基準に基づいて，人が，後悔を引き起こしそうな選択肢を避け，良い選択に導く．

〔楠見　孝〕

や比較と関わり，推論や計画を支える前頭前野背外側部や情動を支える扁桃体と連結している．

15) 楠見孝・栗山直子・齊藤貴浩・上市秀雄（2008）進路意思決定における認知・感情過程—高校から大学への追調査に基づく検討　キャリア教育研究 26, 3-17.

16) Epstude, K. & Roese, N. J. (2008) The functional theory of counterfactual thinking. *Personality and Social Psychology Review*, 12, 168-192.

17) Zeelenberg, M. (1999) The use of crying over spilled milk: A note on the rationality and functionality of regret. *Philosophical Psychology*, 12, 325-340.

18) 小宮あすか・渡部幹・楠見孝（2010）後悔の社会的適応メカニズムに関する研究の概観と展望—他者損失状況における後悔に着目して　心理学評論 53, 153-168.

【参考文献】
ローズ, N.／村田光二（監訳）（2008）後悔を好機に変える：イフ・オンリーの心理学　ナカニシヤ出版
シュワルツ, B.／瑞穂のりこ（訳）（2004）なぜ選ぶたびに後悔するのか：「選択の自由」の落とし穴　ランダムハウス講談社

III-29

エラー

error

　エラー，つまり誤り・過ちは，「期待された目標・基準からの逸脱」の総称である．ゴールにボールを入れる動作の失敗，可能なはずの捕球の失敗，記憶の誤り，想起自体の失敗，対象が何であるかの認識の失敗，すべてエラーである．また，道徳という基準からの逸脱も error（過ち）と呼ばれる．期待される目標は，正確な行為，正確な記憶，正確な認識，あるべき行為であり，目標をどれだけの範囲にするかという基準の厳しさ次第で，何がエラーになるかが決まる．エラーは目標と基準によって規定される相対的な概念である．

　たとえば，アメリカの公認野球規則で「エラー」は，「相手チームの攻撃を結果的に助けたと，公認スコアラーによって判断された行為」である[1]．エラーとされた行為が標準的な能力からすれば本来は可能だったかどうかの基準は，公認スコアラーの判断にある．

行為という文脈での認知的エラー

　行為という文脈での認知的なエラーには，いくつかのタイプがある．ミステイク，スリップ，し忘れである．

　ミステイク（mistake）は，「行為のための正しい状況判断」からの逸脱，状況判断の誤りである．たとえば，二叉の別れ道で，「A町に行く道路は，右が太いからこの道路だろう」と，目的地に行くには不適切な道路を選んだ判断の誤りである．ノーマン（Norman, D. A.）の定義では，「行為に先立つ，状況に関する意識的な判断や推論の誤り」である[2]．リーズン（Reason, J.）の定義では，「ミステイクとは，ある目標の選択，あるいはそれを達成する手段の指定に含まれている判断および／または推論過程の欠陥あるいは失敗であ

1) Professional Baseball Playing Rules Committee (2010) *Official baseball rules*. Professional Baseball Playing Rules Committee at New York.

2) Norman, D. A. (1988) *The psychology of everyday things*. New York: Basic Books.〔野島久雄（訳）(1990) 誰のためのデザイン？：認知科学者のデザイン原論　新曜社〕

る」[3].

 スリップ（slip）は"意図からの逸脱"だといえる．ノーマンの定義では「意図した行為とは違う行為をおこなってしまったエラー」である[4]．たとえば，「休日の朝，コンビニに行こうと思ったのに，いつも学校に通っている道へ曲がってしまった」ようなエラーである．スリップをさらに広く"意図した行為が実行されなかったエラー"だと定義すれば，し忘れも，スリップに含まれることになる．

 研究者たちは，それぞれ少しずつちがいはあるけれど類似した「行為のモデル」によって，スリップの説明と分類を行っている．ノーマンは，ルーティン化された行為では，行為を生みだし行為のシーケンスを制御するような汎用的な知識・記憶「スキーマ」（schema）が形成されると考える[4]．彼は，スキーマが活性化され，引き金が引かれるように"トリガーされる"ことで行為が実行されるという「"スキーマの活性化・トリガー"システム・モデル」（activation-trigger-system model; ATSシステム・モデル）に基づいて，スリップの発生過程の説明とスリップの下位分類を行った．

 し忘れ（lapse）には，たとえば，「学校からの帰りに買おうと思っていた蛍光灯を買い忘れた」"行為の開始忘れ"や，「冷蔵庫にものを取りにきてドアを開け，何をとりにきたんだっけと考えていた」"行為開始後の行為内容の忘れ"がある．ノーマン[4]は，し忘れは，いったん活性化された「意図（高次のスキーマ）の活性化の喪失によるエラー」だとして，スリップの中に分類している．一方，リーズンは，行為を「プランニング」，「貯蔵（記憶）」，「実行」の3段階に分けたとき，プランニング段階のエラーがミステイクであり，貯蔵段階のエラーがし忘れであり，実行段階のエラーがスリップだとしている[3].

認知的エラーの実験的誘発法

 認知的なエラーを高い頻度で起こさせる実験方法を利用すると，認識・記憶・行為にかかわる認知システムの特徴を明らかにすることができる．

 たとえば，同じ文字をできるだけ速く書き続ける**急速反復**

3) Reason, J.（1990）*Human error*. Cambridge [England]; New York: Cambridge University Press.

4) Norman, D. A.（1981）Categorization of action slips. *Psychological Review*, 88, 1-15.

図29-1　急速反復書字によって生じた"意図した行為とはちがう行為をしてしまったエラー（スリップ）"
「お」をできるだけ速く繰り返し書こうとしていて，「す」「あ」「む」を書いたり，書きそうになったりした例．

書字法（rapid repeated writing）は，書こうと意図していなかった文字を書いてしまうスリップを，多くの文字で高い頻度で誘発させる[5]．このエラーは，意図した文字の運動記憶とリンクしている他の文字の運動記憶に活性化の波及が起こり，後者の使用頻度が高かったり，最近使われたばかりで活性化のレベルが高くなっていたりしてトリガーされやすいなどのためにスリップが起こる**とらわれ型エラー**（capture errors）である[4]．急速反復書字法は，運動の記憶がどうリンクしているかを明らかにする方法になる．

　プライミング遊びも，高頻度でエラーを誘発する方法である．プライミング遊びは，「ピザ・ピザって10回言って」という操作の後で，「ひじ」を指して「ここは何ていう？」と尋ね，「ひざ！」という誤答を誘発する遊びとして，日本人にもなじみ深い[6]．このしくみは，ピザの発声によって，それと共通音韻を持ち，記憶のネットワークの中でリンクしている「ひざ」が活性化され，エラーとして誘導されることによる．この遊びは，英語圏に古くからある「oak-yolk（オウク・ヨウク）遊び」がオリジナルなものだといえる[7]．

　「oak-yolk遊び」では，「What do we call the tree that grows from acorns?（どんぐりが成長すると何の木になる？）」という質問に「樫の木（Oak.［オウク］）」，「What sound does a frog make?（カエルは何て鳴く？）」という質問に「Croak.［クロウク］」……というふうに，同じ［-ouk］という脚韻を持つ単語の出力を繰り返していく．そして，数回Q&Aを反復した後に「What do you call the white of an egg?（卵の白いところを何ていう？）」に「Yolk！［ヨウク］」とい

5) Nihei, Y. (1986) Experimentally induced slips of the pen. In H. S. R. Kao & R. Hoosain (Eds.), *Linguistics, psychology, and the chinese language* (Pp.309-315.), Hong Kong: University of Hong Kong Press.

6) この種の遊びを，仁平義明は「プライミング遊び」と呼んだ（『Newton』2007年9月号「人はなぜ，だまされるのか」p.66）．日本でのプライミング遊びの大流行は1988年，ニッポン放送の「10回クイズ」による．それ以前には，魔夜峰央の漫画『パタリロ』（1981年「殺しのライセンス」）に，「ヒマラヤ」・「ヒラヤマ」・「ヒヤラマ」を言わせ，「世界で一番高い山は？」の質問に対して「ヒマラヤ！」を誘導するギャグがみられる．

う誤った答を誘発させる．「yolk」は，卵の黄身，正解の白身は「albumen」である．

　この種のエラーは，**プライミング効果**（priming effect）によるものである．つまり，前の情報処理にともなう記憶表象の活性化がそれに続く情報処理や駆動を促進する効果である．リーズンは，「oak-yolk（オウク‐ヨウク）遊び」では，5回の反復でおよそ90％の被験者からエラーを誘発することができ，また，エラー率は反復回数にほぼ比例して増加することを実験から明らかにしている[7]．

　モーゼ錯覚課題[8]は，対象の何かがおかしいことに"気づかない"エラーの誘発課題である．この課題も遊びから生まれ，多くの心理学的研究に利用されている．たとえば，「(大洪水のときに)方舟に動物の一種類ごとに何匹ずつ載せたでしょうか，モーゼは？」(How many animals of each kind did Moses take on the Ark?)という質問には，「二匹！」と答えたくなるが，これは間違いである．なぜなら，方舟はノア(Noah)のものであり，問題自体がおかしいから，「答えは出せない」というのが正解である．これは"モーゼ錯覚"(Moses illusion)という一種のひっかけ課題である．ひっかけ質問を正しいものと錯覚してそのまま回答してしまう"モーゼ錯覚"が起こるのは，次のような要因によることが実験からも確認されている[8]．第一の要因は，われわれは日常的な情報処理では，詳細で綿密な情報処理ではなく，おおまかな意味レベルの処理をする傾向があることである(モーゼもノアも旧約聖書に登場する指導者で名前も短いという，意味上も外形上も類似点がある)．第二の要因は，質問の前の方を読んだだけで答が出てしまうため，後の部分の情報の詳細な処理をしないことである．

　こうしたエラー誘発課題は，人間の認知システムの特性を明らかにする方法として，さまざまなかたちで心理学の研究の中で応用されている．　　　　　　〔仁平義明〕

7) Reason, J. T.（1986）Naming the white of an egg: Evidence for semantic constraints upon phonological priming. Unpublished report.

8) Erickson, T. D. & Mattson, M. E.（1981）From words to meaning: A semantic illusion. *Journal of Verbal Learning and Verbal Behavior*, 20, 540-551.

【参考文献】
仁平義明（1990）からだと意図が乖離するとき：スリップの心理学的理論　佐伯胖・佐々木正人（編）アクティブ・マインド：人間は動きの中で考える　東京大学出版会, Pp.55-86.

III-30
ゆるし

forgiveness

　不当な加害に対する被害感情・応報感情が持続することは，さまざまな社会的コストや被害者の心理的コストを生じさせる．それらを低減させたり回避させたりするために，**ゆるしは多くの社会・文化の中で期待されシステム化されてきた**．ゆるしは，現代の西欧では社会的には寛容さを示す美徳とされ，宗教上はキリスト教などの教義の要素になり，臨床上は苦悩から心を解き放つ望ましいことだとされる[1]．また，司法の領域では，被害者側と加害者側の心理的和解など，犯罪によって生じたマイナスを修復しようとする試み，**修復的司法**（restorative justice）の重要な要素になる[2]．

　しかし，このような社会圧・文化圧があっても，ゆるしは容易ではない．アメリカの精神医学者セイファー（Safer, J.）は，ときには，ゆるさないことが正しい真実の感情の流れであり，ゆるしを拒んだとしても精神的に健康だといえると主張している[1]．

　ゆるしは，エンライト（Enright, R. D.）など多くのゆるしの研究者たちの定義[3)4)]を総合すると，「自分に不当な被害を与えた相手に対して，怒り・憎しみ・恨みなどの否定的な感情や思考，それに基づく報復や回避などの否定的行動をなくし，中立的なものへと変化させること，ときには肯定的なものへと変化させることである」といえる．また，「そのためには，状況や相手に対する見方の転換（認知の転換），あるいは／および謝罪などを含む相手との何らかの相互作用が必要である．その結果，被害者の抑鬱や苦悩などのマイナスの心理的影響が軽減され解消されることがある」[5]．

　また，ゆるしは，葛藤場面で相手をなだめようとする**宥和**

1) Safer, J. (1999) Must you forgive? *Psychology Today*, August, 30-34 & 70-72.

2) Zehr, H. (1990) *Changing lenses: A new focus for crime and justice*. Scottdale, Pa.: Herald Press. 西村春夫・細井洋子・高橋則夫（監訳）(2003) 修復的司法とは何か：応報から関係修復へ　新泉社］

3) Hebl, J. H. & Enright, R. D. (1993) Forgiveness as a psychotherapeutic goal with elderly females. *Psychotherapy*, 30, 658-667.

4) McCullough, M. E. & Worthington, E. L. (1994) Encouraging clients to forgive people who have hurt them: Review, critique, and research prospectus. *Journal of Psychology and Theology*, 22 (1), 3-20.

5) 仁平義明（2002）

行動（appeasement behavior）と対になって進化してきたものだともいえる．アメリカの心理学者マッカロー（McCullough, M. E.）は，「ゆるし本能」（forgiveness instinct）という表現で人間のゆるしの進化を主張している[6]．しかし，報復に価値をおく文化も存在することを考慮すると，ゆるしが文化規定的である側面は，つねに考慮しなければならない．

ゆるし尺度

その個人がどれだけゆるしをする傾向があるかは，想定上の被害状況で自分ならゆるせるかどうかを評定させる，**ゆるし尺度**（forgiveness scales）によってしばしば測定される．カンツ（Kanz, J. E.）の「ゆるし態度質問紙」（forgiveness attitudes questionnaire）は，行為の意図性や結果の重大性が異なる26の不当な被害状況について，自分が被害者であるとしたら"ゆるせるかどうか"を5段階で評定する形式の尺度である[7]．この尺度の項目は，たとえば次のような状況から構成されている：親しい友人の裏切り（打ち明けた恥ずかしい秘密を他人に暴露された），ハンターの誤った発砲による配偶者の死，配偶者の長年にわたる複数の相手との不倫，酔った親による性的虐待，服役中に信仰をもったレイプ犯，同僚による仕事の手柄の横取り，手術ミスによるわが子の死亡，同級生による長期的いじめ，パートナーからのHIVの感染など．

「エンライトゆるし尺度」（Enright forgiveness inventory）も，さまざまな被害状況に対するゆるしの反応を，否定的感情・思考・行動及び肯定的感情・思考・行動の6側面について6段階の評定を行う60項目の尺度である[8]．

こうしたゆるし傾向の測定では，ゆるしが本来，**社会的望ましさ**（social desirability）の高いものであるために，対象者の反応にはさまざまなバイアスがかかることに注意が必要である．

ゆるしの理由の発達的変化

なぜゆるさなければならないかという理由づけには，コールバーグ（Kohlberg, L.）が報告した道徳性判断[9]と同様な発達的変化がみられることが報告されている（表30-1）．

カウンセリングにおけるゆるしの問題：研究の現状　東北大学学生相談所紀要第28号, 21-27.

6) McCullough, M. E. (2008) *Beyond revenge: The evolution of the forgiveness instinct*. San Francisco: Jossey-Bass.

7) Kanz, J. E. (2000) How do people conceptualize and use forgiveness?: The forgiveness attitudes questionnaire. *Counseling and Values*, 44, 174-188.

8) Subkoviak, M. J., Enright, R. D., Wu, C-R., Gassin, E. A., Freedman, S., Olson, L. M., & Sarinopolulos, I. (1995) Measuring interpersonal forgiveness in late adolescence and middle adulthood. *Journal of Adolescence*, 18, 641-655.

9) Kohlberg, L. (1976) Moral stage and moralization: The cognitive-developmental approach. In T. Lickona (Ed.), *Moral development and behavior: Theory, research, and social issues*. (Pp.31-53), New York: Holt.

表30-1　道徳性判断とゆるしの発達段階の対応 (Enright et al., 1989)[10]

段階	道徳性判断の発達段階	ゆるしの発達段階
段階1	〈罰と服従への志向〉	〈報復によるゆるし〉 自分が味わったものと同じくらいの苦痛を与えればゆるす.
段階2	〈道具主義的相対主義への志向〉	〈損害賠償・補償によるゆるし〉 自分が奪われたものが返ってくるならゆるす. ゆるさない罪悪感をなくすためにゆるす.
段階3	〈他者志向・よい子への志向〉	〈他者の期待によるゆるし〉 他の人がゆるすことを期待するからゆるす.
段階4	〈法と秩序の維持への志向〉	〈戒律(宗教)・規範の期待によるゆるし〉 自分の宗教が求めるからゆるす.
段階5	〈社会契約への志向〉	〈社会調和としてのゆるし〉 社会の調和や良い人間関係のためにゆるす.
段階6	〈普遍的倫理原理への志向〉	〈愛としてのゆるし〉 人間を愛するからゆるす.

エンライト (Enright, R. D.) たちは, なぜゆるしをしなければならないかの理由づけ判断について, 小学生から成人までを対象にインタヴュー研究を行った[10]. その結果, ゆるしの理由づけには,「報復によるゆるし」から「愛としてのゆるし」まで順次発達にともなって進んでいく6段階の発達的変化がみられ, ゆるしの段階と年齢段階の相関は高かった ($r = 0.72$).

4年生では段階2「損害賠償・補償によるゆるし」が主であり, 7～10年生は, 基本的に段階3「他者の期待によるゆるし」をゆるしの理由にしていた. また, 大学生と成人は, 段階4「戒律(宗教)・規範の期待によるゆるし」が主であった. 段階6「愛によるゆるし」の考え方があらわれたのは, 成人だけであった. この, ゆるし判断の発達段階は, 道徳性判断の発達段階とかなり対応していた.

ゆるしの条件と文化

加害側をゆるすために必要だと考える条件, ゆるしの条件には,「罰(相手が罰を受ける)」,「賠償」,「報復(相手が同じ程度のつらい目にあう)」,「加害側の事情説明(なぜそうなったか/そうしたか相手が事情, 理由を説明する)」,「反省・謝罪(悪かったことを深く反省・謝罪する)」,「再発防

10) Enright, R. D., Santos, M. A., & Al-Mabuk, R. (1989) The adolescent as forgiver. *Journal of Adolescent*, 12, 95-110.

止の約束（同じことが二度とおきないようにすることを約束する）」，「自分の心情の吐露（相手がどれだけひどいことをしたか／自分のつらさを言う）」，「時間の経過」など多くの条件がある[11]．ゆるしの条件のうち何を重視するかには，文化的な違いもある．日韓の大学生の比較では，日本の大学生が被害を考えるときに結果の重大さを基準にして，韓国の大学生よりも「罰」を重視する傾向（厳罰主義）がみられたのに対して，韓国の大学生の方が加害が起こった状況を考慮して「自分の心情の吐露」を日本の大学生よりも重視する傾向（情状主義）がみられている[11]．こうした差異は，ゆるしがすぐれて文化的な性質を持っていることを，あらためて教えるものである．

ゆるしの条件：被害側と加害側のちがい

被害側が加害側をゆるすために必要な条件だと考えるものと，加害側が相手からゆるしてもらえるために必要な条件だと考えることは異なっている．脇見運転による交通死亡事故など，想定上の加害事態についての調査（仁平，未発表資料）では，"加害側"と"被害側"の典型的なゆるしの条件は表30-2のように対照的である．

表30-2 ゆるしに必要な条件の典型的な考え方（仁平，未発表資料）

加害側が考えるゆるしの条件	被害側が考えるゆるしの条件
・直ぐにも面会して謝罪 ・何度でも繰り返し謝罪（反省） ・土下座／墓参など（形式的謝罪） ・補償 ・罰	・会わないで時間をおく ・質問への説明を求める ・自分の言葉で謝罪（非形式的謝罪） ・加害側の生き方や行動の変化 ・再発防止

加害側がバランスをとろうと考えるのに対して，被害側は，被害という事態にもなんらかの意味を見出そうとしているといえる．

〔仁平義明〕

[11] 仁平義明（2004）"ゆるし"の条件の比較文化：日本の厳罰主義と韓国の情状主義 日本心理学会第68回大会発表論文集，250．

【参考文献】

ニルス・クリスティ／平松毅・寺澤比奈子訳（2006）人が人を裁くとき ── 裁判員のための修復的司法入門 有信堂高文社

III - 31
スキーマ

schema

図31-1 大学院生の部屋[1]

洗濯機とは，洗剤を入れた水とともに汚れた衣類をモーターによって攪拌(かくはん)して衣類の汚れを取り除く機械といった理解をしているであろう．しかし，洗濯機にもいろいろな種類がある．以前は，洗濯槽と脱水槽が別々になっている二槽式が多かった．しかし，現在では，洗濯と脱水を同じ一つの槽でこなすものがほとんどになっているし，さらに，近年では，洗濯，すすぎ，脱水，乾燥まで同一槽で処理する製品もある．それでも，どの機種でも洗濯機であると理解できる．つまり，機能や形が変わっても，それを洗濯機の一種と認識することができる．

同じようなことは，自動車やパソコンなどあらゆる事物についてもいえる．さらに，事物だけでなく，文字，人や動物，図31-1のような場面に関しても，刺激の細部の違いにとらわれることなく，人は，それらを理解するための柔軟な認識の枠組みをもっていると考えることができる．

イギリスの心理学者バートレット（Bartlett, F. C.）[2]は，人々が有意味な記憶材料をどのように覚えるかについて調べる一連の研究を行っている．その中の一つの実験で，実験参加者にとって馴染みのない物語を呈示し，それを再生させたところ，実験参加者がもっている知識に整合するように，物語の内容が一部欠落したり，変更されたりすることが見出された．バートレットは，こういった現象が起きるのは，人が自分の認識の枠組みを用いて物語を理解し，さらに，その物語の内容を思い出すときも，自分の認識の枠組みに基づいて想起するためと考えた．彼は，このような認識の枠組みを**ス**

1) Brewer, W. F. & Treyens, J. C.（1981）Role of schemata in memory for places. *Cognitive Psychology*, 13, 207-230.

2) Bartlett, F. C.（1932）*Remembering: A study in experimental and social psychology.* London: Cambridge University Press.〔宇津木保・辻正三（訳）(1983) 想起の心理学―実験的社会的心理学における一研究 誠信書房〕

キーマ（schema）と呼ぶことを提唱した．

しかし，バートレットのこの研究が発表された当時は，**行動主義心理学**が主流の時代であった．初期の行動主義心理学では，学習の本質は刺激と反応の結合とされ，人間の内部で起こっていることに関心が向けられることはなかった．このため，バートレットの研究は評価されることなく時代は流れた[3]．その後，学習の本質は，**認知構造**（cognitive structure）の変化であるという考え方が登場し，認知構造に焦点が当てられるようになり，バートレットのスキーマの考え方が見直された．現在，スキーマは，認知心理学において重要な概念となっている．

スキーマ[4]は，経験によって獲得される，事物，人，状況，出来事に関する心的表象であり，それらの対象についての構造化された知識のまとまりと定義することができる．ところで，スキーマは，人間の認知過程におけるさまざまな現象を説明することのできる一般的な理論であるために多様な意味合いで用いられる．スキーマは，ある事象を「知覚する枠組み」「記憶する枠組み」「解釈する枠組み」であったり，ある事象に関して「もっている知識」「もっている基本的信念」であったり，ある事象を「想起する枠組み」であったりする．つまり，人間の情報処理過程でいえば，符号化，貯蔵，検索の3段階すべてに関与する知識構造である[5]．

上述のように，スキーマには，対象に関する意味が含まれる．たとえば，はじめに挙げた洗濯機では，「洗剤を入れた水とともに汚れた衣類をモーターによって攪拌して衣類の汚れを取り除く機械」が辞書的な意味であろう．個々の事物・事象に共通する性質を抽象し，個々の事物のみに存在する性質を捨象することによって作り上げられる点で，スキーマは**概念**（concept）の一種といえる．しかし，スキーマは，概念の定義というより，むしろ知識そのものを表していると考えられる[6]．

さらに，あるスキーマは，そのスキーマと関連するいろいろなレベルのスキーマと結びついている．洗濯機スキーマでは，上位スキーマの白物家電スキーマや浴室スキーマ，家ス

3) Neisser, U. (1978) Memory: What are the important questions? In M. M. Gruneberg, P. E. Morris, & R. N. Skykes (Eds.), *Practical aspects of memory*. (Pp.3-24.), New York: Academic Press.〔富田達彦（訳）(1988)観察された記憶—自然場面での想起　誠信書房，に再掲〕

4) スキーマ（schema）は，図式あるいはシェマと訳されることもある．なお，人工知能の研究では，同様の概念がフレームとよばれている．以下を参考のこと．
P. H. ウィンストン（編）／白井良明・杉原厚吉（訳）(1979) コンピュータービジョンの心理　産業図書

5) Alba, J. W. & Hasher, L. (1983) Is memory schematic? *Psychological Bulletin*, 93, 203-231.

6) Rumelhart, D. E. & Ortony, A. (1977) The representation of knowledge in memory. In R. C. Anderson, R. J. Spiro, & W. E. Montague (Eds.), *Schooling and the acquisition of knowledge*. (Pp.99-135), Hillsdale, N. J.: Lawrence Erlbaum Associates.

キーマと結びついているだろう．

　また，スキーマには，**スロット**（slot）とよばれる「変数を入れる場所」があると考えられている．これによって，対象のもつ多様な特徴に対応することができる．洗濯機の場合，槽の個数，洗濯機の外観の色といった属性がスロットにあたり，そこに特定の値が埋め込まれることになる．スロットに入るべき値がはっきりしていないときは，もっとも可能性のある値（デフォールト値）が補われることになる．洗濯機の色スロットであれば，「白」がデフォールト値であろう．

　おおよそすべての事象[7]に対して，スキーマがあると考えることができるが，ここでは，ある場面の認知を取り上げてスキーマの役割を考えてみる．ブリューワー（Brewer, W. F.）らは，研究に協力するためにやって来た実験参加者を大学院生の研究室のように見える部屋（図31-1）でしばらく待たせた．それから別の部屋に実験参加者を移動させ，突然，先ほどの部屋にあった事物を思い出すことを求めた．その結果，研究室というスキーマから期待される事物（椅子や机など）ほど多く想起された．さらに，部屋にはなかったにもかかわらず，そのスキーマから期待される事物（本やペンなど）が，誤って再生されることが明らかにされた．このような結果から，活性化しているスキーマに適合する事物は，符号化されやすく，さらに，想起の段階では，そのスキーマに誘導された検索が行われやすいと考えられる．

　適切なスキーマが活性化されないと，文章を理解したり，記憶することが困難になることは，ブランスフォード（Bransford, J. D.）とジョンソン（Johnson, M. K.）[8]の研究結果が如実に物語っている．彼らの実験で，実験参加者は次のような意味のわかりにくい文章を読むことが求められた．

　実際，手順はきわめて簡単である．まず，物をいくつかの山に分ける．やらなければならない量によっては，ひと山でもかまわない．もし，設備がなくて，どこかほかの場所に行かなければならないなら話は別だが，そうでなければ準備完了である．大切なことは一度にあまりやりすぎないことであ

---

[7] スキーマ理論を適用する対象によって，たとえば，顔に関する「顔スキーマ」，人に関する「人物スキーマ」，自分自身に関する「自己スキーマ」，性に関する「ジェンダー・スキーマ」，役割や職業に関する「役割スキーマ」，物語文に関する「物語スキーマ」，一連の行動に関する「行動スキーマ」，出来事に関する「出来事スキーマ」などとよばれる．

[8] Bransford, J. D. & Johnson, M. K. (1972) Contextual prerequisites for understanding: Some investigations of comprehension and recall. *Journal of Verbal Learning and Verbal Behavior*, 11, 717-726.

る．つまり，一度に多くやりすぎるよりは，少なすぎる方がましである．このことの重要さはすぐにわからないかもしれない．しかし，多くやりすぎることは面倒な事態になりかねないし，高くつくことにもなる．最初，全体の手順が複雑に思えるかもしれない．しかし，すぐにそれは生活の一部になる．将来，この仕事の必要性がなくなることを予想することは困難であり，誰もそんな予想を決してすることはない．……

　実験参加者は，3群に分けられ，第1群は，読む前に，この文章のタイトルが「衣類の洗濯」であることを教えられた．第2群には，読んだ後にタイトルが与えられた．第3群には，一切タイトルが与えられなかった．読後に文章の内容に関する再生テストが行われた．第1群は，第3群の2倍ほど内容を思い出すことができた．また，第2群の再生成績は第3群と変わらなかった．これらの結果は，タイトルが与えられ，前もって適切なスキーマが活性化されていないと，同じように文章を読んでも内容を記憶することが困難になることを示している．理解を促すためには，内容に合ったタイトルや見出しが有効であることが示唆される．

　なお，情報を理解するための適切なスキーマをもっていなければ，必要なスキーマを活性化することもできない．ある分野の熟達者といわれる**エキスパート**（expert）は，専門分野に関する多種多様なスキーマをもっていると見なすことができる．パソコンの調子が悪いとき，素人は，あれこれと試行錯誤していたら直ったという経験をする．しかし，エキスパートは，症状に関するわずかな情報をもとにして関連するスキーマを適切に利用して診断していく．

　人間の認知過程は，外界の情報と既有のスキーマとの相互作用と見なすことができる．適切なスキーマが活性化されることで，予想や期待をもとにして，外界の情報が処理される**トップダウン処理**（top-down processing）[9]　が導かれ，効率のよい情報処理が進行していくと考えられる．　〔神谷俊次〕

9）ノーマンとボブローによって提唱された人間の情報処理の仕組みの一つである．この対極にある情報処理の仕組みがボトムアップ処理（bottom-up processing）であり，外界の刺激をもとにして処理が進行していく．Norman, D. A. & Bobrow, D. G.（1976）On the role of active memory processes in perception and cognition. In C. F. Cofer（Ed.）, *The structure of human memory*. San Francisco: W. H. Freeman.

【参考文献】
コーエン，G.／川口潤ほか（訳）（1992）日常記憶の心理学　サイエンス社
コーエン，G. ほか／長町三生（監修）（1989）認知心理学講座1：記憶　海文堂

スクリプト

script

「昨日，急に歯が痛くなって仕方なく治療に行ったら，もう手の施しようがないと歯医者に言われ，麻酔注射を打たれて痛くてたまらなかったよ．しばらく何も食べる気になれないな．」

このような話を友だちから聞いたら，誰でも，その友だちが虫歯のために抜歯をしたと考えるだろう．こういった推論をするのは，歯科医院では，どのような治療が行われるかという知識を人々がもっているためと考えられる．上の話の内容をよく見てみると，「虫歯」も「抜歯」も出てこない．しかし，聞いた話の内容をもとにして，手の施しようのない虫歯なら歯を抜くしかないという推論を導くのである．

人は，日常的に繰り返し経験する事象に関して，その事象を成り立たせている一連の出来事（行為，関係者など）のつらなりとする知識をもっている．このような知識をシャンク（Schank, R. C.）とエイベルソン（Abelson, R. P.）[1]は，**スクリプト**（script）[2]とよんだ．

表32-1にレストランでの食事に関するスクリプトを示した．このような事象の系列に関する一般化された知識があるために，初めてのレストランでも，取るべき行動を予測することができ，まごつくことなく食事をすることが可能となる．

シャンクらは，スクリプトを利用して話を解釈する**スクリプト適用機構**（**SAM**: script applier mechanism）とよばれるコンピュータ・プログラム[3]を開発している．

　　　ジョンはレストランに行った．彼は座った．彼は頭にきた．彼は出て行った．

[1] Schank, R. C. & Abelson, R. P. (1977) *Scripts, plans, goals, and understanding: An inquiry into human knowledge structures*. Hillsdale, N. J.: Lawrence Erlbaum Associates.

[2] スクリプトは，脚本，台本と訳されることもある．日常生活の中で生じる状況を一種の演劇と見なして，その場面に登場する人物や大道具・小道具などが規定され，どのような順序で場面が進行していくかという情報が含まれている．時間的に系統立てられたスキーマといえる．

[3] コンピュータに知的な振る舞いをさせる人工知能研究は，人間の認知過程の解明にも役立つ有益な知見を提供している．

表32-1　レストラン・スクリプト[4]

```
スクリプト：レストラン
道具：     テーブル，メニュー，料理，勘定書，お金
登場人物：  客，ウェイター，コック，レジ係，オーナー
目標：     食事をする

入場条件：  客は空腹である，客はお金をもっている
結果：     客のお金が減る，オーナーのお金が増える
          客は空腹でなくなる

場面1：    入場
          客はレストランに入る
          客は空いたテーブルを探す
          客は座る場所を決める
          客はテーブルに近寄る
          客は席に着く

場面2：    注文
          客はメニューを受け取る
          客はメニューを見る
          客は食べるものを決める
          客はウェイターに注文する
          ウェイターはコックに注文を伝える
          コックは料理をする

場面3：    食事
          コックはウェイターに料理を渡す
          ウェイターは客のところに料理を運ぶ
          客は料理を食べる

場面4：    退場
          客は精算をウェイターに依頼する
          客は勘定書を受け取る
          客はウェイターにチップを渡す
          客はレジ係のところに行く
          客はレジ係にお金を払う
          客はレストランを出る
```

[4] スクリプトは，スキーマの一種であるため，一連の行動系列を表すものであっても，スクリプトの代わりにスキーマという言い方がされることがある．レストラン・スクリプトはレストラン・スキーマと表記されることもある．

　SAM は，このような話が入力されると，文章を解析して，この話に合うスクリプトを探し出して内容を理解する．さらに，そのスクリプトを利用して入力情報にない要素を追加することもできる．以下の文章は，SAM が前の話の内容をより豊かにした出力結果である．

　　ジョンはお腹が空いていた．彼はレストランに行くことにした．彼はあるレストランに入った．彼は椅子に腰掛けた．ウェイターが席に来なかった．ジョンはしだいに苛立ちはじめた．彼はそのレストランを立ち去ることを決意した．彼は出て行った．

　SAM は，人がするのと同じように，スクリプトに基づい

て「ジョンが頭にきたのは，接客の悪さが彼を立腹させたため」と推論するのである．

バウアー（Bower, G. H.）[5]らは，スクリプトの心理的実在性（psychological reality）[6]を検証している．彼らは，「レストランで食事をする」「講義に出席する」「病院で診察を受ける」といった行為の中に含まれている要素を実験参加者に自由に連想させた．得られた行為の要素やその生起順序には，実験参加者間でかなりの一致が認められた．つまり，多くの人々が，表32-1に示されているような一連の行動系列に関する知識をもっていることが確かめられた．さらに，バウアーらは，スクリプトをもとにした記憶の実験を行い，あるスクリプトの重要な要素を取り除いて文章を呈示すると，要素間にあるべきその要素が誤って再生される，つまり補われることを見出した．このような結果が得られることは，はじめにあげた歯医者の話からも納得できるであろう．

このように，スクリプトによって話の理解が促進される．しかし，スクリプトをもっているために，逆に，記憶が阻害されることもある．実際には経験していない偽りの出来事に関するわずかな情報が与えられ，その出来事に関して繰り返し想起することを求めた研究[7]から，スクリプトをもたない状況よりも，スクリプトをもつ状況に対して，より偽りの記憶が産出されやすいことが明らかにされている．

人は，日常生活において，何らかの目標を実現するために必要な一連の行動を計画に従って遂行していく．しかし，しばしば，ちょっとした失敗をすることがある．リーズン（Reason, J. T.）[8]は，日常生活で起こる失敗例を収集して，意図していない行為の過ちである**スリップ**（slip）を分類した．その結果，① 実行したことを忘れて同じ行動を繰り返す反復エラー，② 本来の目標を忘れて別の目標に即した行動をしてしまう目標の切り替えエラー，③ 行動系列内の下位行動が抜けたり，実行順序が入れ替わる脱落・転換エラー，④ ある行動系列の中に含まれている対象と他の行動系列の対象とを混同してしまう混同・混合エラーが確認された．これらのスリップのうち，②，③，④は，一連の行動計画に問

5) Bower, G. H., Black, J. B., & Turner, T. J. (1979) Scripts in memory for text. *Cognitive Psychology*, 11, 177-220.

6) ある概念が物理的に存在しているわけではないが，その概念の存在が心理学的実験などによって確かめられたとき，心や脳に心理的に存在しているとされる．

7) Otgaar, H., Candel, I., Scoboria, A., & Merckelbach, H. (2010) Script knowledge enhances the development of children's false memories. *Acta Psychologica*, 133, 57-63.

8) Reason, J. T. (1990) *Human error*. Cambridge: Cambridge University Press.〔林喜男（監訳）（1994）ヒューマンエラー——認知科学的アプローチ　海文堂〕

9) Norman, D. A. (1981) Categorization of action slips. *Psychological Review*, 88, 1-15.

題が生じたものである．つまり，スリップは適切なスクリプトが機能しないために生じると考えることができる[9]．

先に述べたバウアーら[5]のスクリプトに関する記憶実験においても，スリップ④に関連する興味深い結果が見出されている．実験参加者が「内科医に掛かるスクリプト」と「歯科医に掛かるスクリプト」を同時に読むと，互いの内容が混同されてしまうという事実である．

ある処理に使われるスクリプトが独立して存在するならば，互いに取り違えられることはないはずである．シャンク[10]は，内科医と歯科医のスクリプトが混同されてしまうことから，表32-1に示されているようなスクリプトが前もって設定された系列として存在するのではないと考えた．そこで，スクリプトの概念を発展させて，**記憶体制化パケット**（**MOP**: memory organization packet）とよばれる知識構造のモデルを提案した[11]．記憶体制化パケットでは，記憶が，特定のものから一般的なものまで，多数の異なるレベルで構造化されていると仮定されている．

待合室で診察を待つ状況を考えると，内科医でも歯科医でも，待合室の場面に大きな違いはないだろう．つまり，病院だけにも限定されないような，待合室という一般的なスクリプトがあると考えることができる．また，診察券を出して受付をするという場面は，さまざまな種類の病院に共通しているだろう．一方，聴診器での診察は，内科では一般的であっても，歯医者ではありえないだろう．

MOPは，ある中心的なテーマにそって構造化された知識の集合であり，一般的なスクリプトと特定の文脈情報とを含み，状況に応じて構成されるダイナミックな記憶構造ということができる．関連したスクリプト間でしばしば混乱が生じるのは，一般化された行為（例：待合室で待つ）が共有されているためと考えることができる．　　　　　〔神谷俊次〕

10) Schank, R. C. (1982) *Dynamic memory: A theory of reminding and learning in computer and people.* Cambridge: Cambridge University Press.〔黒川利明・黒川容子（訳）(1988) ダイナミック・メモリ―認知科学的アプローチ　近代科学社〕

11) シャンクは，『ダイナミック・メモリ』の中で，MOPよりもさらに一般化のレベルの高い主題的体制化ポイント（TOP: thematic organization point）という考え方も提案している．これは，「欲しいものを手に入れる」とか「目標を達成しそこなう」といった主題（テーマ）に関する知識構造である．失恋したという友だちとの会話で「自分も資格試験に失敗したから気晴らしに飲みに行こう」という誘いが成り立つのは，TOPが共有されているからである．つまり，表面的には，ほとんど共通性がないような状況間にも類似したテーマが存在している．

【参考文献】
グリーン, J./長町三生（監修）(1990) 認知心理学講座4：言語理解　海文堂
シャンク, R. C./黒川利明・黒川容子（訳）(1988) ダイナミック・メモリ―認知科学的アプローチ　近代科学社

III-33
ワーキングメモリ

working memory

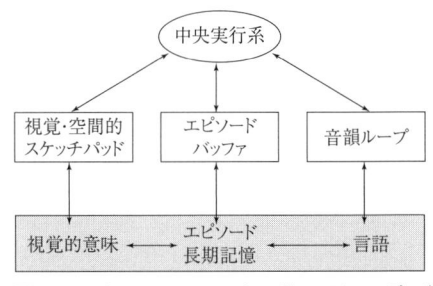

図34-1 バッドリーのワーキングメモリのモデル[8]

ワーキングメモリは，課題目標に向けて，課題を遂行するために必要な情報を活性化状態で保持する機能である．たとえば，文章を読むときには，読みながらすでに読んだ内容を一時的に憶えておくことがそうである．保持された内容は，続く文章の読みと整合するように統合されていく．さらに，統合された情報は文脈を形成して，トップダウン的に文章の理解を促すこととなる．このようなワーキングメモリの働きは，思考や学習など，高次な認知機能を支えるのに重要な役割を担っている[1]．

ワーキングメモリに一時的に活性化状態におかれた情報は，必要が無くなれば次に必要となる情報と置き換えられることにより更新される．そして，新たな情報が活性化され保持されていく．このような絶え間ない情報の活性化と保持，更新が繰り返されることにより，言語理解などの様々な認知活動を可能としている[2]．

バッドリーのワーキングメモリのモデル

バッドリー（Baddeley, A. D.）とヒッチ（Hitch, G. J.）[3]は，二重貯蔵モデル[4]における短期記憶の概念を発展させて，ワーキングメモリの概念を構築した．彼らは，ワーキングメモリの特徴を，**二重課題法**（dual task methods）により検証している[3]．そこでは，一次課題（primary task）には文の理解課題が，並行しておこなわれる二次課題（secondary task）には数字の保持課題が用いられた．二重課題における文理解の正答率は，数字の記憶保持がない単純課題（single task）と比較された．文の真偽判断の成績は，記憶する数字が1桁や2桁の場合には単純課題と変わらなかったが，数字

1) Baddeley, A. D. (1986) *Working memory*. New York: Oxford University Press.
苧阪満里子（2002）脳のメモ帳　ワーキングメモリ　新曜社
Miyake, A. & Shah, P. (1999) *Models of working memory: Mechanisms of active maintenance and executive control*. New York: Cambridge University Press.

2) Just, M. A. & Carpenter, P. A. (1992) A capacity theory of comprehension: Individual differences in working memory. *Psychological Review*, 99, 122-149.
苧阪満里子（2000）ワーキングメモリと言語理解の脳内機構　苧阪直行（編）脳とワーキングメモリ（Pp.157-180）京都大学学術出版会

3) Baddeley, A. D. & Hitch, G. J. (1974) Working memory. In G.

が6桁になると急激に低下し反応時間が延長した．この結果は，数字を記憶することが，文の正誤判断という情報処理に干渉することを示していて，両者が共通した処理資源を用いていると考えられた．そこで，このような保持と処理を支えるシステムとしてワーキングメモリが想定されたのである．

バッドリーはワーキングメモリの概念を発展させてモデルを構築した[5]．モデルを特徴づけるのは，**中央実行系**（central executive）[6]である．中央実行系は，ワーキングメモリの中心的な役割を担い，さまざまな情報処理を支えるための制御機構である．その役割は，目標となる課題を遂行するための注意制御，課題を遂行するのに必要な処理資源の確保，次に述べるサブシステム間の調整などが考えられている．

モデルには，**音韻ループ**（phonological loop）と**視覚・空間的スケッチパッド**（visuo-spatial sketchpad）の二つのサブシステムがあり，それぞれ言語性，非言語性の情報の一時的な貯蔵庫（バッファ）として機能する．音韻ループは，さらに構音コントロール過程（articulatory control process）と音韻ストア（phonological store）から成立すると想定され，音韻ストアは音韻を維持する短期貯蔵庫として働き，構音コントロール過程は視覚呈示された文字や単語あるいは音韻ストアからの情報を構音的コードに変換する役割を果たしているとされる．

視覚・空間的スケッチパッドは，音韻的リハーサルでは保持できない視覚的，空間的，あるいは両者の組み合わされた情報の一時的貯蔵の場が想定されている．視覚・空間的スケッチパッドは，音韻ストアに対応する視覚キャッシュ（visual cache）と，構音コントロールに対応するインナー・スクライブ（inner scribe）から成立すると想定されている[7]．前者は視覚像（visual appearance）を一時的に保持する貯蔵庫であり，後者は視覚情報を場面の配置とその動きとともに維持するはたらきを持つ．

モデルには2000年に新たに**エピソード・バッファ**（episodic baffer）が付加された[8]．そこでは，新たな情報を長期記憶と参照することにより，検索システムの効率を上げ

H. Bower (Ed.), *The psychology of learning and motivation*. New York: Academic Press.

4) Atkinson, R. C. & Schiffrin, R. M. (1968) Human memory: A proposed system and its control processes. In K. W. Spence & J. T. Spence (Eds.), *The psychology of learning and motivation*. Vol.2, (Pp.89-195), New York: Academic Press.

5) Baddeley, A. D. (1986) 注1)

6)「Ⅲ-34 中央実行系」参照．

7) Logie, R. H. (1995) *Visuo-spatial working memory*. Hove: Lawrence Erlbaum Associates.

8) Baddeley, A. D. (2000) The episodic buffer: A new component of working memory? *Trends in cognitive Sciences*, 4, 417-423.

9)「Ⅰ-1 認知革命」参照．

9) 情報を認知的に処理するためにまとめてグループにすること．

10) Cowan, N. (2001) The magical number 4 in short-term memory:

るなど，長期記憶との情報のやり取りを通して目標とする課題遂行を可能にしていると考えられる．エピソード・バッファの概念が付加されたことにより，無意味つづりや関連のない単語を記憶する場合に比べて，意味的にまとまった単語ではその記憶効率が上昇する**チャンキング**（chunking）[9]の概念もうまく説明されることとなった．

情報の統合は中央実行系により制御されると考えられるが，その統合した内容も一時的に保持される必要がある．エピソード・バッファでは，音韻ループ，視覚・空間的スケッチパッドからの情報を統合した内容を一次的に保持する場としての機能も想定されている．

ワーキングメモリの個人差

ワーキングメモリは資源限界をともなうため，一度に活性化に利用しうる資源はさまざまな形で制約を受ける．

音韻ループと視覚・空間的スケッチパッドの一時的保持容量はいずれも4項目であると報告されている．短期記憶容量が7±2[10]であるとされていたのに対して，特別な方略を使用しない限りにおいては，音韻ループの保持容量は4項目であると報告された[11]．視覚・空間的スケッチ・パッドの保持容量もやはり4項目であり，それを超えると，保持できる情報が低下することが指摘されている[12]．言語情報は，チャンキング等による統合により保持できる情報の内容を変化させるが，視覚的な情報も形や色，空間位置などの情報を統合することが可能であり，いくつかの情報を統合した上で4項目の保持容量を持つとされる．

保持する情報量と課題遂行は共通の処理資源を用いるため，認知課題に必要な情報処理の量が多いほど，また，保持しなければならない情報が多いほど，処理資源は限界に近づく．限界ある資源を，情報の処理に向けるか保持に向けるかをめぐって処理資源のトレードオフ（二律背反）の関係が生まれてくる．そこで，ワーキングメモリ処理資源の限界に達した時に，処理と保持がどの程度まで制約されるのかが問われ，こうした状況下では，ワーキングメモリ資源の個人差が顕著となる[13]．

A reconsideration of mental storage capacity. *Behavioral and Brain Science*, 24, 87-185.

11) Luck, S. J. & Vogel, E. D. (1997) The capacity of visual working memory for features and conjunction. *Nature*, 390, 279-281.

12) Luck, S. J. & Vogel, E. D. (1997) The capacity of visual working memory for features and conjunction. *Nature*, 390, 279-281.

13) Just, M. A. & Carpenter, P. A. (1992) 注2)

14) 「Ⅲ-34 中央実行系」参照．

15) Daneman, M. & Carpenter, P. A. (1980) Individual differences in working memory and reading. *Journal of Verbal Learning and Verbal Behavior*, 19, 450-466.

16) 苧阪満里子 (2002) 脳のメモ帳 ワーキングメモリ 新曜社

17) Daneman, M. & Merikle, P. M. (1996) Working memory and language comprehension: A meta-analysis. *Psychonomic Bulletin*

リーディングスパン・テスト

リーディングスパン・テスト（RST）[14]は，このような処理と保持のトレードオフを想定したテストである[15]。リーディングスパン・テストでは，短文の読みと文中単語の保持という二重課題が設定されている．

以下に日本語のRSTの例を示す[16]．

水泳をしているためか，母は最近とても<u>元気</u>である．
その花は熱帯の<u>植物</u>なので，北国の寒さにはとても弱い．
雷のため電車が止まり，<u>通勤客</u>が駅ホームにあふれた．

読み手は，それぞれの文を口頭で読みながら，文中の下線（赤色）が引かれた単語を記憶するのである．読み手が単語をリハーサルすることをできるだけ避けるため，文と文の間の時間は短くすることが要求される．

従来の単語スパンテストなどの短期記憶の評価値は言語理解との間に関連性が見出せなかったのに対して，リーディングスパン・テストの評価値は文理解と高い相関を示し，認知活動の個人差を検討する有効な指標として支持されてきた[17]．

リーディングスパン・テストの文の読み処理を計算処理に置き換えたオペレーションスパン・テスト（Operation span test）でも，その評価値は言語理解の成績と関連することが報告されている[18]．また，リーディングスパン・テストの遂行に要求される抑制機能の重要性も指摘されている．リーディングスパン・テスト遂行には，課題遂行に関連しない情報を抑制することが重要とされる[19]．そこで，このようなスパンテストの情報処理のどのような特徴が個人差を導くのかに関して，中央実行系における注意制御の重要性や，抑制機能の役割について研究が進められている[20]．

近年はワーキングメモリを維持する脳の基盤に関する研究が進み，前頭前野領域を中心とする脳の基盤が，情報保持と処理を支え高次認知活動を可能とすると考えられている[21]．

〔苧阪満里子〕

【参考文献】
苧阪満里子（2002）脳のメモ帳 ワーキングメモリ　新曜社 and Review, 3, 422-433.
苧阪満里子（2002）注1）

18) Turner, M. L. & Engle, R. W. (1989) Is working memory capacity task dependent? *Journal of Memory and Language*, 28, 127-154.

19) May, C. P., Hasher, L., & Kane, M. J. (1999) The role of interference in memory span. *Memory and Cognition*, 27, 759-767.

20) Engle, R. W., Tuholski, S., Laughlin, J. E., & Conway, A. R. A. (1999) Working memory, short-term memory, and general fluid intelligence: A latent-variable approach. *Journal of Experimental Psychology*, 128, 309-331.

21) Osaka, N., Logie, R., & D'Esposito, M. (2007) *Cognitive neuroscience of working memory*. Oxford: Oxford University Press.

III-34
中央実行系

central executive

　ワーキングメモリ（working memory）[1] は，高次な認知活動と関連する記憶のシステムである．バッドリー（Baddeley, A. D.）[2] により構築されたワーキングメモリのモデルにおいて，中心的な役割を担うと想定されているのが**中央実行系**である．ワーキングメモリは，記憶の貯蔵庫としての役割に加えて，処理を支えるプロセスが付加されているが，中央実行系はおもにその制御機能の役割を担うものと考えられる．

　バッドリーのモデルにおいては，音韻ループ（phonological loop）と視覚・空間的スケッチパッド（visuo-spatial sketchpad）の二つのサブシステムが情報の一時的保持バッファとして想定されている．中央実行系は保持に直接携わるのではなく[3]，その制御に関与すると考えられる．たとえば，認知課題を遂行するために必要な処理資源を確保するための注意の制御やワーキングメモリの効率性を高めるにも，中央実行系の役割が重要である．

　中央実行系の機能については，他にも幾つかの候補が挙げられている．一時的に保持する情報に，注意を焦点化（focus of attention）[4] することや，課題目標に当面必要でないと考えられる情報を一時的に抑制する働きなど，注意制御の役割が重視されている[5]．

　また，課題の転換（shifting），情報の更新（updating），抑制制御（inhibitory control）なども指摘されている[6]．バッドリー自身が最近に指摘しているのは，複数の課題を同時に遂行することを可能にするために，選択的に注意を向けるワーキングメモリの焦点化（focusing），注意の切り換え（attention switching），注意の分割（divided attention）など

1)「III-33　ワーキングメモリ」参照.

2) Baddeley, A. D. (1986) *Working memory*. New York: Oxford University Press.

3) Baddeley, A. D. (1996) Exploring the central executive. *Quarterly Journal of Experimental Psychology.* 49A, 5-28.

4) Cowan, N. (1999) An embedded-processes model of working memory. In A. Miyake and P. Shah, (Eds.), *Models of working memory: Mechanisms of active maintenance and executive control.* (Pp.62-101), Cambridge: Cambridge University Press.

5) Engle, R. W., Tuholski, S., Laughlin, J. E., & Conway, A. R. A. (1999) Working memory, short-term memory, and general fluid intelligence: A latent-variable approach. *Journal of*

である．また，長期記憶における情報を活性化するために，ワーキングメモリと長期記憶とを連結することである[7]．

ワーキングメモリの特徴は，資源限界があることである．そこでは，短期記憶の容量のような単に保持できる量的な限界ではなく，保持する情報量と同時に課題遂行プロセスが共通の処理資源を用いることとなる．保持する情報量が多くなれば，それだけ処理資源には負荷が加わり，処理遂行に影響を与えることとなる．したがって，情報は統合しておくことが必要である．そこで，サブシステム内，およびサブシステム間の情報を統合するには中央実行系の制御が必要である．情報を統合してその保持に必要な資源を減らし，処理の効率を高め，課題遂行を促進するなどの資源配分が必要であるが，このような役割を担うのも，中央実行系の重要な働きである．

また，ワーキングメモリにおいて一時的に活性化状態におくことができる情報量には限界がある．必要が無くなれば適宜置き換え更新することが必要であるが，このような情報を更新する働きも，中央実行系の重要な働きである．

スパンタスクと中央実行系

リーディングスパン・テスト（**RST**）に代表されるスパンテストは，処理と保持の並列処理を求めるテストであるが，測定内容はワーキングメモリのサブシステムの容量を一義的に測定するものではなく，中央実行系を評価するものと考えられている[8]．文を読む過程には，ワーキングメモリが必要である．通常は読む文章の間には関連があり文脈ができる．しかし，リーディングスパン・テストでは，一文ごとに関連のない文を用いて文脈の形成を無くし，ワーキングメモリの資源を限界に近い状態にした上で，中央実行系の制御機能を測定しているものといえる．

たとえばリーディングスパン・テストの低得点群の人たちでは，報告すべきターゲット語に注意を焦点化するなどの制御が困難であるため，文中のターゲット語以外の単語を報告する侵入エラーの数が多くなる．また，外国語の文章を用いて資源削減下にした状況では，前の試行に出現した単語を報告するなど，ワーキングメモリの更新が制御できなくなる[9]．

Experimental Psychology, 128, 309-331.

6) Miyake A., Friedman, N. P., Emerson, M. J., Witzki, A. H., Howerter, A., & Wager, T. D. (2000) The unity and diversity of executive functions and their contributions to complex "frontal lobe" tasks: A latent variable analysis. *Cognitive Psychology*, 41, 49-100.

7) Baddeley, A. D. (2007) *Working memory, thought, and action*. New York, NY: Oxford University Press.

8) Baddeley, A. D. (1992) Working memory. *Science*, 255, 556-559.
Just, M. A. & Carpenter, P. A. (1992) A capacity theory of comprehension: Individual differences in working memory. *Psychological Review*, 99, 122-149.

9) 苧阪満里子 (2002) 脳のメモ帳 ワーキングメモリ 新曜社

10) 西崎友規子・苧阪満里子 (2000) ワーキングメモリと言語理解 苧阪直行（編）脳とワーキングメモリ (Pp.181-190) 京都大学学術出版会

11) 「Ⅲ-26 ニューロイメージング」参照．

リーディングスパン・テストでは，保持する単語のリハーサルを困難にするため，読み終わればすぐに次の文を提示することが求められている．しかし，このような状況においても，高得点群の人たちは多くの方略を試している[10]．複数の方略を用いることは，彼らが途中で方略を変化させていることを示している．これは，課題進行中にその遂行が効果的に行われているかどうかをモニタリングできていることをうかがわせる．進行中の方略がうまく機能しないと判断したときには，方略を変更しているのである．このように，中央実行系の働きには，課題の遂行がうまく達成できているかどうかを知る自己モニタリング機能も含まれる[9]．

中央実行系の脳内機構

機能的磁気共鳴画像法（fMRI）や陽電子放射断層撮影法（PET）などの**ニューロイメージング法**[11]を用いた研究の進歩とともに，ワーキングメモリを支える脳内機構も次第に明らかにされつつある．ワーキングメモリの脳内機構は，サブシステムと中央実行系に大別されるが，中央実行系機能の脳内機構は，おもに前頭前野を中心として維持されていると考えられている．また，中央実行系の概念は他のモデルにも取り入れられ，脳研究においては一般的に実行系機能と総称されるようになっている[12]．

中央実行系の脳内機構を探索する研究には幾つかの実験的手法がある．その一つとして行動実験に頻繁に用いられる二重課題を用いた検討がある[13]．そこでは二重課題遂行時の脳活動が，単独課題時と比較されている．すると，二重課題時には，両側の背外側前野皮質（dorsolateral prefrontal cortex, DLPFC，ブロードマン（BA）9/46野）において活動の増強が認められ，さらに前部帯状皮質（anterior cingulate cortex, ACC）の増強も認められている．

情報の更新に関わる脳内機構については，主としてn-バック課題を用いて検討されている．n-バック課題は，複数の刺激項目を系列的に提示して，提示した項目がn個だけ前の刺激項目と一致しているか否かの判断を求める課題である．新しい刺激が提示されるごとに，不要となった項目を新

12) Smith, E. E. & Jonides, J. (1999) Storage and executive processes in the frontal lobes. *Science*, 283, 1657-1661.

13) D'Esposito, M., Detre, J. A., Alsop, D. C., Atlas, R. K., & Grossman, M. (1995) The neural basis of the central executive system of working memory. *Nature*, 378, 279-281.

14) Cohen, J. D., Perlstein, W. M., Braver, T. S., Nystrom, L. E., Noll, D. C., Jonides, J., & Smith, E. E. (1977) Temporal dynamics of brain activation during a working memory task. *Natute*, 386, 604-608.

15) Rypma, B., Prabhakaran, V., Desmond, J. E., Glover, G. H., & Gablieli, J. D. E. (1999) Load-dependent roles of frontal brain regions in the maintenance of working memory. *NeuroImage*, 9, 216-226.

16) Just, M. A., Carpenter, P. A., & Keller, T. (1996) The capacity theory of comprehension: New frontiers of evidence and arguments. *Psychological Review*, 103, 773-780.

しいものと置き換え更新することが求められる．n-バック課題を用いた測定でも，DLPFC の活動増強が認められることが報告されている[14,12]．

中央実行系の脳内機構については，情報量が音韻ループの記憶保持容量を超える場合についても検証されている．情報量が保持容量を超えない場合には，音韻ループのリハーサル機能を維持する前頭前野の腹外側領域（ventrolateral prefrontal cortex, VLPFC, BA44/45）の活動が上昇したが，保持すべき文字の桁数が6桁に増加すると DLPFC の活動が増強した[15]．VLPFC はサブシステムの役割を果たすが，保持すべき項目が容量を超えると，中央実行系が調整して，DLPFC の活動上昇を引き起こしているものと思われる．

中央実行系の脳内機構は，リーディングスパン・テストなどのスパンタスクにともなう脳活動からも検討されている[16]．さらに，リーディングスパン・テストを用いて個人差の視点から中央実行系の脳内機構の探索が試みられている[17]．リーディングスパン・テスト遂行中には DLPFC と ACC を中心とした活動の増強が認められるが，両領域の活動増強の差が個人差を導いていることが指摘されている．中央実行系は，ACC と DLPFC を中心としてその制御機能を維持しているが，両領域が効率よく機能することが重要である．

また，注意制御においては，ある対象から異なる対象へと注意を移行する必要があるが，こうした制御には，頭頂領域にある頭頂間溝（intraparietal sulcus）を隔てる上頭頂小葉（superior parietal lobule）や下頭頂小葉（inferior parietal lobule）が関わることが示唆されている[18]．このような頭頂領域の働きが，前頭領域の DLPFC，ACC 領域の機能を制御してワーキングメモリの中央実行系の効率を高めると考えられる[19]．

中央実行系は，このような脳の基盤を支えとして情報の保持と処理を可能とするものと考えられる[18]．

〔苧阪満里子〕

17) Osaka, M., Osaka, N., Kondo, H., Morishita, M., Fukuyama, H., Aso, T., & Shibasaki, H.（2003）The neural basis of individual differences in working memory capacity: An fMRI study. *NeuroImage*, 18, 789-797.

Osaka, N., Osaka, M., Kondo, H., Morishita, M., Fukuyama, H., & Shibasaki, H.（2004）The neural basis of executive function in working memory: An fMRI study based on individual differences. *NeuroImage*, 21, 623-631.

18) 苧阪満里子（2008）ワーキングメモリにおける注意のフォーカスと抑制の脳内表現　苧阪直行（編）ワーキングメモリの脳内表現（Pp.77-102）京都大学学術出版会

19) Corbetta M., Patel G., & Shulman G. L.（2008）The reorienting system of the human brain: From environment to theory of mind. *Neuron*, 58, 306-324.

20) Osaka, N., Logie, R., & D'Esposito, M.（2007）*Cognitive neuroscience of working memory*. Oxford: Oxford University Press.

【参考文献】
苧阪直行（編）（2008）ワーキングメモリの脳内表現　京都大学学術出版会

III-35
エピソード記憶

episodic memory

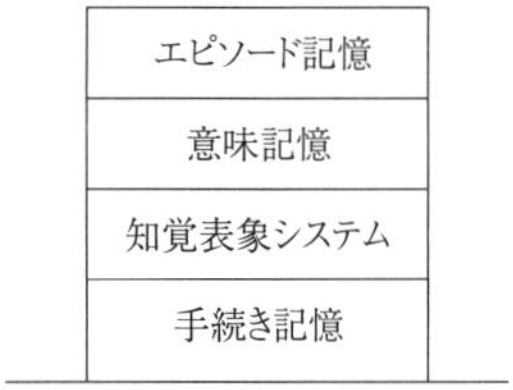

エピソード記憶
意味記憶
知覚表象システム
手続き記憶

図35-1　複数記憶システム

エピソード記憶とは，自分が経験したことや出来事を，自己との関係で「いつ」「どこで」という意識を伴って想起する記憶である[1]．

エピソード記憶と対峙(たいじ)する記憶は**意味記憶**（semantic memory）[2]である．意味記憶はだれもが共通にもっている知識の記憶である[3]．

エピソード記憶は，**顕在記憶**（explicit memory）・**潜在記憶**（implicit memory）の分類でいえば，あるエピソードを意識的に想起するので，顕在記憶である．潜在記憶は想起意識のない記憶であるので，この意味でエピソード記憶と対峙している．同じ経験をしても，それはエピソード記憶にも潜在記憶にもなる可能性があるといえる．

エピソード記憶において，情報がインプットされてからアウトプットされるまでのプロセスは，**符号化**（記銘），**貯蔵**（保持），**検索**（想起）の3段階に分けられる．符号化の段階では，インプットされる情報が既存の知識やその時の態度・感情などにより，有意味化（無意味な文字や数字に意味を付与すること），精緻化（関連情報を加えること），体制化（まとめたり組織化すること），イメージ化などが行われ，ある痕跡情報となって，検索されるまでの一定期間，貯蔵される．その期間は数分から数十年まで，さまざまな期間が考えられる．その間に痕跡情報は消失（忘却）されたり，再符号化されたりする．**再符号化**とは，ある痕跡情報がその後に生成された類似した痕跡情報によって，変容することである．エピソード記憶の内容が，長い期間に生起する類似の経験の影響により変容することはよくあることである．もちろん，一生

1）「先週の月曜日に東京駅で旧友に会った」とか，「小学4年生の時，父親が亡くなった」とかいう記憶である．また，心理学の記憶実験でよく扱われる単語・文・図形などの想起も，実験参加者の経験についてテストしているので，エピソード記憶である．

2）「III-36　意味記憶」参照．

3）社会的な出来事，たとえば，「1964年に東京オリンピックがあった」ということを，単なる知識として思い出せば，それは意味記憶であるが，「自分はその時，小学生でテレビや新聞でよく見ていた」という自己の経験として思い出していれば，それはエピソード記憶である．

変容しない記憶情報もあるだろう．貯蔵されている痕跡情報は，必要に応じて意識的に，あるいは自動的に検索される．検索の段階で重要な要素は，手がかりである．これが適切ならば想起できるが，不適切だと想起できない．想起できるはずなのに一時的に想起できない場合を，日常用語で「ど忘れ」という．適切な手がかりが見つけられなくて想起できない状態を，**手がかり依存忘却**という．忘却しているかどうかは，検索の段階で，自由再生テスト，手がかり再生テスト，再認テストなどを用いて測定される．

エピソード記憶のメカニズムにおいて，基本的な法則として，**符号化特定性原理**（encoding specificity principle）がある[4]．これは，符号化と検索の関係について述べたもので，「どのような符号化をするかによって貯蔵内容が決まり，その貯蔵内容がどのようなものかにより有効な検索手がかりが決まる」という原理である．すなわち，記憶のプロセスの3つの段階は，それぞれ独立な情報処理を行っているのではなく，それぞれ前の段階が後の段階を規定しているのである．

符号化特定性原理を実証する研究として有名な実験に，イギリスの海岸で行われた実験がある[5]．この実験では，符号化条件として水中で単語を聞いて憶える条件と陸上で憶える条件，検索条件として水中でテストを受ける条件と陸上で受ける条件を設定した．符号化条件と検索条件が変わる群と変わらない群がある．実験参加者は，合計4群に分かれる．再生テストの結果は，表35-1のようになった．この結果は，陸上で憶えれば陸上でのテストの場合，水中で憶えれば水中でのテスト場合が，符号化条件と検索条件が異なる場合よりも，成績がよいことを示している．これは，符号化特定性の原理に沿うものである．

海岸の実験は，記憶活動に影響する物理的環境を扱ったものであるが，心理的（認知的）環境を実験変数とした記憶研究もある[6]．この実験では，いくつかの単語を視覚的に提示し，実験参加者には，その単語をよく知っている人の声をイメージしながら憶えてもらうという手続きで，女性の声をイメージする条件と男性の声をイメージする条件を設けた．検

4) Tulving, E. & Thomson, D. M. (1973) Encoding specificity and retrieval processes in episodic memory. *Psychological Review*, 80, 352-373.

5) Godden, D. R. & Baddeley, A. D. (1975) Context-dependent memory in two natural environments: On land and underwater. *British Journal of Psychology*, 66, 325-331.

6) たとえば，下記参照．Geiselman, R. E. & Glenny, J. (1977) Effects of imagining speakers' voices on the retention of words presented visually. *Memory and Cognition*, 5, 499-504.

表35-1　海岸の実験

〈符号化条件〉	〈検索条件〉	
	陸上	水中
陸上	38	24
水中	27	32

数値：自由再生率（%）
(Godden & Baddeley, 1975)

表35-2　男女の声の実験

〈符号化条件〉	〈検索条件〉	
	女性の声	男性の声
女性の声	57	51
男性の声	50	61

数値：再認率（%）
(Geiselman & Glenny, 1977)

索条件では，実際の女性や男性の声を使って再認テストをしている．その結果は，表35-2のようになり，やはり符号化条件と検索条件の声の性別が同じ条件の方が，異なる条件より成績が良い．符号化時のイメージの違いが，検索に明らかに影響を与えているといえる．

さらに生理的環境を扱った研究もある[7]．この実験では，すべての実験参加者はタバコを吸いながら提示されたいくつかの単語を符号化し，タバコを吸いながら憶えた単語を再生している．しかし，実験参加者各本人にはわからないが，実験者の方の操作で，2種類のタバコを使用した．ごく微量の薬物（マリファナ）が入っているタバコと入ってないタバコである．上述の2つの実験と同様の考え方で行った実験の結果が，表35-3に示されている．この結果も，概して符号化特定性の原理に沿うものである．

こうして，物理的環境でも心理的環境でも生理的環境でも，この原理は実証されたことになった．この原理の物理的環境の側面については，**環境的文脈依存効果**（environmental context dependent memory effect）ともいわれる．また，記憶と感情（心理的環境の一側面）との関係を扱う領域では，**気分状態依存効果**（mood dependent memory effect）といって，符号化時と検索時の感情が一致している方が一致してないより記憶成績が良いということが明らかになっている．これも，符号化特定性の原理に含まれる法則といえる．

さて，エピソード記憶と一言でいっても，いろいろな記憶があり，研究がされている．記憶の保持時間の長短によって，**短期記憶**[8]（STM: short term memory）と**長期記憶**（LTM: long term memory）に分けられる．短期記憶は，長くても1

7) Eich, J. E., Weingartner, H., Stillman, R. C., & Gillin, J. C. (1975) State-dependant accessibility of retrieval cues in the retention of a categorized list. *Journal of Verbal Learning and Verbal Behavior*, 14, 408-417.

8) 短期記憶の概念と類似する記憶に，ワーキングメモリがある（Ⅲ-35　ワーキングメモリ」参照）．この記憶は，私たちの実際の記憶活動をよく説明する概念として，そのメカニズムは多くの記憶研究者が関心を寄せ，現代でも盛んに研究されている．

分ぐらいしか保持されない記憶であり，長期記憶はそれ以上の期間保持される記憶をいう．短期記憶には，一定の容量がある（**チャンク**といわれる情報の塊でいえば，約7個の容量である）ので，それ以上の情報が入ってくると忘却が起きる．したがって長く保持するためには，**注意**（attention）したり，**リハーサル**や**体制化**する必要がある．短期記憶では，音韻的な符号化が主に行われる．これに対して，長期記憶は，一般的に言って，容量に制限はない．実際，自分の専門領域については驚くほどの多くの正確な情報を持っている人がいたり，普通では考えられないような記憶力を発揮する人がいたりするのは，長期記憶容量には制限がないことの証左である．長期記憶は，意味的符号化が優勢である．一般的にいって，長期記憶は時間とともに忘却されるが，**フラッシュバルブ記憶**（flashbulb memory）のように，いつまでも鮮烈な画像的な記憶もある．

人間の生涯発達において，エピソード記憶はどのように変化するのであろうか．タルヴィング[9]の**複数記憶システム説**（theory of multiple memory systems）では，図35-1のように，記憶は4つの記憶システムに分けられ，発達的には下部の記憶から成熟し，加齢（老化）により上部の記憶から機能低下が始まるのである．エピソード記憶の機能が成熟するのは，幼児期も後半に入ってからである．それが証拠に，私たち成人は，3歳ごろまでの記憶はほとんどない．それはエピソード記憶の機能が十分に成熟していないからである．意味記憶の方が，エピソード記憶より機能が早く成熟すると考えられている．高齢期になると，幼児期とは反対に，まずエピソード記憶の能力の低下がみられる．物忘れがひどくなるのは，エピソード記憶の衰退の表れである．認知症の記憶障害も，普通はエピソード記憶から始まる．

〔太田信夫〕

表35-3 タバコの実験

〈符号化条件〉	〈検索条件〉	
	薬物なし	薬物あり
薬物なし	25	14
薬物あり	20	22

数値：自由再生率（％）
(Eich et al., 1975)

9) E. タルヴィング (1991) 人間の複数記憶システム 科学 61, 263-270.

【参考文献】
太田信夫・多鹿秀継（編著）(2000) 記憶研究の最前線 北大路書房
太田信夫（編著）(2008) 記憶の心理学 日本放送出版協会

Ⅲ - 36
意味記憶

semantic memory

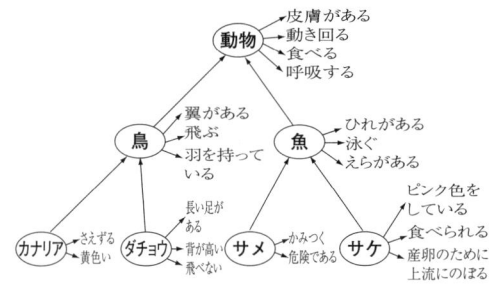

図36-1 階層的ネットワークモデル

　意味記憶とは，さまざまな知識の記憶である．概念や概念間の関係に関する知識，言葉の意味や言葉の使用に関する知識，事実や世界に関する知識など，私たちは多くの知識を持っているが，すべて意味記憶である．私たちが学校で学ぶこと，辞書や事典に書いてあること，自己の経験から考え出した概念的なこと，すべて意味記憶である．

　意味記憶に対峙する記憶は，自分の経験の記憶である**エピソード記憶**（episodic memory）[1]である．これら2つの記憶について，記憶の研究史上でいえば，次のようになる．科学的記憶研究の創始者であるエビングハウス（Ebbinghaus, H.）[2]以来，エピソード記憶的な記憶研究が続いたが，1950年頃のコンピュータの出現により，人間の認知過程をコンピュータの情報処理過程と見做し，いくつかの情報処理モデルが提唱された．これらの研究は，人工知能の研究とも相俟って，私たちの持つ知識の構造や運用について，研究を発展させて行った．タルヴィング（Tulving, E.）[3]は，このような状況を整理して，伝統的なエビングハウス以来の研究が対象とした記憶をエピソード記憶，1970年代当時，盛んであった知識の記憶を意味記憶とし，記憶を2つに区分した．エピソード記憶と対比しながら意味記憶の特質を挙げると，エピソード記憶は時間的体制化が主であるが，意味記憶は概念的体制化が基本である，エピソード記憶の内容には必ず自己が関与しているが，意味記憶では関与してない内容である，エピソード記憶は「○○を覚えている」，意味記憶は「○○を知っている」と表現される，等々がある．

　ところで，前述したように知識にはいろいろな種類がある

---

1)「Ⅲ-35　エピソード記憶」参照．

2) Ebbinghaus, H. (1885) *Uber das Gedachtnis*. Leipzig: Dunker und Humbolt. 〔宇津木保（訳）(1978) 記憶について　誠信書房〕

3) Tulving, E. (1972) Episodic and semantic memory. In E. Tulving & W. Donaldson (Eds.), *Organization of memory*. New York: Academic Press.

と考えられるが，ここでは，低次から高次までレベルを3つに分けてみよう．すなわち，単語や簡単な概念のレベル，単語間や概念間の関係のレベル，より複雑な高次の知識のレベルである．

　最初のレベルでは，単語がどのように認知され，どのように頭の中で表象されているかということが問題となる．**単語認知**に関するモデルとしては，まず，**ロゴジェンモデル**（logogen model）[4] があげられる．ロゴジェンとは，単語を認知したり出力したりする仮定上の装置のことである．視覚的あるいは聴覚的に単語が入力されると，このロゴジェンが活性化し，ある閾値以上になると単語が認識されるというモデルである．このモデルを更に精緻化したモデルが，相互活性化モデル[5] である．特徴レベル，文字レベル，単語レベルに複数のユニットがあり，レベル間およびユニット間で相互に活性化するというモデルである．

　単語が認知されると，その知識はある概念として表象される．概念は，ある**カテゴリー**を意味し，カテゴリーはいくつかの事例を含む．たとえば，「犬」というカテゴリーは，秋田犬，スピッツ，ブルドックなどの事例を含む．カテゴリー概念という知識がどのように表象されているかということについては，いくつかの考え方がある．まずは，そのカテゴリーに必要かつ十分な定義的特徴の集合で表象されているという考え方がある．この定義的特徴を明確にすることは，なかなか難しいことである．

　別の考え方として，それぞれのカテゴリーには，**プロトタイプ**（prototype）といって，典型的な特徴をもつ代表的なタイプがあり，私たちはそれにより，カテゴリーを表象しているという考え方もある．しかしプロトタイプでどんなカテゴリー概念でもうまく説明できるわけでもなく，私たちが経験したいくつかの事例が基になっているという考え方もあるであろう．いくつかの事例間には，何らかの類似性があり，それをカテゴリー判断する時の基準にしているという考え方である．

　さて，前述した知識レベルの2番目，単語間や概念間の関

4) Morton, J. (1980) The logogen model and orthographic structure. In U. Frith (Ed.), *Cognitive processes in spelling*. Academic Press.

5) McClelland, J. L. & Rumelhart, D. E. (1981) An interactive activation model of context effects in letter perception: Part 1. An account of basic findings. *Psychological Review*, 88, 375-407.

係のレベルについて考えてみよう．この領域の最初の有名な モデルは，**階層的ネットワークモデル**[6]である．図36-1に 示したように，「動物」「鳥」「魚」といった各概念は，階層 的に体制化されているというのである．そして，その各概念 はそれを特徴づける属性があり，たとえば，「カナリア」と いう概念は，'さえずる''黄色い'という特徴がある．また， 典型的な「鳥」の概念には，'翼がある''飛ぶ'などの特徴 がある．コリンズらは，文の真偽判断を用いて実験を行った． たとえば，「カナリアはさえずる」と「カナリアは翼がある」 の2つの文で，どちらの文の真偽判断が速いかを実験的に調 べ，前者の文の方が速いというところから，このモデルの妥 当性を証明した．しかしその後，いくつかの実験により，モ デルの問題点も明らかになっている[7]．

意味記憶モデルとして，つぎに登場するのは，図36-2に 示されるようなネットワークモデルである．このモデルは， **活性化拡散モデル**[8]といわれる．各概念間の意味的な関連 性の強さが図示されている．「赤い」という概念（ノード） は，「火」や「オレンジ色」という概念と意味的に近いので， 短い線（リンク）で結ばれている．このようにノード間の関 係は，リンクの長さで表されている．そして，ある概念を表 す言葉が提示されると，そのノードが活性化され，リンクを 伝わって他のノードを活性化するのである．短いリンクでは 早く伝わり，長いリンクでは他のノードに伝わるのが遅くな るので，それだけ活性化の程度も弱まり，他のノードの活性 化の程度はわずかとなる．すなわち，あるノードの活性化は， 周囲のノードへと拡散すると考えるのである[9]．

この活性化拡散の考え方から，「プライミング」という概 念が生まれた．プライミングとは，ある刺激の受容処理が， 後続の刺激の受容処理に促進効果をもたらすことをいう．こ の効果を**プライミング効果**（priming effect）という．状況 によっては，抑制効果をもつこともあり，その場合は，負の プライミング効果という．図36-2でいえば，「火」という単 語をみると次の「消防車」という単語の認知処理が速くなる ことが，プライミング効果である．このようなプライミングの

[6] Collins, A. M. & Quillian, M. R. (1969) Retrieval time from semantic memory. *Journal of Verval Learning and Verbal Behavior*, 8, 240-247.

[7] モデルの主な問題点として，たとえば階層のレベルの差と文の真偽判断の時間差が対応していない実験データが得られている．

[8] Collins, A. M. & Loftus, E. F. (1975) A spreading activation theory of semantic Processing. *Psychological Review*, 82, 407-408.

[9] このようなネットワークモデルの考え方は，その後，さまざまな研究領域で生かされ，基本的な意味記憶モデルの一つとなっている．

研究は，知識の構造と運用の解明に，大きな貢献をしている．

さて，知識構造のレベルを3つに分けた最後は，より複雑で高次な知識のレベルである．私たちが生まれてからの経験で得た知識は，莫大な量で，しかも相互に複雑に関係していると考えられる．しかし，新しい出来事に出合うと瞬時に関連した知識が働き，理解したり推論したりすることができる．このことを明らかにする一つの重要な概念が，**スキーマ**（schema）[10]である．スキーマとは，ある事柄に関する知識の骨格に当たる部分をいう．たとえば，野球に関するスキーマは，一般的で基本的なルールに関する知識である．こ

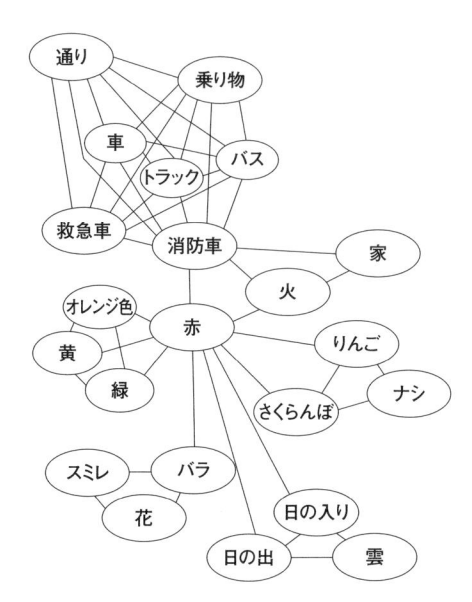

図36-2 活性化拡散モデル

のスキーマを持っていれば，ラジオの実況放送を1分聞いただけでもたくさんのことを理解したり，聞かないことも多く推論できる．スキーマには，それを含む大きなスキーマ（たとえば，スポーツのスキーマ）もあれば，そのスキーマに含まれる小さなスキーマ（たとえば，打撃のスキーマ，守備のスキーマなど）もあり，ある出来事に遭遇した場合，どのレベルのスキーマが活性化するかにより，理解の仕方も異なるであろう．

スキーマと似た概念に，**スクリプト**（script）[11]がある．スクリプトとは，日常的な出来事に関する具体的なスキーマともいえるものである．

意味記憶には，これまで触れてこなかったことに，文章や物語の理解や記憶に関する研究があり，命題のネットワークモデルや物語文法に関するスキーマなどの理論が提唱されている．

〔太田信夫〕

10)「Ⅲ-31 スキーマ」も参照．

11)「Ⅲ-32 スクリプト」参照．

【参考文献】
太田信夫・邑本俊亮・永井淳一（2011）認知心理学　培風館

Ⅲ-37 メンタル・ローテーション

mental rotation

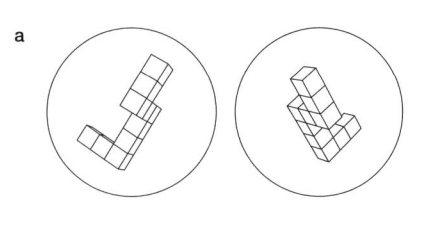

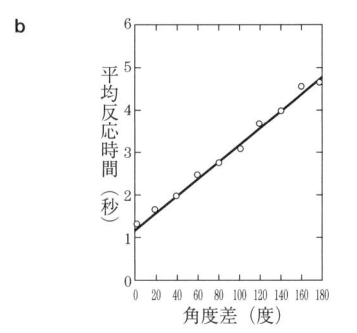

図37-1　提示された図形の例と実験結果
(Shepard & Metzler, 1971)

　メンタル・ローテーションというのは，心の中でおこなう視覚的イメージの回転である．

　まず，「視覚的イメージ」．たとえば，自分の母親の顔を思い浮かべてみよう．実物の母親，あるいは，その写真を目にしたときに見えるのと同じような顔立ちが「目に浮かぶ」と思う．これが「視覚的イメージ」である．

　では，このようなイメージが回転できることは，どのようにして証明すればよいのだろうか？　もちろん，そのイメージを思い浮かべた本人に尋ねてみれば，「イメージを回転した」とか「回転できなかった」とか答えてくれることだろう．ひとに訊くかわりに，自分で思い浮かべたイメージを回転してみてもいい．しかし，こうした自己認識（内観）が先入観や願望などさまざまな要因の影響を受けて，しばしば大きな誤りに陥ることは，心理学の歴史の中で繰り返し明らかにされてきた事実である．自己認識（内観）だけに頼っていたのでは，心の中の出来事を科学的に探求することはできない．

　とはいえ，そもそも，イメージは，本人には「見える」が，他人には「見えない」ものなのである．客観的な観察はできない．したがって，そのイメージを科学的に研究しようとすることは，非常に困難な企てなのである．この難問を鮮やかに解決してみせたシェパード（Shepard, R. N.）の研究[1]は，興隆期の認知心理学を代表する研究として大きな話題になり，世界中で追試がおこなわれて，「認知心理学で最も成功

1) Shepard, R. N. & Metzler, J. (1971) Mental rotation of three-dimensional objects. *Science*, 171, 701-703.

した実験パラダイム」とさえ言われるようになった[2]．

シェパードの実験では，参加者は図37-1aのような図形の対を次々に見せられ，2つの図形が同じ図形なのか違う図形なのかを判断した．違う図形の場合，一方の図形はもう一方の図形の鏡像になっていた．2つの図形は，同じ方向を向いている場合もあったが，違う方向を向いている場合もあった．

2つの図形が同じか違うかを判断するとき，できるだけ間違わないようにすることは無論だが，加えて，判断はできるだけ速くしなければならなかった．シェパードは，判断にかかる時間を測ったのである．具体的にいうと，図形を提示してから，参加者が「同じ」または「違う」のどちらかのボタンを押すまでの時間を測った．

その時間，すなわち**反応時間**（reaction time）を縦軸にとり，2つの図形のあいだの角度差を横軸にとって，反応時間の平均値をプロットしたところ，図37-1bのような右上がりの直線が現れた．「2つの図形のあいだの角度差が大きくなるほど，判断に時間がかかる」という正比例の関係である．

シェパードは，この実験結果をつぎのように解釈した．この実験の参加者は，一方の図形のイメージを心の中で回転して，もう一方の図形と方向をそろえ，その上で，両者が重なるかどうかを見きわめることによって，同じかどうかを判断したのだと仮定しよう．そうすると，角度差が大きくなればなるほど，反応時間は長くなるはずである．もし，その回転の速度が一定なら，角度差が大きくなるにつれて，反応時間は直線的に増加するはずである．実験結果は，まさにそのようになっている．したがって，参加者は，心の中で実際にイメージを等速で回転していたと考えることができる．心の中でおこなう回転なので，シェパードはこの現象を「メンタル・ローテーション（心的回転)」と名づけた．

シェパードの論文が発表されると，「直接観察することができないイメージを相手に，客観的な測定をおこない，科学的な研究に成功した画期的な研究」として高く評価する声があがる一方で，「ほんとうにイメージを回転していると言え

[2]「Ⅰ-2　実験パラダイム」参照．

るのだろうか？」という疑問の声も少なからず聞かれた．回転をしているのであれば，途中の回転軌道を通過するはずだが，シェパードのデータは，そこまでは示していなかったからである．

　この疑問に答える最も説得力のある研究をおこなったのは，シェパードの弟子クーパー（Cooper, L. A.）である[3]．彼女はこう考えた．「心の中でイメージを回転している最中に，その回転中のイメージと同じ方向を向いた図形が提示されれば，それ以上回転をすることなく，同じか違うかを判断できるはずだから，提示された図形がどの方向を向いていようと，反応時間は一定になるにちがいない．」

　この予測を検証するために，クーパーは，まずシェパードと同じ実験をおこなった．この予備実験から，参加者一人一人について，シェパードの実験と同様，図37-2aのような右上がりの直線が得られた．この直線の傾きは，その参加者がイメージを回転する速度を表している．図37-2aの縦軸上に点Aをとると，この点に対応する縦軸の値は，図形が提示されてからの経過時間を表していることになる．点Aから横軸と平行な線を引き，右上がりの直線との交点から横軸に垂線を下ろす．そうすると，横軸との交点Bに対応する横軸の値は，点Aが表している時間が経過したときに，イメージがとっているはずの角度を表していることになる．本実験では，クーパーは，その角度で図形を提示したのである．

　もうすこし詳しく説明しよう．本実験では，まず，1つだけ図形を見せる．参加者には，図形が消えると同時に，その図形のイメージを時計まわりに回転しはじめるように伝えてある．そして，イメージが，たとえば60度回転している頃を見はからって，60度傾いたテスト図形を提示する．参加者は，そのテスト図形が最初の図形と同じ図形か違う図形（鏡像）かを，できるだけ素速く，できるだけ正確に判断する．

　本実験の結果は，図37-2bのようになった．最初に提示された図形とテスト図形とのあいだの角度差が何度であろうと，反応時間は一定だったのである．この結果は，テスト図

[3] Cooper, L. A. (1976) Demonstration of a mental analog of an external rotation. *Perception and Psychophysics*, 19, 296-302.

形が提示されたとき，イメージされた図形はテスト図形と同じ方向を向いていたことを示している．言いかえると，イメージは，たしかに途中の軌道を通過しながら回転していたのである．

メンタル・ローテーションについては，これまでに数多くの研究がおこなわれてきており，図形の複雑性の影響，親近性の影響，メンタル・ローテーションがなされる理由など，さまざまな事実が明らかになっている[4]．

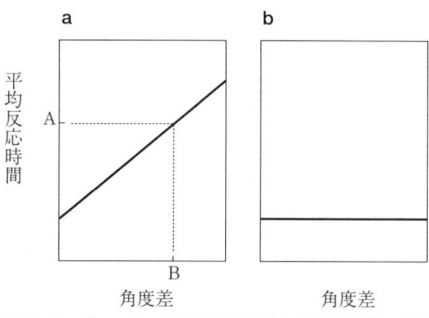

図37-2　クーパーの予備実験（a）と本実験（b）の結果の模式図（Cooper, 1976）

傾いた図形が見本図形と同じ図形かその鏡像かを判断する課題は，もともとは知能検査の中で使われていた．シェパードは，そうした知能検査の課題を見ていたとき，ふと「反応時間を測ってみてはどうだろう」というアイデアがひらめいたのだという．実際に反応時間を厳密に測定するための実験を工夫し，実施してみたところ，イメージが回転されていることを示す鮮やかなデータが得られたというわけである．

シェパードの実験では，参加者に「イメージを回転しましたか？」などと尋ねたりはしていない．参加者は，ただ，2つの図形が同じか違うかを答えただけである．にもかかわらず，反応時間を指標とすることによって，信頼性に乏しい内観（自己認識）に頼ることなく，イメージの回転を確認することができた．この実験の成功は，直接観察することのできない，心の中でおこなわれている情報処理を調べようとするとき，反応時間がいかに強力な研究手段になるかを多くの心理学者に印象づけた．その結果，認知心理学では，反応時間を指標とする研究が全盛を極めることになったのである．

〔高野陽太郎〕

4) Takano, Y. & Okubo, M.（2002）Mental rotation. In Lynn Nadel (Ed.), *Encyclopedia of cognitive science*. London: Macmillan.

【参考文献】
高野陽太郎（1987）認知科学選書11　傾いた図形の謎　東京大学出版会

Ⅲ-38
鏡像認知

mirror image recognition

鏡に映ると，上下は逆に見えないが，左右は逆に見える．この**鏡映反転**は，誰でも知っている現象である．ごく単純な現象に見える．ところが，この現象がなぜ起こるのかということになると，じつは，古代ギリシャのプラトン以来，二千年以上にわたって議論が続いてきて，なお，いまだに定説がないのである[1]．

写真38-1

ときどき，雑誌などにその「答」が掲載されているが，それはみな誤りである．これまで，数多くの物理学者，数学者，哲学者，心理学者などがそれぞれに説を立ててきたが，いずれも問題の一面しかとらえていない．どの「答」も，鏡映反転は1つの現象で，その原因も1つだと決めこんでしまっている．

しかし，鏡映反転は，じつは1つの現象ではなく，3つの異なる現象の集まりなのである．原因もそれぞれに異なっているのである．第1の鏡映反転は，鏡と向かいあったとき，自分自身の鏡像の左右が反転して見えるという鏡映反転（視点反転）である．第2は，鏡と向かいあった文字や数字の左右が反転して見えるという鏡映反転（表象反転）である．第3は，鏡の面に垂直な方向が反転して見えるという鏡映反転（光学反転）である．

普通は，「自分自身が鏡に映った姿を見ると，左右が反対に見える」と言うが，じつは，「反対には見えない」という人が2割から3割はいる．これは，調査[2]や実験[3]をおこなってみて初めて明らかになった事実である．

ところが，こういう人たちも，文字の鏡像については，かならず「左右が反対に見える」と言う．もし，すべての鏡映

1) Takano, Y. (1998) Why does a mirror image look left-right reversed?: A hypothesis of multiple processes. *Psychonomic Bulletin and Review*, 5, 37-55.

2) 高野陽太郎・田中章浩 (2008) 多重プロセス理論による鏡映反転の説明　認知科学 15, 536-541.

3) Takano, Y. & Tanaka, A. (2007) Mirror reversal: Empirical tests of competing accounts. *Quarterly Journal of Experimental Psychology*, 60, 1555-1584.

反転が1つの原因で起こるのだとすれば，自分自身の鏡映反転を認識しない人は，その原因が働かない人だということになる．したがって，文字の鏡映反転も認識しないはずである．だが，実際には認識する．自分自身の鏡映反転と文字の鏡映反転とのあいだのこの違いは，これらの鏡映反転がそれぞれ別の原因で起こっていることを示す有力な証拠になる．

　机に鏡を上向きに置いて，その上に文字を立てると，鏡には，写真38-1のように逆さになった文字が映る．普通は，「鏡に映ると，上下は逆にならないのに，左右だけが逆になる」と言うが，じつは，こういう場合には左右は逆にならず，上下だけが逆になるのである．なぜ上下が逆になるのかというと，その原因は鏡の光学的な（物理学的な）性質にある．鏡は，その面と垂直な方向が反転して見えるような光学的変換をする．写真38-1の場合は，文字の上下方向が鏡と垂直なので，上下が反転して見えるのである（光学反転）．

　では，普通の場合，すなわち，文字が鏡と向かいあっている場合には，なぜ左右が反転して見えるのだろうか？　それは，文字の鏡像の左右が，記憶にある文字の表象の左右とは逆になっているからである．たとえば，記憶の中では，「F」の横棒は縦棒の右にある．だが，鏡像の場合は，横棒は縦棒の左にある．そこで，左右の反転を認識するのである．

　では，そもそも，文字の鏡像の左右が逆になっているのはなぜなのだろうか？　それは，文字が書いてある紙を裏返したからである．鏡と向かいあっている場合は，写真38-1の場合とはちがい，文字がこちらを向いていたのでは鏡に映らないので，鏡像は見えない．鏡像を見るためには，文字が書いてある紙を裏返して鏡の方に向けなければならない．裏返すとき，普通は，上下軸を中心として紙を回転する．このとき，紙と文字の左右は物理的に反転する．鏡は，それをそのまま映しだすので，鏡像の左右は反転して見えるのである（表象反転）．

　とはいうものの，文字の左右反転の原因が紙の物理的な回転だというわけではない．たとえば，写真38-2に写っている「F」の鏡像は，左右が逆には見えない．鏡に映すために

紙を裏返して，文字が書いてある面を鏡の方に向けたのだが，この物理的な回転は左右の鏡映反転を生じさせていないのである．左右が反対に見えない理由は，紙に書いた「F」の左右がもともと反対になっていたからである．紙の物理的な回転によって紙の左右は反対になるが，もともと反対になっていた文字の左右はもとに戻ってしまい，記憶表象の左右と同じになった．そのため，左右の反転が認識されなかったのである．文字が鏡と向かいあっている場合，左右の鏡映反転が生じる原因は，紙の物理的な回転ではなく，あくまでも，鏡像の左右と表象の左右とのあいだの逆転なのである．

写真38-2

最後に，人の鏡映反転の原因を考えてみよう．写真38-3では，実物の園児は右手で敬礼をしているが，園児の鏡像は左手で敬礼をしている．したがって，左右が反対になっている（視点反転）．……これが普通の認識だろう．

では，鏡像が左手で敬礼をしているという判断はどこから出てきたのだろうか？　鏡像の視点から左右を判断するという視点のとり方から出てきたのである．敬礼をしている手は，実物（あるいは読者）の視点から見ると右側にあるが，鏡像の視点から見ると左側にある．鏡像の視点から見た結果，「左手で敬礼をしている」という判断が出てきたのである．

鏡像の視点をとるためには，実物の身体の上下・前後・左右と一致している座標系を回転する必要がある．その回転は，上下軸を中心とした180度の回転になる．この回転をすると，左右軸の方向は逆になる．その逆になった左右軸をもとにして方向を判断すると，敬礼をしている手は「左手」ということになるのである．

視点の変換（座標軸の回転）をしないと，どうなるだろうか？　あくまでも実物（あるいは読者）の視点から鏡像の左右を判断することにすると，敬礼をしている手は右側にあることになる．実物も右側にある手で敬礼をしているのだから，「左右は反転していない」という判断になる．さきほど紹介した，自分（あるいは他人）の鏡映反転を認識しない人は，

このように視点の変換をしない人なのである．

視点の変換は任意の心的操作である．してもいいし，しなくてもいい．したがって，しない人もいる．そういう人は，自分（あるいは他人）の鏡映反転を認識しないのである．一方，鏡と向かいあっている文字の場合は，鏡像の形は自動的に知覚されてしまうし，文字の記憶表象の形も自動的に想起されてしまう．どちらも任意ではない．したがって，自分（あるいは他人）の鏡映反転を認識しない人も，文字の鏡映反転は自動的に認識する．これが，人と文字のあいだに，先に述べたような違いが生じる理由なのである．

写真38 - 3

鏡映反転は，一見，単純な現象に見えるので，簡単に説明がつくような気がする．しかし，実際には，鏡映反転は単純な現象ではない．左右だけが反対に見える場合もあるが，上下だけが反対に見える場合もある．上下も左右も反対に見える場合もある．何も反対に見えない場合もある（写真38-4 の「F」は，写真38-2 の「F」と同様，上下も左右も反対には見えない．ただし，その理由は違っている．写真38-4 で鏡に映っているのは切り抜いた「F」である．切り抜いた「F」の場合は，鏡の方に向けるために回転しなくても鏡に映るので，左右が反対にならないのである）．人によって判断が変わってくる場合もあれば，鏡と実物との位置関係によって判断が変わってくる場合もある．きわめて複雑な現象なのである．その複雑な現象をすべて矛盾なく説明するためには，どうしても複雑な理論が必要になってくるのである．

写真38 -4

〔高野陽太郎〕

【参考文献】
高野陽太郎（1997）鏡の中のミステリー　岩波書店

III - 39
空間認知

spatial cognition

　空間認知研究は，その哲学的起源までさかのぼると非常に長い歴史を持っているだけでなく，学際的研究も含めた諸領域で膨大な研究が行われてきた．心理学研究の中で，空間認知の研究が早くから開始された一つの重要な領域は知能検査のような**心理測定的研究**であろう．

空間能力

　知能検査結果を因子分析した結果から空間能力因子を最初に同定したのはサーストン（Thurstone, L. L.）[1]である．同定された空間能力因子に負荷の高い課題には，二次元平面での心的回転を求める課題が含まれているほかに，語の分類や三段論法の課題などが含まれており，課題解決の際に用いられる方略に空間的性質があるのだろうと解釈された．

　空間能力をめぐって取り上げられることが多いトピックは**性差**であり，差が見られる場合には男性の方が高い能力を示すことが多い．空間能力の中にも，**空間知覚**（spatial perception）や**空間視覚化**（spatial visualization），**心的回転**（mental rotation）といった複数の因子があることが多くの研究から明らかになってきたが[2]，その内，有意な性差が見られやすいのは心的回転である（図39-1参照）[3]．性差をもたらす要因については非常に多くの研究がなされてきた．大まかにいえば，胎児期等でのアンドロゲンの分泌の差異とそれに関わる脳機能の体制化の差異が，また経験を通じて獲得される空間的問題解決方略の差異などが性差をもたらすと考えられている[4]．

参照枠

　自己を取り巻く比較的小規模の空間を認知する上では，**参**

---

1) Thurstone, L. L. (1938) Primary mental abilities. *Psychological Monographs*, 1.

2) 空間能力に関して多くの先行研究結果をメタ分析した研究には，以下のものがある．Voyer, D., Voyer, S., & Bryden, M. P. (1995) Magnitude of sex differences in spatial abilities: A meta-analysis and consideration of critical variables. *Psychological Bulletin*, 117, 250-270.

3) 心的回転課題は，Shepard & Metzler (1971) の実験（「III-37 メンタル・ローテーション」参照）に用いられた三次元心的回転課題を元に紙筆検査として再構成して用いられた以下の研究によるものが代表的である．Vandenberg, S. G. & Kuse, A. R. (1978) Mental rotations: A group test of three dimensional spatial visualization. *Perceptual and Motor Skills*, 47, 599-604.

なお，図39-1 に示し

4つの絵のうち2つは左のものと同じものです．どの2つかわかりますか？

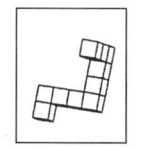

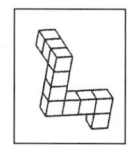

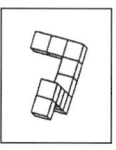

図39-1　心的回転課題の例（Peters et al.（1995）に基づき筆者が作成）

照枠（frame of reference）に関わる問題が重要である．参照枠とは，空間的な認識や行動において基準となる枠組みのことであり，それには，自己身体を中心とする枠組みである**自己中心的参照枠**（egocentric reference frame）と自己身体以外を基準とする**環境／対象中心参照枠**（allocentric reference frame）の二つが大きく区別される[5]．

元来，自己中心的あるいは自己中心性という用語は，幼児が他者視点に立つ認知に困難を示すことを指してピアジェ（Piaget, J.）が用いたものである[6]．

乳児においても，自己中心的参照枠に依拠しているのかどうかが検討されている．アクレドロ（Acredolo, L. P.）[7]が6ヵ月児を対象に行った実験では，乳児は正方形の部屋に入れられて，部屋の中央からブザーが聞こえた直後，部屋の左右の壁に一つずつある窓のどちらか一方から乳児の興味を引きやすい刺激（人間の顔）の呈示が繰り返された．乳児がブザー音で左右どちらか特定の方向に顔を向けるようになった後，今度は乳児自身の位置を，中央のブザーと点対称の位置に移動させる．そこで再びブザー音を聞かせた時，どちらの方を向くことになるかが検討された．実験の結果，刺激が実際に出た窓の方を見るのではなく，自己身体の左右に沿った方向の窓を見る反応が多く見られた．乳児は，自己中心的参照枠に依拠した反応を示したのである．

自己身体との関係に基づく反応は，A-ノット-Bエラーと呼ばれる，対象位置の置き換えに伴う対象探索の誤りにおいても見られる．こうした自己身体への中心化から脱して環境空間との関係で対象の位置関係を把握できるようになる上で，ハイハイで動き回れることや歩行器での移動などの**能動**

たものの出典は下記の通りである．
Peters, M., Laeng, B., Latham, K., Jackson, M., Zaiyouna, R., & Richardson, C.（1995）A redrawn Vandenberg and Kuse mental rotation test: Different version and factors that affect performance. *Brain and Cognition*, 28, 39-58.

4）空間能力に限定したものではないが，能力の性差の要因について邦文で読めるものとして以下のものがある．
Kimura, D.（1999）*Sex and cognition*. Cambridge, massachusetts: The MIT Press.〔野島久雄・三宅真季子・鈴木眞理子（訳）（2001）女の能力，男の能力―性差について科学者が答える　新曜社〕

5）開一夫・松井孝雄（2001）空間認知と参照枠　乾敏郎・安西祐一郎（編）認知科学の新展開4―イメージと認知（Pp.61-90）岩波書店

的移動経験（self-locomotion）が促進効果を持つことが指摘されている[8]．移動にともない対象の位置関係の見えが変化することを経験することで，子どもは自己中心的な位置関係の符号化が役に立たないことに気づくのだろうと考えられている．

日常的な空間認知において特に参照枠が強く関連するものには方向判断があるが，その中で**整列効果**（alignment effect）という現象が知られている．整列効果とは，「地図の記憶をもとに方向判断を行うとき，判断の基準となる前方向が地図の上方向と一致していないと誤反応が多くなる傾向」と定義される[9]．レヴィン（Levine, M.）ら[10]は，図39-2に示すような地図を実験参加者に記憶させた後，「あなたは1にいて，2が前の方向にあります．では4はどの方向にあるでしょうか」といった方向判断の質問を行い，実験参加者は目隠しをしたままそれに答える課題を行った．その結果，上方向を前方向として設定した課題条件（「1にいて2が前にある」や「2にいて1が後にある」）である整列課題に比して，下方向を前方向として設定した課題条件（「2にいて1が前にある」や「1にいて2が後にある」）である反整列課題の方が誤りが多かったのである．

整列効果が生じる原因に関する説明の一つとして，地図の記憶表象に**異方性**（anisotropy）があるため，現実空間と方向が一致しない場合には，心的回転のような空間的情報処理の負荷がかかることがあげられる．しかし，地図学習者に対して，自分のまわりのことを意識せず地図の上だけで考えて方向を判断するように教示すると整列効果が大幅に減少するという実験結果や，逆に地図をまわりの環境と関連づけるようにさせることで整列効果が大きくなるといった実験結果などは，地図の異方性だけでは説明がつかない．これに対する一つの有効な説明として，整列効果の原因を二つの異なる参照枠の干渉に求める考え方がある[5)9)]．

認知的空間マッピング

大規模空間表象のタイプとして，**ルート・マップ**（route-map）型と**サーヴェイ・マップ**（survey-map）型の二つがあ

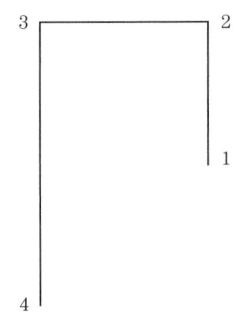

図39-2　方向判断課題で用いられる地図の例（Levine, Jankovic, & Palij (1982) に基づき筆者が作成）

6) Piaget, J. & Inhelder, B. (1948) *La représentatation de l'espace chez l'enfant.* Paris: Presses Universitaire de France. (Translated by F. J. Langdon & J. L. Lunzer (1956) *The child's conception of space.* London: Routledge & Kegan Paul.)
なお，自己中心性をめぐる議論については，「Ⅲ-40　視点」も参照されたい．

7) Acredolo, L. P. (1978) Development of spatial orienntation in infancy. *Developmental Psychology*, 14, 224-234.

8) Kermoian, R. & Campos, J. J. (1988) Locomotor experience: A facilitator of spatial cognitive development. *Child Development*, 59, 908-917.

ることが指摘されている．このうち，ルートマップ型表象とは，実際のルートをたどることで形成される系列的な表象であり，サーヴェイマップ型表象とは，空間内の個々の位置を相互に関係づけることによって成立する全体的な広がりを持った表象である．

環境に対して個人を空間に方向づける**参照系**（reference system）の発達という観点からは，**自己中心的**（egocentric）参照系から**固定的**（fixed）参照系を経て**協応**（coordinate）参照系に至るとするハート（Hart, R. A.）とムーア（Moore, G. T.）[11]の研究がよく知られている．固定的参照系とは，空間内の固定した対象に関係づけて他の対象の位置を同定したり，自己の位置把握を行ったりする参照系であり，ピアジェの発達段階では前操作期の後半から具体的操作期におおよそ相当するものと考えられており，ルート・マップ型表象が見られ始めるのもこのレベルである．それに対して協応参照系は，複数の固定参照系が一つの参照系に統合されたものであり，全体を統合するものとして絶対方位の利用もなされるようになる．発達段階としては形式的操作期に対応するものと考えられ，サーヴェイ・マップ型表象が形成されるようになるのもこのレベルである．

ところで，大規模空間内での移動において，必ずしも空間表象を仮定しなくとも**ヴィスタ**（景色; vista）の連続的な流れによって移動可能だとする主張も見られる[12]．あまり意識しなくとも，道に迷うことなく目的地に到達できる経験を多くの人が持っていることから考えれば，空間移動において自動化された知覚過程の役割は重要である．しかし，意識的に行われる経路選択や地図利用，あるいは経路を他者に教えることなど，空間移動にも表象が必要とされる場面は多い．

〔竹内謙彰〕

9）松井孝雄（2008）なぜ人は地図を回すのか　村越真・若林芳樹（編）GIS と空間認知―進化する地図の科学（Pp.109-119）古今書院

10）Levine, M., Jankovic, I. N., & Palij, M. (1982) Principles of spatial problem solving. *Journal of Experimental Psychology: General*, 111, 157-175.

11）Hart, R. A. & Moore, G. T. (1973) The development of spatial cognition: A review. In R. M. Downs & D. Stea (Eds.), *Image and environment*. (Pp.246-278), Chicago: Aidine Publishing.

12）Heft, H. (1983) Way-finding as the perception of information over time. *Population and Environment*, 6, 133-150.

佐々木正人（1994）アフォーダンス―新しい認知の理論　岩波書店

【参考文献】
フォアマン, N.・ジレット, R.（編）／竹内謙彰・旦直子（監訳）（2001）空間認知研究ハンドブック　二瓶社
空間認知の発達研究会（編）（1995）空間に生きる　北大路書房
村越真・若林芳樹（編）（2008）GIS と空間認知―進化する地図の科学　古今書院

III - 40

視点

viewpoint, perspective

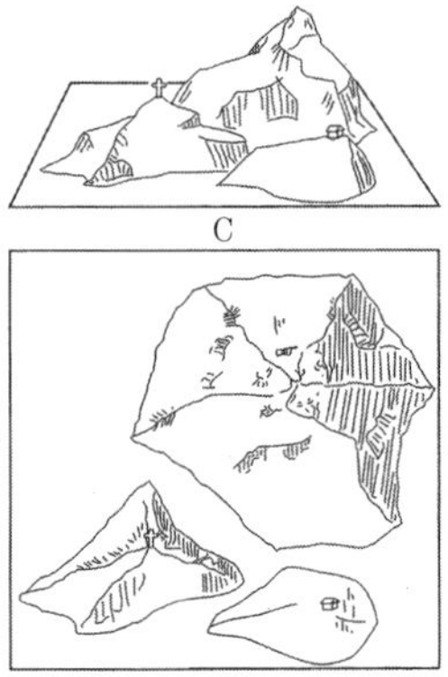

図40-1 「三つの山問題」の刺激配置（Piaget & Inhelder, 1948）[1]

視点という言葉には，通常二つの意味がある．ひとつは，視線が注がれる先の点のことであり，もうひとつは，どこから見ているかという視線の発する点のことである．心理学で扱われるのは，後者の意味であることが多く，ここでも，その意味で視点の語を用いる．

認知活動と関わる視点は，何らかの形で取得されたり設定されたりすることで意味を持つことが多い．それゆえ，視点研究は多くの場合，**視点取得**（perspective-taking）の研究でもある．視点取得には，ピアジェ（Piaget, J.）の**三つの山問題**[1]のように「他者が何を見ているか」についての**視覚的視点取得**のほかに，「他者が何を感じているか」についての**感情的視点取得**や，「他者が何を考えているか」についての**認知的視点取得**に関する研究がある．

視点と自己中心性

視覚的視点取得研究は，発達研究の中ではピアジェの研究に刺激される形で発展してきた．ピアジェは，幼児に見られる視点取得の失敗を，**自己中心性**（egocentrism）によって説明した．渡部[2]は，こうした自己中心性概念には，「自分の見えに固執すること」という現象面の説明に関わる意味とともに，「主体と外界との未分化によって特徴づけられる効果のこと」という意味があるとしたうえで，後者に関わる論点である「主客が分化すること」こそが視点取得の本質的部分であるととらえている．三つの山問題の解決には，主客が分化するという意味での視点取得の能力とともに，他者の見えを算出するための認知能力が必要となるため，反応の解釈に混乱がもたらされたと考えられる．フレイヴェル（Flavell,

1) Piaget, J. & Inhelder, B. (1948) *La représentatation de l'espace chez l'enfant.* Paris: Presses Universitaire de France. (Translated by F. J. Langdon & J. L. Lunzer (1956) *The child's conception of space.* London: Routledge & Kegan Paul.)

2) 渡部雅之 (2006) 空間的視点取得の生涯発達に関する研究　風間書房

J. H.)³⁾が，視点取得の形成を4水準に分けて記述したなかで，「他者が何を見ているのかはわかるがその見えを特定することはできない」という水準1のレベルが基本的な視点認識に相当し，水準2以降は見えの算出に必要な認知能力（情報処理能力）が必要な水準と捉えることができる．実際，課題を工夫することによって，ピアジェが指摘したよりもかなり早い年齢（3歳台）から，子どもは他者の位置からの見えを予期できることを示した研究が見られる⁴⁾．おそらく，幼児期の比較的早い時期に，自他の視点の分化という視覚的視点取得の基本的能力が形成されると考えられよう．

静的視点と動的視点

視点を定めるというと，ある不動の一点に視点を置いてものを見ることを思い浮かべる人がいるかもしれない．写真は，まさにそうした視点によって得られた見えを提供する．しかし，実際の視点取得においては動的視点であることの方が，むしろ普遍的であると言ってよい．いくつかの実験的研究が視覚的視点取得に視点の移動経験が促進的効果を持つことを示唆しているが⁵⁾，むしろ視点が移動することは視点による認知を生み出す本質的な要素なのである．そうした考え方を基礎づける上で，ギブソン（Gibson, J. J.）の**アフォーダンス**（affordance）**理論**⁶⁾は非常に説得的であると言ってよいだろう．視点を動かすことによって，見えは刻々変わるのであるが，そうすることによって，変化しない実在を捉えることができるのである．

視点を動かすことでかえって不変なものの理解ができることについて，例を挙げて述べておこう．方形のテーブルを眺めながらその周囲を回っている人のことを想像してみよう．見えは，様々な台形に刻一刻と変わってゆく．しかし，次々に現れる台形の四つの角と辺の関係には常に変化しない一定の比率がある．この不変な比率が，テーブル面の形状（正方形か長方形か）を特定する．かくして，見えは次々と変わっていっても変化しない一つのテーブルが知覚されるのである．ギブソンは，見えの変化から明らかになる不変なもののことを**不変項**（invariant）と呼んでいる．

3) Flavell, J. H. (1974) The development of inferences about others. In T. Mischel (Ed.), *Understanding other persons*. (Pp.66-116), Oxford: Basil Blackwell.

4) 渡部（2006）前掲書 Pp.54-69．顔に模した図版を用いた巧みな実験で，3歳児が視点取得の基礎能力を持ち始めていることを示唆した．

5) 岩田純一（1974）子どもにおける空間表象の変換に及ぼす感覚-運動的手がかりの効果　教育心理学研究 22, 21-29.

6) Gibson, J. J. (1979) *The ecological approach to visual perception*. Boston: Houghton Mifflin.〔古崎敬ほか（訳）(1985) 生態学的視覚論―ヒトの知覚世界を探る　サイエンス社〕「Ⅱ-15　アフォーダンス」も参照．

"見る"視点と"なる"視点

視点について今まで述べてきたことは、もっぱら見えとの関係でとらえた視点についてであり、視覚的視点取得に関わるものであった。しかし、視点の内側に関わる議論も重要である。佐伯の視点論[7]を引用しながら宮崎[8]は、視点に**"見る"視点と"なる"視点**の二つがあることを強調している。見るのもなるのも、仮想的自己の働きであるととらえられているが、"見る"視点は仮想的自己の"目"の働きであり、"なる"視点は仮想的自己の内側の働きのことをさしている。視覚的視点取得のような見えを問題とする視点の議論は、"見る"視点に関係しており、感情的視点取得や認知的視点取得のような、視点から内側のことを問題とするときには"なる"視点が関係してくると言ってよいかもしれない。

では、他者になってみるためにはどうしたらよいのだろうか。宮崎によれば、身体を共有するために姿勢を実際にまねてみたり、あるいはイメージによってまねてみたりすることをまずあげているが、それとは別に、他者に実感的になるための有効な方法として、〈見え〉**先行方略**を提唱している。それは、他者の心情を理解するにあたって、その人が見ているであろう周りの世界の見えを生成してみるという方略のことである。つまり、"見る"視点の働きを通じて"なる"視点に迫ろうとするものだと言ってよい。その例として宮崎は、小学6年生を対象とした国語の授業における文学作品の中での登場人物の心情の読み取りに際し、登場人物からの見えを、適切な発問によって鮮明に浮かび上がらせることによって、子どもたちが登場人物の心情に迫ることができたことを挙げている。こうした〈見え〉先行方略が有効である理由について、宮崎はポラニー (Polanyi, M.)[9]の**暗黙知**（tacit knowledge）の考え方から説明を行っている。暗黙知には、知の近接項と遠隔項があり、たとえば道具を操作する際などに道具操作に直接関わって感知されうるのが遠隔項であり、感知できないが身体内部で実際に進行しているものが近接項であり、近接項は遠隔項の中にのみ感知されうるものとされる。仮想的なものであっても視点が設定されることで、見えが生

7) 佐伯胖 (1978) イメージ化による知識と学習　東洋館出版

8) 宮崎清孝 (1985) 視点の働き—より深い理解へ向けて　上野直樹・宮崎清孝　認知科学選書1 視点 (Pp.101-175) 東京大学出版会

9) Polanyi, M. (1966) *The tacit dimension.* London: Routledge & Kegan Paul.
〔佐藤敬三（訳）(1980) 暗黙知の次元　紀伊國屋書店〕

10) 典型的な誤信念課題のひとつである「サリーとアンの課題」では、通常、サリーとアンとそれぞれ名づけられた2つの人形を用いて、以下のような簡単なストーリーが提示される。サリーが最初ビー玉をかごに入れてその場を離れると、あとからアンがやってきて、ビー玉を隣の箱に

じるが，その見えは遠隔項にあたり，それに伴って生じる心情は近接項にあたるということになる．

他者理解研究と視点

視点の内側に関わる問題である他者の心の理解に関する研究は，過去30年の間に大きく進歩してきた．そのきっかけとなったのが，いわゆる**心の理論**（theory of mind）研究である．「心の理論」の有無を見る「サリーとアン」課題のような典型的な**誤信念課題**[10]を用いると，4歳頃に他者の誤った信念を理解できるようになることを示唆する結果が得られている[11]．しかしながら，知的能力には遅れのない高機能自閉症児の場合，同じ誤信念課題を行っても，言語的知能で9〜10歳レベルに達しないと，誤信念課題に正解できないのである[12]．自閉症児で誤信念課題の理解が9〜10歳頃になることについて，定型発達児においては，言語論理的に課題解決ができる以前の4歳頃に，いわば直観的に問題解決が可能な**直観的心理化**（intuitive mentalization）を行っているのに対して，自閉症児では，一定の言語論理的な能力の発達を待って，それに基づく**命題的心理化**（propositional mentalization）による解決を図っているのではないかとするモデルが提案されている．ここで言う直観的心理化とは，言語による命題的心理化を伴わずに他者心理を理解することであり，その基礎には情動の伝染や身体記憶があると仮定されている[13]．こうした直観的心理化は，発達的には乳児期に始まる注意の共有をその基礎として持つものであろう．また，脳的基礎の一つとしては，近年注目を浴びるようになったミラーニューロン（mirror neuron）の働きが，他者との身体の同型性の感覚を形成する上で，重要な働きを持っているのではないかと推測されている[14]．

今日，近年急速に進んできた他者の心の理解に関する研究を踏まえた，視点の内と外とをつなぐメカニズムに関する研究の新たな展開が，課題となっていると言えるだろう．〔竹内謙彰〕

移し替えた後その場を離れる．これを見ていた子どもは，戻ってきたサリーはかごと箱のどちらの中を探すかを尋ねられるのである．

11) Baron-Cohen, S., Leslie, A., & Frith, U. (1985) Does the autistic child have a "theory of mind"? *Cognition*, 21, 37-46.

12) Happé, F. (1995) The role of age and verbal ability in the theory of mind task performance of subjects with autism. *Child Development*, 66, 843-855.

13) 別府哲・野村香代（2005）高機能自閉症児は健常児とは異なる「心の理論」をもつのか―「誤った信念」課題とその言語的理由付けにおける健常児との比較　発達心理学研究　16, 257-264.

14) Iacoboni, M. (2008). *Mirroring people: The new science of how we connect with others*. Farrar Straus & Giroux.〔塩原通緒（訳）(2009) ミラーニューロンの発見―「物まね細胞」が明かす驚きの脳科学　早川書房〕

【参考文献】

宮崎清孝・上野直樹（2008）視点（コレクション認知科学）東京大学出版会
渡部雅之（2006）空間的視点取得の生涯発達に関する研究　風間書房

奥行知覚

Ⅲ-41

depth perception

写真41-1 風景写真における絵画的手がかり
道の両側辺は無限遠点に収束し，線遠近法の手がかりを示す．地面の上の物体は，遠くなるほど大気遠近法でかすむ．遠い物体ほど画面上で相対的に高い位置となり，そのもの自体の大きさや肌理が小さくなる．各物体はより遠いものを遮蔽する．

　視覚系は対象についての3次元的な表象を形成するが，対象の観察で得られる網膜像は2次元的である．ある特定の2次元網膜像が対応しうる3次元的構造は無限に存在している．このことは，網膜像から対象の3次元的な表象を形成するためには，視覚系は一義的な解の存在しない**不良設定問題**（ill-defined problem）を解く必要があることを意味する．この本来は解くことのできない問題を，人間の視覚系が，どのような方略を用いて，比較的短い時間で，適応的行動に十分な精度で解いているのか理解することは，知覚や認知過程の研究にとって重要な課題である．

　これまでの研究において，視覚系は，対象の奥行構造に対応する様々な**手がかり**（cue）から情報を獲得するという方略を用いているものと考えられてきた．奥行手がかりは成立の仕方によっていくつかのグループに分類できる．画像の特性によって規定される手がかりで，平面画像における奥行表現でも使用される**絵画的手がかり**には**遮蔽**，**肌理勾配**，**線遠近法**，**大気遠近法**，**相対的大きさ**，**相対的高さ**，**陰影**，**影**，**輪郭**などが含まれる．これらは風景写真（写真41-1）の観察においても奥行方向の広がりの知覚の成立を可能にしている．両眼の網膜像によって規定される手がかりに，左右の眼で得られる網膜像の垂直・水平方向のズレに基づく**両眼視差**，運動速度の違いに基づく**両眼間速度差**などがある．画像の運動によって規定される手がかりに，視点と対象の間の相対的位置変化により生じる**運動視差**，**動的遮蔽**，対象自体の

運動によって生じる**運動性奥行手がかり**などがある．眼球運動に関わる手がかりには，**両眼輻輳**(ふくそう)や**水晶体調節**などがある．

それぞれの手がかりは幾何学的に対応する奥行属性が異なる．視覚系が観察距離についての情報を持つとき，観察者の視点移動によって生じる運動視差と両眼視差とは，対象の**奥行方向**（表面の凹凸や複数の対象の前後関係）と**奥行量**（表面の起伏の大きさや複数の対象の間の距離）とに対応している．遮蔽は，対象の奥行方向とは対応するものの，対象間の距離（奥行量）とは対応していない．肌理勾配や線遠近法，大気遠近法は，対象の奥行方向と奥行量の比についてのみ対応している．陰影と運動性奥行手がかりは，対象間の奥行量の比と対応するものの，奥行方向とは対応していない．

このように，各手がかりが幾何学的に対応する奥行属性が異なるため，視覚系は，個別の手がかりでは足りない情報を複数の手がかりからの情報で補うことで安定した奥行知覚を成立させているものと考えられる[1]．視覚系はこの方略を用いることで対象の奥行の知覚において常に正解するわけではない．特に，観察における視点が限られている場合，対象の3次元的構造についての情報を得るのに失敗することもある（対象の3次元的構造について十分な情報が得られないような限られた視点から得られた見えを**偶然の見え**と呼ぶ[2]）．しかしながら，たいていの視点において対象の3次元的構造の知覚において，極端な間違いが生じることを避けることに成功している（対象の3次元的構造についての情報を得られるような，たいていの視点から得られる見えを**一般的見え**と呼ぶ[2]）．特に，両眼で得られる画像の間に十分な差異があったり，視点の移動が可能であったりすれば，視点の制約によって対象の3次元的構造の知覚が大きく誤る可能性は低くなる．

なお，運動性奥行手がかりは対象の奥行方向との対応がないものの，奥行方向と対応する両眼視差や遮蔽の手がかりと1時間ほど繰り返し対提示された後には，単独で提示されても一貫性のある奥行方向の知覚が成立するようになる[3]．奥

[1] Maloney, L. T. & Landy, M. S. (1989) A statistical framework for robust fusion of depth information. In W. A. Pearlman (Ed.), *Visual communication and image processing IV. Proceedings of the SPIE*, No.1199, Pp.1154-1163.

[2] Nakayama, K. & Shimojo, S. (1992) Experiencing and perceiving visual surfaces. *Science*, 257, 1357-1363.

[3] Haijiang, Q., Saunders, J. A., Stone, R. W., & Backus, B. T. (2006) Demonstration of cue recruitment: Change in visual appearance by means of Pavlovian conditioning. *PNAS*, 103, 483-488.

[4] Allison, R. S. & Howard, I. P. (2000) Temporal dependencies in resolving monocular and binocular cue conflict in slant perception. *Vision Research*, 22, 1869-1886.

[5] Richards, W. (1970) Stereopsis and stereoblindness. *Experimental Brain Research*, 10, 380-388.

[6] Ichikawa, M. & Saida, S. (1996) How is motion disparity integrated with binocular disparity in depth perception?

行知覚のこうした特徴は，各手がかりが幾何学的に対応する奥行属性が限られているとしても，他の手がかりとの関係についての**知覚学習**によって，より多様な奥行情報が獲得可能であることを示している．

ただし，それぞれの奥行手がかりが対象の何らかの奥行属性と幾何学的に対応しているものの，その手がかりを含む画像の観察によってその奥行属性が正しく知覚されるわけではない．奥行方向と奥行量と幾何学的に対応している両眼視差でさえ，それを提示する画像の観察で知覚される奥行量や奥行方向には個人間差や個人内差がある[4]．両眼視差からの奥行知覚の成立過程である**両眼立体視**に関しては，両眼視差が示す奥行方向や奥行量と大きく異なる奥行知覚が成立してしまうステレオアノマリーと呼ばれる観察者がいる．その数は全人口の3割程度にのぼる可能性があることが指摘されている[5]．これらのことは，それぞれの手がかりからの奥行情報の処理過程は幾何学的計算のように簡単で不変な過程ではなく，個人の視覚系の発達的特性や経験に依存して処理の仕方を変える過程であることを意味している．

様々な手がかりから得られた奥行情報を統合する過程に関しては，それぞれ異なる奥行情報を提示する複数の手がかりを組み合わせて提示した際に知覚される奥行を調べるという方法で検討されている．奥行知覚閾よりも十分に大きな領域における奥行量についての情報統合については，どの手がかりを組み合わせた場合も**重み付け平均**的な統合がなされることが示されている[6][7][8]．つまり，それぞれの手がかりが異なる奥行量を示す条件で知覚される奥行量は，いずれかの手がかりのみで決まるのではなく，各手がかりが単独で示す奥行量の間の大きさとなる．ただし，手がかり間の不一致が極端に大きいときは信頼性の低い手がかりの情報が無視されることもある[9]．

他方，奥行知覚が成立しないほどの小さな奥行を示す手がかりを提示して奥行検出課題を行わせた場合，組み合わせる手がかりによって統合の仕方が異なる．運動視差や運動性奥行手がかりと両眼視差を組み合わせた場合，それぞれの手が

Perception and Psychophysics, 58, 271-282.

7) Landy, M. S., Maloney, L. T., Johnston, E. B., & Young, M. (1995) Measurement and modeling of depth cue combination: In defense of weak fusion. Vision Research, 35, 389-412.

8) Rogers, B. J. & Collett, T. S. (1989) The appearance of surfaces specified by motion parallax and binocular disparity. Quarterly Journal of Experimental Psychology A, 41, 697-717.

9) Bulthoff, H. H. & Mallot, H. A. (1988) Integration of depth modules: Stereo and shading. Journal of the Optical Society of America A, 5, 1749-1758.

10) Bradshaw, M. F. & Rogers, B. J. (1996) The interaction of binocular disparity and motion parallax in the computation of depth. Vision Research, 36, 3457-3468.

11) Cornilleau-Pérès, V. & Droulez, J. (1993) Stereomotion cooperation and the use of motion disparity in the visual perception of 3-D structure. Perception and Psychophysics, 54,

かりが単独では奥行知覚を成立させるだけの大きさがない場合も奥行知覚が成立しうる[10)11)12)]．つまりは，平均化ではなく**閾下加算**的な統合が行われる．ところが，輪郭と両眼視差の組み合わせでは，閾下加算ではなく重み付け平均的統合がなされる[12)]．奥行情報統合の仕方が奥行知覚の課題内容や組み合わせる手がかりに依存してどのように変動するかは，まだ十分には解明されていない．

　手がかり間の不一致が長期間持続すると，不一致を緩和する方向で各手がかりの処理過程が変化したり，各手がかりの重みが変化したりする．たとえば，鏡を用いて光学的に両眼視差手がかりと対象の奥行量との対応関係を変えた場合，数分間のうちに光学的変換を補償するような**順応的変化**が両眼視差の処理過程に生じる[13)]．プリズムを用いて両眼視差と対象の奥行方向との対応関係を光学的に逆転させた場合，数日のうちに光学的変換を補償するような変化が生じ，変換された両眼視差手がかりとそれ以外の手がかりに与えられる重みの値が変化する[14)]．コンピュータ・グラフィクスを用いて両眼視差もしくは肌理勾配の手がかりと触運動情報によって得られる面の傾き方向の間に不一致を導入した場合，数十分間程度の観察で，触運動感覚と一致した手がかりの重みが増すことが確認されている[15)]．

　奥行知覚における知覚学習や順応的変化に関する研究は，それぞれの手がかりの処理過程や，異なる手がかりから得られた奥行情報の統合過程に**可塑性**(かそせい)がある[16)]こと，奥行知覚は経験による影響を受けやすいことを示している．映画やテレビなどにおいて両眼視差を用いた立体画像表示が身近なものになりつつある現状を考慮すると，奥行知覚の操作や安定化の方法論を確立するためにも，経験の要因がどのように奥行知覚過程に関与しているのかを理解することが重要と言える．

〔一川　誠〕

223-239.

12) Ichikawa, M., Saida, S., Osa, A., & Munechika, K. (2003) Integration of binocular disparity and monocular cues at near threshold level. *Vision Research*, 43, 2439-2449.

13) Wallach, H., Moore, M. E., & Davidson, L., (1963) Modification of stereoscopic depth-perception. *American Journal of Psychology*, 76, 191-204.

14) Ichikawa, M., Kimura, T., Egusa, H., Nakatsuka, M., Amano, J., Ueda, T., & Tashiro, T. (2003) Modification of depth and distance perception caused by long-term wearing of left-right reversing spectacles. *Perception*, 32, 131-153.「II-8 逆さめがね」も参照．

15) Ernst, M. O., Banks, M. S., & Bulthoff, H. H. (2000) Touch can change visual slant perception. *Nature Neuroscience*, 3, 69-73.

16) 状況に対応して変化する可能性があること．

【参考文献】
内川恵二（総編集）／塩入諭（編）(2007) 感覚・知覚の科学2 視覚II 視覚系の中期・高次機能　朝倉書店

Ⅲ-42 時間の認知

cognition of time

図42-1 充実時間錯覚
音刺激が多い間隔（前半）よりも音のない間隔（後半）が短く感じられる．

　時間は，空間とともに，我々のすべての体験の基本的次元である．また，時間の認知は視覚，聴覚，触覚，嗅覚，味覚などの時間の認知以外の**様相**（modality）の処理とは異なる特性を持っている．たとえば，視覚，聴覚，触覚，嗅覚，味覚は，それぞれその様相の感覚器官とそれに対応した適刺激がある．それに対し，時間の認知に関しては外部刺激の受容器や適刺激があるわけではない．また，どの様相に与えられた刺激についても提示時間の長さや時間順序，同時性などの判断ができるということは，時間の認知が単独の様相として成立しているのではなく，すべての様相に関わっていることを示している．

　物理的な時間の長さが同一であったとしても認知される時間の長さが同一であるとは限らない．認知される時間の長さは様々な要因によって変動する．このことは**時間評価**（time estimation）の問題として検討されている．

　時間評価に影響をおよぼす複数の要因が見出されている．それぞれの要因は，何らかの共通の原理を通して時間認知に影響をおよぼすのではなく，ある程度相互に独立に時間の認知に影響をおよぼしていると考えられる．

　認知的な要因として時間評価に特に強く影響するものに，**時間経過**に向けられる**注意**がある．すなわち，時間の経過に注意が向けられる頻度が高いほど時間がより長く感じられやすくなる[1]．**注意資源**は有限であるため，多くの注意容量を必要とするような認知的課題に取り組む際には，時間経過に注意が向きにくくなる．そのため，課題遂行中に経過した時間は，何もせずに過ごす時間よりも短く評価されやすい．ま

1) Fraisse, P. (1984) Perception and estimation of time. *Annual Review of Psychology*, 35, 1-36.

2) Hicks, R. E., Miller, G. W., & Kinsbourne, M. (1976) Prospective and retrospective judgments of time as a function of amount of information processed. *American Journal of Psychology*, 89, 719-730.

3) Zakay, D. (1993) Relative and absolute duration judgments under prospective and retrospective paradigms. *Perception and Psychophysics*, 54, 656-664.

4) Pariyadath, V. & Eagleman, D. M. (2007) The effect of predictability on subjective duration. *PLoS ONE*, 2, e1264.

た，認知的課題の難易度が高いほど，時間経過に注意が向きにくくなり，経過時間に対する過小評価の程度が大きくなる[2]．楽しいことに気を取られている状況でも，時間経過に注意が向きにくいため，経過時間は短く評価されやすくなる．

時間経過に向けられる注意が時間評価に影響するため，時間評価を行うことをどの時点で実験参加者が知るかは，報告される時間の長さに大きな影響を与える[3]．たとえば，何らかの認知課題に要した時間を評価させるとき，課題に取り組む前にあらかじめ時間評価を行わせることを告げた場合と，課題終了後に時間評価することを告げた場合とでは，前者の方がより長い時間を報告しやすい．これは，時間評価することを知っていたために，課題遂行中に時間経過に注意が向きやすくなったためと考えられる．

起こるべき出来事についての**予期**も時間評価に影響をおよぼす．次々と様々な視覚刺激を連続して提示する場合，同じ繰り返しパターンで刺激が提示されると，刺激提示に対して予期が形成される．このとき，予期されたものとは異なる刺激が提示されると，その提示間隔は長く感じられる[4]．予期と似た効果を持つ要因として，体験される出来事の新奇性がある．同じ刺激を繰り返し提示する場合，その刺激が最初に提示された際の提示時間よりも2度目以降の提示時間の方が短く感じられる．同じ刺激が何度も同じテンポで繰り返し提示された後で急に新奇な刺激が提示されると，その提示間隔は過大評価されやすい．この過大評価も，予期せぬ事象が生じたことに基づく現象と考えられる．

認識される出来事の数も時間評価に影響をおよぼす．たとえば，同じ長さの時間であっても，その間に認識される出来事の数が多いほど時間を長く感じやすい[5]．この現象は，充実時程錯覚（filled-duvation illusion）と呼ばれる（図42-1）．動画像の観察において，画像の速度が速いほど画像の観察中の経過時間を長く評価する傾向がある．速い動画像ほど観察中に生起する出来事の数が多いことに基づく現象かもしれない．

視覚や聴覚などの様相における**刺激量**も時間の長さの知覚に影響をおよぼす．たとえば，より大きな視覚刺激が提示さ

5) Matsuda, F. (1989) A developmental study on a duration estimation: Effects of frequency of intermittent stimuli. *Japanese Psychological Research*, 31, 190-198.

6) Thomas, E. A. C. & Cantor, N. E. (1976) Simultaneous time and size perception. *Perception and Psychophysics*, 19, 353-360.

7) Terao, M., Watanabe, J., Yagi, A., & Nishida, S. (2008) Reduction of stimulus visibility compresses apparent time intervals. *Nature Neuroscience*, 11, 541-542.

8) Ono, F. & Kawahara, J. (2007) The subjective size of visual stimuli affects the perceived duration of their presentation. *Perception and Psychophysics*, 69, 952-957.

9) Watts, F. N. & Sharrock, R. (1984) Fear and time estimation. *Perceptual and Motor Skills*, 59, 597-598.

10) Stetson, C., Fiesta, M. P., & Eagleman, D. M. (2007) Does time really slow down during a frightening event? *PLoS ONE*, 2, e1295.

れた時間は小さな刺激が提示された時間よりも長く感じられる[6]．刺激の明るさや視覚刺激としての数字の示す量が大きいほど，その提示時間が長く感じられる[7]．視覚や聴覚における刺激によって時間の長さの認知が影響を受けるということは，様相の間の交互作用と考えることができる．大きさの錯視であるエビングハウス錯視を用いた実験では，刺激の物理量ではなくその知覚量が，刺激提示時間の長さの認知に影響することが示されている[8]．

認知的要因以外に，**感情的状態**も時間評価に影響をおよぼす．たとえば，クモ恐怖症の人たちは，クモと一緒の部屋で過ごした時間の長さを一般の人たちよりも長く感じる[9]．また，バンジージャンプで数十メートルにわたって落下する際の経過時間は，実際に経過した時間よりも長く評価される[10]．これらの結果は，強い恐怖が時間評価に影響をおよぼすことを示している．

身体の**代謝**も時間評価に影響をおよぼし，身体の代謝が昂進している場合と低下している場合とを比較すると，前者の方が同じ時間をより長く評価する．たとえば，発熱時[11]や，カフェインなどの興奮性の薬剤を接種した際[12]には身体の代謝も昂進しやすいが，このとき時間の長さを過大評価しやすい．代謝が盛んなときには，時間評価の基礎にある過程が通常よりも速く活動するため，経過時間をより長く評価するものと考えられる．身体的要因としては，眼球運動も認知される時間の長さに影響をおよぼすことが知られている．対象観察中には**サッケード**（saccade）と呼ばれる比較的大きな眼球運動が生じるが，このとき視覚刺激の提示時間が過小評価される[13]．

時間の長さに関する時間評価の他にも，刺激提示の**時間順序**や**同時性**，刺激変動の**同期性**についての判断に関しても多くの研究が行われており，それぞれが刺激の物理的特性や観察者の状態によって変動することが知られている．たとえば，強度の強い刺激ほど速く処理される．そのため，背景との輝度コントラストの異なる視覚刺激が全く同じように位置変動していても，それぞれの刺激が独立して移動しているように

11) Hoagland, H. (1933) The physiological control of judgments of duration: Evidence for a chemical clock. *Journal of General Psychology*, 9, 260-287.

12) Frankenhaeuser, M. (1959) *Estimation of time: An experimental study*. Almqvist & Wiksell.

13) Morrone, M. C., Ross, J., & Burr, D. (2005) Saccadic eye movements cause compression of time as well as space. *Nature Neuroscience*, 8, 950-954.

14) Kitaoka, A. & Ashida, H. (2007) A variant of the anomalous motion illusion based upon contrast and visual latency. *Perception*, 36, 1019-1035.

15) Mitrani, L., Shekerdjiiski, S., & Yakimoff, N. (1986) Mechanisms and asymmetries in visual perception of simultaneity and temporal order. *Biological Cybernetics*, 54, 159-165.

16) Ichikawa, M. (2009) Illusory temporal order for stimuli at different depth positions. *Attention, Perception, and Psychophysics*, 71,

見える[14]．空間内の位置によっても時間順序判断は影響を受ける．中心視野より周辺視野に提示された刺激[15]や，注視面より観察者に近い奥行位置に提示された刺激[16]ほど遅れて見えやすい．注意を向けた対象ほど速く処理される．そのため，注意を向けることによって，物理的には後に提示された刺激が先行して提示された刺激よりも前に提示されたように見える[17]．同時と感じられる刺激の時間間隔は，視覚よりも聴覚の方が短い．刺激変動の同期性の判断は，刺激の物理的変動自体の同期ではなく，知覚事象の同期に依存する[18]．

時間の認知の基礎については，視覚や聴覚，触覚といった様相別に個別に異なる過程が存在し，それぞれの様相ごとに時間の知覚や認知を決定していることが示唆されている．上述したように，サッケード中には視覚刺激の提示時間が過小評価されるが，サッケード中に聴覚刺激を提示してもその提示時間は過小評価されない[19]．このことは，視覚や聴覚とでは様相別に刺激提示時間を評価する過程が存在していることを示唆している．また，新奇な視覚刺激の提示時間は長く感じられる[5]が，その際，次々と提示される刺激系列のピッチや時間周波数の認知は影響を受けない[4]．時間に関する判断課題によっても基礎にある過程が異なっているものと考えられる．

なお，タイミングの異なる視覚刺激と聴覚刺激を数分間にわたって繰り返し提示すると，視聴覚刺激間の時間的ズレを感じにくくなる[20]．また，観察者のキー押しと視聴覚刺激のタイミングをずらしたまま数分間観察すると，キー押しと刺激提示のタイミングが一致して感じられやすくなる[21]．様相間の刺激の非同期に対してこのような**順応的変化**が生じるということは，それぞれの様相において時間的処理が個別に行われるとしても，それらの間のタイミングを合わせるような，複数の様相の時間的処理に関わる過程も存在していることを示唆している． 〔一川　誠〕

【参考文献】
一川誠（2009）時計の時間，心の時間　教育評論社
松田文子（編）（2004）時間を作る，時間を生きる　北大路書房

578-593.

17) Hikosaka, O., Miyauchi, S., & Shimojo, S. (1993) Focal visual attention produces illusory temporal order and motion sensation. *Vision Research*, 33, 1219-1240.

18) Shapiro, A. G., D'Antona, A. D., Charles, J. P., Belano, L. A., Smith, J. B., & Shear-Heyman, M. (2004) Induced contrast asynchronies. *Journal of Vision*, 4, 459-468.

19) Eagleman, D. M. (2005) Distortions of time during rapid eye movements. *Nature Neuroscience*, 8, 850-851.

20) Fujisaki, W., Shimojo, S., Kashino, M., & Nishida, S. (2004) Recalibration of audiovisual simultaneity. *Nature Neuroscience*, 7, 773-8.

21) Herron, J., Hanson, J. V. M., & Whitaker, D. (2009) Effect before cause: Supramodal recalibration of sensorimotor timing. *PLoS One*, 4, e7681.

III - 43
言語

language

　なぜ私たち人間だけが進化の過程で**言語**を持ち，コミュニケーションの手段とし，思考の道具とするに至ったのか？ヒトにとって言語とは何なのか？　系統発生的，個体発生的にこの過程を探るのは，人間を取り巻く科学における最も大きな問題のひとつである．私たちの祖先が最初に言語を使い始めた時，それはどのようにして始まり，どのような形態だったのか．どのような生物学的条件が言語の発生を可能にしたのか（**言語発生：言語の系統発生的起源**）．子どもは言語をどのように獲得しているのか．子どもの母語の獲得のしかたと大人が外国語を獲得するときのしかたは同じなのか，違うのか（**言語獲得：言語の個体発生的起源**）．言語の学習はある一定の時期までに始めないと，言語の獲得はできないのだろうか（**言語獲得の臨界期**）．

　通常，言語学は音韻，形態，統語，意味，語用などの，言語の様々な領域での抽象的かつ普遍的な規則や構造を抽出し，記述することが焦点となる．それに対し認知心理学では，言語がどのような形で私たちの心（脳）に存在しており，どのようにオンラインで処理されているのかという問いが興味の中心になる．文を構成する規則や一つひとつのことばの意味，さらに語の心の中の辞書であるメンタルレキシコンはどのように記憶に蓄えられ，どのように表象されているのか（**文法とレキシコンの脳内表象**）．どのように文は理解，あるいは産出されているのか（**文理解と産出における情報処理**）．同じことばが文脈によって別の意味に解釈されるのはなぜなのか．人はどのように皮肉など，字義的な解釈を超えて話し手の意図を理解することができるのだろうか（**語用と意図の**

推論）．このように言語に関する心理学の重要問題は尽きないが，本項では主にことばの意味と概念表象の問題について取り上げたい．

ことばの意味と心内辞書（メンタル・レキシコン）

そもそも当たり前に使っている「ことば」の意味を，我々は心（脳）の中でどのように理解しているのだろうか．私たちは「ネコ」がどのようなモノなのかを知っており，ネコをイヌ，ウサギ，リスなど他の動物と見分けることができる．ネコがどのように動くのか，どのような食べ物を好きなのか，などネコについての様々な特徴も知っている．しかしどのような知識が「ネコ」という語を正しく使うために必要不可欠な知識なのだろうか？　**古典的意味論**では，一つひとつの語の意味は，これ以上分解不可能な意味素性（semantic primitives）の集合と考えられ，その指示対象についての一般的な知識とは厳密に区別されるものとした[1]．たとえば「ネコ」の意味素性は何だろうか．"＋動物""＋ネコ科""＋ペット"なのか．しかし，人によってはライオンをペットにすることもあるだろう．すると「ペット」はネコと他の動物を区別する十分な素性にはなりえない．しかし，"＋動物""＋ネコ科"では多数いる他のネコ科の動物と区別できなくなってしまう．そもそも「ペット」にする動物は地域，文化によっても大きく異なり，「ペット」という語の指示対象を一義的に規定できる意味素は見つかりそうにない．また，人は「ネコ」という語を多くの場合には「イエネコ」という意味で使う一方，上位概念のネコ科に属する動物一般に使うこともある．このように考えると，語の意味を原素的な意味素性で曖昧性なく記述しようとする理論には明らかに限界がある．

この限界を克服すべく，**プロトタイプ理論**が提案された[2]．この理論はもともと認知心理学者のロッシュ（Rosch, E.）によって提唱された概念表象の理論であるが，その後，**認知意味論**の中心に位置付けられるようになった[3]．この理論では，ことばの意味は「プロトタイプ」によって表象され，一つひとつのモノがその語の指示対象に含まれるかどうかは「プロトタイプ」からの類似度で決まる，と考える．語の指

1) Katz, J. & Fodor, J. (1963) The structure of a semantic theory. *Language*, 39 (2), 170-210.

2) Rosch, E. (1973) On the internal structure of perceptual and semantic categories. In E. M. Timothy (Ed.) *Cognitive development and the acquisition of language* (Pp.111-144), New York: Academic Press.

3) Lakoff, G. (1987) *Woman, fire, and dangerous things*. Chicago: University of Chicago Press.
〔池上嘉彦・河上誓作他（訳）(1993) 認知意味論　紀伊国屋書店〕

示対象となるカテゴリーメンバーは，プロトタイプの持つ特徴をすべて持つ必要はなく，より多く持つものがその語の指示対象としてより良いものとなり，プロトタイプとの特徴の重複が少ないものはカテゴリーメンバーに含まれるかどうかは母語話者の中でも異なり，曖昧になる．つまり，この理論では，語意が語の指示対象を曖昧性なく一義的に決める，という古典的意味論の持つ問題を回避することができる．他方，この理論でも，ひとたびプロトタイプとは何か，具体的にどのように心（脳）の中に表象されているのかを考えると，様々な問題が浮上する．プロトタイプとはカテゴリーメンバーの平均的な特徴を持つ抽象的な「イメージ」なのか，それともカテゴリーの中心に位置する特定の事例なのか．もともとロッシュは，プロトタイプを「世界の自然な分割の結果のカテゴリーの中心にあるもの」と定義し，必然的に言語普遍的なものと考えた．しかし，言語による世界の切り分け方が非常に多様である中で，そもそも言語・文化普遍的なプロトタイプがありうるのかということ自体が**言語相対性仮説**[4]を巡る議論の中で現在論争されている．

4)「Ⅲ-44　言語相対性仮説」参照．

語の意味と概念の関係

　一般的に**語の意味**（word meaning）と**概念**（concept）は同義に使われることが多く，「概念」は慣習的に語によって定義される．しかし，ひとたび「語」を英語なり，日本語なりの特定の言語に限らず，世界中の言語を射程に入れて考えると，「語」と「概念」が果たして同一のものになるのかという問題に直面する．たとえば「青」という「概念」は普遍的に存在するのだろうか？　実際，世界には，「青」と「緑」を区別しない言語が多く存在する一方，「青」や「緑」を基礎語（単一形態素から成るこれ以上分割できない語）によって，さらに細かく呼び分ける言語も存在する．この問題は動作概念を含めて考えるとさらに難しいものとなる．たとえば日本語では「アルク」という動詞を使って表現する移動動作を，オランダ語では snelwandelen, stappen, wadelen, slentrteren という4つの基礎語の動詞で言い分ける．すると，私たちが「アルク」と当然のように思っていた動作概念の単

位がほんとうに「アルク」なのか，オランダ語の一つひとつの動詞が概念の単位になるのか．最近の研究では語での切り分けは必ずしも概念の切り分けに対応せず，語の区切りに一致しない普遍的に目立つ知覚特徴によってカテゴリー分類をする，ということが指摘されている[5]．このことから考えると，「語の意味」＝「概念」という図式自体を考え直す必要があり，さらに「概念とは何か」という問題に波及していく．

語意の身体性と脳内処理

上記のように言語が世界を分節する仕方は非常に多岐に及ぶ．しかしその中で，普遍的な文法カテゴリー，語彙カテゴリーが存在することも事実である．この，言語の普遍性を動機づけているのは何だろうか．認知言語学では言語に含まれる**身体性**，**類象性**が，言語における普遍的カテゴリーの基盤であると考える．その根底には，言語が感覚経験から切り離された抽象的なシンボルであるとする形式的言語学に対して，文法と語の双方が身体・感覚経験に接地したものであるという考えが底流にある．最近この考えに対する支持がfMRI[6]を使用した言語処理の際の脳活動に関する多くの研究で得られている．これらの研究では，語がアクセスされるとその語の指示対象の持つ感覚特徴を処理する脳部位が活性化されることを示されている．たとえば，蹴る（kick），舐める（lick）などの動作の動詞を提示すると，足や舌など動作に対応する四肢の感覚運動野に活性が見られたのである[7]．

言語の身体性，類象性に関してもう一つ興味深いのは音と意味の対応，つまり**音象徴**の現象である．音象徴は日本語のようなオノマトペ（擬音語・擬態語）が豊富に存在する言語では頻繁に見られるが，英語を始めとした印欧言語ではこのような語はあまり見られないので，「取るに足らない現象」として形式言語学においては重要視されてこなかった．しかし，近年，インド・ヨーロッパ言語においても，普通の語の中に音と意味の対応関係があり，母語話者でもそれを感じ取ることができるという報告が出てきている． 〔今井むつみ〕

5) Malt, B., Gennari, S., Imai, M., Ameel, E., Tsuda, N. & Majid, A. (2008) Talking about walking: Biomechanics and the language of locomotion. *Psychological Science*, 19, 232-240.

6) functional Magnetic Resonance Imaging; 核磁気共鳴画像法．

7) Hauk, O. & Pulvermäler, F. (2004) Neurophysiological distinction of action words in the fronto-central cortex. *Human Brain Mapping*, 21, 191-201.

8) Imai, M. Kita, S., Nagumo, M. & Okada, H. (2008) Sound symbolism facilitates early verb learning. *Cognition*, 109, 54-65. 音象徴性のある新奇語（たとえば日本語のオノマトペをもじった造語動詞）を用いると日本語母語の子どものみでなく，英語母語の子どもの動詞学習が促進されることもわかっており，音象徴性に含まれる身体性・類象性が世界を記号としての言語に橋渡しする役割を担っている可能性も考えられる．

【参考文献】

今井むつみ（2010）ことばと思考　岩波新書

III-44
言語相対性仮説

hypothesis of linguistic relativity

　世界には何千という言語が存在する．それぞれの言語はいろいろな点で異なる．たとえばある言語（パプアニューギニアのダニ語）では色の名前を2つしか持たない．別の言語では「右」や「左」などの語がなく，私たちが「○○の左」というところを「○○の東」など，東西南北のような方向を使って表す．中国語は日本語で私たちが「持つ」「運ぶ」と言い分ける「モノを持つけれども動かさない」状況と「モノを持って移動する」状況の区別をする．その代わり，モノをどのように持つか，そのもち方によって細かく区別をするので，日本語で「持つ」に相当することばは20以上ある．

　このような言語の違いは認識の違いや概念の違いにつながるのだろうか？　ウォーフ（Whorf, B.）は，この世界は「さまざまな印象の変転きわまりない流れ」であり，それを体系づけるのが言語だ，と述べた[1]．つまり，言語こそがつかみどころのない世界を整理する唯一の手段で，思考は言語と切り離せないと考えたのである．ウォーフはアメリカ先住民のホピ族の言語の分析などをもとに，ホピ語と英語をはじめとする標準西洋言語（Standard Western Language）との間の言語の隔たりは，「埋めることのできない，翻訳不可能な（incommensurable）」深い溝であると主張し，物議を醸した．

　言語相対性仮説（ウォーフ仮説）の論争の中でもっとも注目されているのは，色の名前と色認知の関係である．先述のように，ダニ語では2つしか色の名前がない．この言語を話す人たちは，私たちにとっての赤，黄色，橙色（オレンジ色）など，名前で区別しない色をみな「同じ色」と認識し，区別しないのだろうか．最初にこの疑問に答えようとしたのは

1) ウォーフ, B.／池上嘉彦（訳）(1993) 言語・思考・現実　講談社学術文庫
〔Whorf, B. (1956) *Language, thought, and reality: Selected writings of Benjiamin Lee Whorf.* J. Carroll (Ed.), Cambridge, MA: MIT Press.

「プロトタイプ理論」の提唱者であるロッシュ (Rosch, E.) である[2]．彼女は，ダニ語話者にマンセル・カラーチップ[3]を次々に見せた後，さっき見たチップの再認テストをした．もしダニ語話者が，名前で区別しない色をみな「同じ」と思うなら，さっき見た色はみな同じ色として混同されてしまうはずだ．しかし実際には，ダニ語話者は見せられた色に対して英語話者と遜色ない記憶を見せたのである．

また，ダニ語話者に，英語で基礎語の名前を持つ色の典型色と非典型色に対して，実際には存在しない名前を教え，覚えるように指示したところ，英語の基礎語の典型色に対してつけられた色の名前は容易に覚えたが，非典型色につけられた名前はよく覚えられなかった．このことから，人の色の感じ方は言語にかかわりなく共通で，英語で区別する色で，英語話者が典型的であると思う色は，どの言語を話す人にとってももっとも目立つ「典型色」であり，自分の言語では区別をしなくても，心は区別する，とロッシュは結論した．

ロッシュの研究によって，ウォーフ仮説は否定されたかのように思われた．しかしその後，ロッシュの結論がいささか単純にすぎることを示した結果も多数報告された．たとえば青と緑を区別しない言語は非常に多く存在する．文化人類学者のケイ (Kay, P.)[4]らは，メキシコの先住民の言語のひとつであるタラフマラ語を母語とする人たちと，英語を母語とするアメリカ人が，マンセルのシステムで少しずつ異なる色同士の類似性をどのように判断するかを調べた．マンセルのカラー・システムのチップを使い，（私たち「緑」と「青」を区別する言語話者にとっての）緑と青の間にある色を基準にして，等距離にある2つのチップを選び，基準とどちらがより似ているかを，アメリカ人とタラフマラ族の人たちに判断してもらった．すると，言語の影響が見られたのは，実は緑と青を区別しないタラフマラ族の人たちではなく，緑と青を別の色として区別するアメリカ人だ，ということが分かった．英語話者は，基準のチップを「緑」と判断すると，緑側にあるチップを，基準を挟んで等距離の，しかし「青」と判断されるチップよりも基準に，より似ていると判断した．他

2) ロッシュの論文はハイダー名で公刊された．
Heider, E. R. (1972) Universals in color naming and memory. *Journal of Experimental Psychology*, 93, 10-20.

3) アメリカのマンセル (Munsell, A. H.) が考案した色の表示法．

4) Kay, P. & Kempton, W. (1984) What is the sapir-whorf hypothesis? *American Anthropologist*, 86, 65-79.

方，緑と青を区別しないタフラマラ語話者は，もともと基準から等距離にある2つのチップを基準と同等に似ていると判断した．つまり，ことばを持たないと，実在するモノの実態を知覚できなくなるのではなく，ことばが**範疇知覚**をつくり，モノの認識をことばのカテゴリーのほうに引っ張る，あるいは歪ませてしまうということが，この実験からわかったのである．色知覚に関するウォーフ仮説の研究はその後現在まで活発に行われており，普遍的な焦点色の存在と言語固有の色ラベルによる範疇知覚の存在を支持する結果が共に報告されている[5]．これらの結果は，普遍性と言語相対性が黒か白かという観点から決められないことを示しており，言語と思考の関係の研究の方向性は，**普遍的概念の単位**と**個別言語の影響**が現れる条件の同定を同時に目指すものとなっている[6]．

　認知心理学の様々な研究は，言語の思考に対する影響を考える場合，必ずしも異なる言語の話者の思考が異なるか，という観点のみが重要でないことも示してきた．言語は対象や出来事の知覚，記憶に大きな影響を与えることが明らかになっている．たとえば，ロフタスは，実験の協力者に，車が関わっている様々なビデオを見せた[7]．その後，いろいろな質問をした．質問の中のひとつとして，半分の協力者には"Did you see *the* broken headlight?"と聞き，残りの協力者には"Did you see *a* broken headlight?"と聞いた．これは日本語に訳してしまうと2つの文の違いに気づきにくいが，英語では，"the broken headlight"と言ったときは，壊れたヘッドライトがあることを含意し，"a broken headlight"といったときは，壊れたヘッドライトがあるかどうかについての含意はまったくない．実際，見たビデオはまったく同じだったのに，質問で"the broken headlight"と言われた人は"a broken headlight"と言われた人よりも壊れたヘッドライトを「見た」と答えた割合が高かった．つまり，同じ事故のシーンを見ても，後から聞かれた質問の中の，非常に微妙な言い回しによって，人の記憶は影響を受けてしまい，記憶が変わってしまうことが示されたのである．

　言語の思考への影響は，認知発達研究の中でも頻繁に指摘

5) Regier, T., Kay, P., & Cook, R. S.（2005）Focal colors are universal after all. *Proceedings of National Academy of Sciences of the USA*, 102, 8386-8391. Roberson, D. & Hanley, J. R.（2007）Color categories vary with language after all. *Current Biology*, 17, 605-606.

6) Saalbach, H. & Imai, M.（2007）The scope of linguistic influence: Does a classifier system alter object concepts? *Journal of Experimental Psychology: General*, 136, 485-501.

7) エリザベス・ロフタス／西本武彦（訳）（1987）目撃者の証言　誠信書房〔Loftus, E. F.（1979）*Eyewitness testimony*. Cambridge, Mass.: Harvard University Press.〕

されている．なかでも抽象的な関係の認識はその関係を表すことばの学習と深い関係があることが指摘されている．ここで，次のような状況を想像してみよう．3つの色のカラーボックスが，縦に上から緑，黄色，青の順で3つ重ねられている．これはお母さんの3つのボックスだ．子どもはそれよりもう少し小さい自分のボックスを3つ持っていて，そちらは，上から黄色，赤，白の順番に並んでいる．子どものボックスの中段にシールが入った封筒が入っている．お母さんは自分の三段重ねの真ん中の黄色のボックスに封筒を入れて見せ，子どもに，「○○ちゃんのにも，同じところにシールが入っているのよ．探してね」という．子どもは何色のボックスを探せばよいだろうか．この状況で「同じ」というのは，色が同じボックスなのか，位置が同じボックスなのか．大人はこの状況で「同じところにシールが入っている」といわれれば，中段のボックスのことだと思う．しかし，幼児はほとんどの場合，一番上の黄色のボックスを開けてシールを探す．つまり，このくらいの年の子どもは，モノそのもの，あるいはモノの色が同じことにはすぐ気づくが，関係が同じことにまったく気がつかない場合が多い．しかし，「上」とか「真ん中」ということばを使うと，同じ年の子どもでも，モノそのものではなく，モノ同士の位置関係へ注目することが可能になる．つまり，「上」「真ん中」「下」のような関係を表すことばは，子どもの認識をモノ自体の認識から，もっと抽象的な「関係」の認識へ移行させる役割を果たすのである[8]．

現在，言語相対仮説に対する認知心理学の流れは，単に言語が異なると思考が変わるか否かという観点の問題意識ではなく，言語の影響が，知覚，記憶，検索，意思決定など認知活動のどの局面でどのように関わってくるのか，またその時の脳の情報処理の，どの時点で言語情報がアクセスされ，他の経路からの情報処理とどのように統合されているのかなど，オンラインの認知メカニズムの中での言語の役割の解明という方向に向かっている． 〔今井むつみ〕

[8] Gentner, D.（2003）Why we are so smart. In D. Gentner & S. Goldin-Meadow（Eds.）, *Language in mind: Advances in the issues of language and thought*（Pp.195-236）, Cambridge, MA: MIT Press.

【参考文献】
今井むつみ（2010）ことばと思考　岩波新書

# III - 45

問題解決

problem solving

1956年夏,米国東部ニューハンプシャー州のダートマス・カレッジに10名の研究者が集まった.現在では通称ダートマス会議と呼ばれているその研究発表会は,新しく生まれつつある研究領域を人工知能と称することを決めたもので,認知科学黎明期の歴史に残る重要なできごとの一つとされている.その会合で,ニューウェル(Newell, A.)とサイモン(Simon, H. A.)[1] は,人間と同じように「思考する」プログラム,**LT**(Logic Theorist)を発表した.LT は,名著『数学原理』[2] の第2章の中の最初の52個の定理のうち38個(73％)を証明することができた.彼らによれば,LT は単なるコンピュータ・プログラムではなく,人間の問題解決に関する認知理論そのものであった.つまり,問題解決は,認知心理学の最も古い研究テーマの1つといえる.

LT が先鞭をつけた情報処理アプローチは,初期の認知科学,すなわち人工知能とも認知心理学ともいえる融合領域において大きな成功を収めた.ニューウェルら[3] は,まず問題を定式化するところから始めた.彼らが定義した**問題空間**(problem space)とは,(1)問題の構成要素,(2)**オペレータ**(operator),(3)初期状態,(4)目標状態,(5)各状態で利用可能な全知識の5つから成るものである.たとえば,チェスの場合には,(1)は駒とその配置,(2)は駒の動き,(3)は最初の盤面,(4)はチェックメイト(詰み),(5)は各局面に遭遇したときに利用可能となる知識である.このようなアプローチは,**一般問題解決器**(General Problem Solver, GPS)や,汎用的なヒューリスティック(heuristic)としての**手段目標分析**(means-ends analysis)といった考え

1) Newell, A., Shaw, J. C., & Simon, H. A. (1958) Elements of a theory of human problem solving. *Psychological Review*, 65, 151-166

2) Whitehead, A. N. & Russell, B. (1925) *Principia mathematica*, Vol.I (2nd ed.). Cambridge, UK: Cambridge University Press.

3) Newell, A. & Simon, H. A. (1972) *Human problem solving*. Englewood Cliffs, NJ: Prentice-Hall.

方に象徴されるように、ことさら、**良定義問題**（well-defined problem）に関して威力を発揮した．コンピュータ・プログラムという曖昧さのないことばで問題を定義し、理論を構築することによって、それまでの対立する見方、すなわち、このあと述べる「問題解決は試行錯誤学習か洞察か」という議論に決着がつくと期待された[1]．

ソーンダイク（Thorndike, E. L.）[4]に代表される**連合主義（行動主義）**者らは、問題解決を**試行錯誤学習**とみなした．彼は、**問題箱**（puzzle box）と呼ばれる装置を使って、ネコが問題解決する様子を観察した．箱の中の輪になった紐を引っ張ると箱のドアが開くしくみになっていた．箱に入れられたネコは、最初はどうしてよいかわからず、ほとんどでたらめな反応をしたが、偶然に紐を引っ張って外に出られることを繰り返すうちに、次第に箱に入れられた直後に正しい反応をするようになった．

連合主義の考え方によれば、思考とは、われわれがあらかじめ持つ**習慣**（habit）といわれる複数の反応傾向の試行錯誤的適用である．特定の刺激 S に対して、反応傾向の高いものから R_1, R_2, ... という複数の反応があると仮定する．試行錯誤の初期段階では R_1 や R_2 の出現頻度が高いが、試行を繰り返すと刺激と反応の間の連合強度が変化する．その変化は、何度も繰り返された反応ほど起こりやすくなるとする**練習の法則**（law of exercise）と、問題解決に有効なものほど強度が増加し無効なものは強度が減少するとする**効果の法則**（law of effect）にしたがって調整される．その結果、正しい反応は、連合強度が増し、早い段階で出現する確率が高まる．

一方、ゲシュタルト（Gestalt）心理学者ケーラー（Köhler, W.）[5]は、同様に動物の行動を観察しながらも、連合主義と正面から対立する考え方を唱えた．そこで彼は、欲しい果物に手が届かないときにチンパンジーがどのようにしてそれを手に入れるか、さまざまな場面を設定して観察した[6]．そこで彼が見たのは、試行錯誤と効果の法則による漸次的学習ではなく、類人猿が突然解を得て、はっきりと目的をもって行動する様子であった．ケーラーによれば、チンパンジーも

4) Thorndike, E. L. (1898) *Animal intelligence: An experimental study of the associative processes in animals.* New York: Macmillan.

5) Köhler, W. (1925). *The mentality of apes* (E. Winter, Trans.). New York: Harcourt.

6) 彼は、1913年～1917年、アフリカ北西部カナリア諸島のテネリフェ島で、主にチンパンジーを使って問題解決研究を行った．

「洞察」を得て問題を解決する，すなわち，過去の経験に基づく知識を「再構成」して，全く新しいやり方で取り組むことによって解に至る．

ゲシュタルト学派によれば，思考の重要な特質は，問題要素の**再構造化**（restructuring），**再体制化**（reorganizaion）にある．われわれがしばしば問題を解けず行き詰まるのは，問題解決の**構え**（set）を変えられないからである．問題を新しい見かたで見る（再構造化する）ことによって解に至る．正解の閃き（illumination）は，「あ，そうか（Aha!）」という思いとともに突然やってくることがある．これこそが**洞察**（insight）と呼ばれる「特別な」プロセスである．たとえば，有名なドゥンカー（Duncker, K.）[7]のろうそく問題[8]の場合，「ものを入れる」という箱の本来の機能（従来の方法で構造化された知識）にとらわれて，なかなか正解にたどりつけない．これは**機能的固着**（functional fixedness）と呼ばれるが，先行経験が負の影響を持つことがあることを示しているという意味でも，連合主義のいう練習の法則に反しているように見える．箱をろうそくの台にするという正解に至るためには，知識の再構造化が必要になる．

ゲシュタルトの指摘の多くは現在でも重要であるものの，用語に操作的定義がなく，概念が直感的で曖昧だという批判はこれまでにも多くなされてきた．認知心理学が，その誕生以降の半世紀間で行ってきたことは，連合主義の概念を暗にとり入れながら，直感的なゲシュタルトのことばを情報処理のことばで再概念化する作業であったといえよう．

たとえば，ゲシュタルトが重視した再構造化は，問題空間のシフト[9]である．問題の初期表象の**精緻化**（elaboration）や**再符号化**（re-encoding），あるいは**制約緩和**（constraint relaxation）という概念で捉え直すことができる[10]．最初に問題を理解したときに作られる初期表象が不完全だったり誤っていたりする場合には，足りない表象を付け加えたり，適切な表象と入れ替えたりする必要がある．一方，解決者が目標状態に対する不適切な制約を暗黙のうちに課してしまっている場合には，その制約を緩和することが解決につながる．

[7] Duncker, K. (1945) On problem-solving. *Psychological Monographs: General and Applied*, 58(5), 1-113. Translated by Lynne S. Lees.

[8] ろうそく，マッチ，画鋲（それぞれ箱に入っている）が与えられ，火を灯したろうそくをドアに安全に固定するための方法を答える問題．

[9] Kaplan, C. A. & Simon, H. A. (1990) In search of insight. *Cognitive Psychology*, 22, 374-419.

[10] Ohlsson, S. (1992) Information-processing explanations of insight and related phenomena. In M. T. Keane & K. J. Gilhooly (Eds.), *Advances in the psychology of thinking* (Vol. 1, Pp.1-44), New York: Harvester Wheatsheaf.

再構造化が必要になるのは，考えが行き詰まるからである．この状態を**インパス**（impasse）[11]というが，インパスに陥る理由を説明する構えや機能的固着というゲシュタルトの概念は，「解決に結びつかない不適切なオペレータの過度の活性化」と捉えることができる[10]．オペレータは，その状況で解に結びつきそうなものが優先的に探索される．つまり，連合主義の習慣の概念と同様，オペレータには選ばれやすさの違いがある[12]．この探索は，ヒューリスティックに基づく自動的な過程である．おそらく記憶の**活性化拡散**のメカニズムに支えられており，意識的なコントロールが関与しにくい．したがって，ちょうど車輪がぬかるみにはまるように，一生懸命取り組むほどインパスから抜け出すのが難しくなることもある[13]．また，洞察が突然訪れるように感じられるのは，解決中の認知過程に対する意識的なアクセスが非常に限定されているからであろう[10]．

情報処理アプローチは，洞察問題解決に対するわれわれの科学的な理解を深めてきた．しかし，50年以上前に認知理論として LT を提案したニューウェルらの希望的観測は，残念ながら現在でも実現していない．洞察か試行錯誤かという論点は，現代的な問題に装いを変えて議論が続いている．洞察問題の解決には，非洞察問題（たとえば，算数の掛け算のような課題）とは質的に全く異なる過程が関与しているとする**特殊過程説**（special process view）と，再構造化は重要ではないとし，その心理的実在性すら疑う**日常行為説**（business as usual view）との間には，大きな隔たりがある．この問題は，結局のところ洞察の定義の問題に行きつく．ところが，理論的に十分満足のいく定義をするためには，洞察問題解決過程についてもっと多くのことが明らかになっている必要があり，鶏が先か卵が先かの感がある．しかし，このような論争こそが研究推進の原動力になってきたことを忘れてはならない．この問題は，今後も当分は重要であり続けるに違いない． 〔服部雅史〕

[11]「袋小路」を意味するフランス語「アンパース」に由来．

[12] ただし，オペレータは，連合主義で仮定されていたような単純な要素的行動ではない．

[13] Smith, S. M. (1995) Getting into and out of mental ruts: A theory of fixation, incubation, and insight. In R. J. Sternberg & J. E. Davidson (Eds.), *The nature of insight* (Pp. 229-251), Cambridge, MA: MIT Press.

【参考文献】
楠見孝（編）(2010) 現代の認知心理学 第3巻 思考と言語 北大路書房

III - 46 推理

reasoning

推理とは，既にわかっていることから新たに何かを導き出すことを指す．心理学においては，英語の"reasoning"の訳語として「推理」，"inference"の訳語として「推論」が当てられることがあるが[1]，必ずしも定着しているわけではない．逆に，"reasoning"に「推論」，"inference"に「推理」や「推測」，「推定」，「推計」などが当てられることもあり，近年では，両者を区別せず「推論」とされることが多い．

心理学者（哲学者）のジェームズ（James, W.）は，その代表著書『心理学の諸原理』[2]の 22 番目の章を「推理（reasoning）」とした．その章の冒頭で「人間は合理的（rational）動物とされるが，（中略）理性（reason）が何を意味するかや，推理（reasoning）と呼ばれる特別な思考過程が，他の似た結果を導く思考系列とどのように異なるかを決めるのは容易ではない」（p.323）と述べた．また，日常言語学派の哲学者ストローソン（Strawson, P. F.）は，『論理の基礎』[3]の中で，「論証すること（arguing），証明すること（proving），推論すること（inferring），結論すること（concluding），数学の問題を解くこと，これらすべては推理（reasoning）の諸種である」（p.12, 訳は常俊らによる）とした．

つまり，推理（reasoning）とは，形態としては比較的広範なものを含む一方，理性的思考の系列を示唆すると捉えられる．その点では推論（inference）は中立的で，「推理（reasoning）の単純な行為」[4]を指す場合がある．推論の典型例は，後述の論理学の推論規則のように，既に知っている事実から比較的単純なステップを経て帰結を導くもので，新しくどんな知識が導き出されるかに着目する概念である．

1) 本稿はこの流儀に従う．

2) James, W. (1890/1905) *The principles of psychology*, Vol.2. New York: Henry Holt.

3) Strawson, P. F. (1952) *Introduction to logical theory*. London: Methuen.
〔常俊宗三郎・木村慎哉・藪木栄夫（訳）論理の基礎〈上・下〉—日常言語と形式論理学 法律文化社〕

4) James (1890/1905) 上掲書, p.327.

推理に関する研究の歴史は哲学に始まる．哲学（論理学）においては，正しい推論や適切な推論がどのようなものであるかが問われてきた．数理論理学の基礎を築いたブール（Boole, G.）は，人間の思考法則，すなわち推理の基本原理は論理学のようなものであると考えていた．このことは，彼の代表著作のひとつ『論理と確率の数学的理論の基礎となる思考法則の研究』5)の題名に端的に表れている．このような**論理主義**（logicism）的な考え方は，ピアジェ（Piaget, J.）などの心理学者に受け継がれた後，現代の認知心理学においても，**メンタル・ロジック**（mental logic）6)と呼ばれる考え方の中に残っている．たとえば，論理学の証明理論体系の1つである**自然演繹**（natural deduction）は，「『A → B』と『A』から『B』を導く」というような複数個の基本的な**推論規則**（rules of inference）からなるが，メンタル・ロジックの考えによれば，心の中にもこのような汎用的な推論規則が存在する．つまり，人間の推論過程は，論理演算に相当する認知過程とみなされる．

人工知能と認知科学の分野においても，推理は常に中心的なテーマであり続けてきた．計算機が，数の計算のみならず，記号を使った知的処理にも使えることがわかって，真っ先に取り組まれたテーマの1つが自動演繹であった．自動演繹の最初の取り組みは，ニューウェル（Newell, A.）らによるLT（logic theorist）と呼ばれるもので，これは人間の推理過程のモデルでもあった．その後，さまざまな洗練された技法が開発されたことにより，定理の自動証明という研究分野が確立し，論理プログラミングの発展へとつながった．また，人工知能研究からさまざまな非標準論理と呼ばれる新しい論理体系が生まれ，論理学の幅が一気に拡大することになった．中でも，**非単調論理**（nonmonotonic logic）と呼ばれる一群の論理体系は，人間が行うような自然で常識的な推理を扱うために提唱されたもので，**フレーム問題**（frame problem）7)などの認知科学のいくつかの重要な哲学的問題とも強い関連を持ち，推理研究の理論的発展に貢献した．この分野では，近年，確率的推論に関して顕著な成果が見られた．パール

5) Boole, G. (1854) *An investigation of the laws of thought, on which are founded the mathematical theories of logic and probabilities*. Cambridge, UK: Macmillan.

6) Braine, M. D. S. & O'Brien, D. P. (Eds.) (1998) *Mental logic*. Mahwah, NJ: Lawrence Erlbaum Associates.

7) 推理に関する原理的問題．有限の情報処理リソースでは，変化する現実環境の中で有効な推理は不可能とされる．したがって，人間は有限のリソースでどうやって有効な推論を実現しているかが問題となる．人工知能研究により初めて認識された哲学的問題．

(Pearl, J.）の信念ネットワークは，不確実な証拠からの推論を定式化したが，後に**ベイジアン・ネットワーク**に発展し，確率論に基づく統計的因果推論体系の基礎となった[8]．**介入**（intervention）の概念をキーとする因果の定式化は，心理学にも大きな影響を与えた[9]．

心理学においても，推理は当初からずっと重要な研究テーマであった．科学的な心理学は，生理学者ヘルムホルツ（von Helmholtz, H）によって始められたと言われるが，彼は，視覚にも知識が大きく関与することを指摘し，**無意識的推論**（unconscious inference）と呼んだ．その後，本格的な認知心理学が成立する以前に演繹課題を用いた推理研究が始まり，1920年代には既にいくつかの論文が出版されていた．

心理学では哲学と異なり，実際に人間がどのように推理しているかが問題となる．推論と記憶の最大の違いは，形式と内容の分離である．完全に内容に依存した個別的な連合は，記憶の想起による単なる再生的思考であり，通常は推論とは言わない．しかし，形式と内容を完全に分離することは人間にとって容易ではない．形式が同じでも，内容の違いが推論に影響する．たとえば，「鳥は動物だ」と知っており，あるものが「動物」だとわかっても，それが「鳥」とは限らないことはすぐにわかるが，同じ形式でも，「合格したら電話する」と聞いていて「電話があった」ら，普通は「合格した」（論理的に誤り）と考えてしまう．このように文の意味内容が推論に与える影響は**内容効果**（content effects）と呼ばれ，心理学における推理研究の伝統的なテーマとなってきた．

心理学の中では，良くも悪くも哲学（論理学）の伝統が大きな影響を与えてきた．すなわち，論理学を規範とし，論理主義に則った推理を理性的で合理的なものとする傾向が根強くあった．ところが，1980年代後半以降，このような傾向に大きな変化が起こり始めた．**合理分析アプローチ**[10][11]，**語用論的アプローチ**[12]，**生態学的合理性アプローチ**[13]などに見られるように，限られた認知的リソースを生活環境や認知環境の中で効果的に使う生体の合理性，すなわち**適応的合理性**（adaptive rationality）の観点が優位になってきた．た

8) Pearl, J. (2009) *Causality: Models, reasoning, and inference* (2nd ed.). Cambridge, UK: Cambridge University Press.

9) Sloman, S. A. (2005) *Causal models: How we think about the world and its alternatives.* New York: Oxford University Press.

10) Anderson, J. R. (1990) *The adaptive character of thought.* Hillsdale, NJ: Lawrence Erlbaum Associates.

11) Oaksford, M. & Chater, N. (2007) *Bayesian rationality: The probabilistic approach to human reasoning.* New York: Oxford University Press.

12) Sperber, D. & Wilson, D. (1995) *Relevance: Communication and cognition* (2nd ed.). Oxford, UK: Blackwell.〔内田聖二・中逵俊明・宋南先・田中圭子（訳）(1999)関連性理論―伝達と認知 第2版 研究社〕

13) Gigerenzer, G., Todd, P. M., & The ABC Research Group (1999) *Simple heuristic that make us smart.* Oxford, UK: Oxford University Press.

とえば，われわれは2つのことがらの因果関係を推定するとき，できるだけ少ないサンプルからできるだけ速く正確に候補を選出するために，認知環境の制約やバイアスを利用して効率的な推理を行うが，その方法は論理学的な規範とは全く異なるものである[14]．このような適応的合理性の観点は，認知心理学における歴史的な3つのアプローチを基盤にして生まれたと考えられる．すなわち，何が計算されていて，実際の計算量がどうなるかを問題にする**計算論的アプローチ**，環境の中での生体を統合的に捉えようとする**状況論的アプローチ**，心の機能を進化的に捉える**進化論的アプローチ**の3つである．

他に推理に関して忘れてはならない観点が2つある．1つは，社会性の観点である．推理という認知活動自体は個人的なものであるが，その目的や動機づけは社会的なものと強く結び付いていることが多い．社会心理学において精力的に研究されてきた対人認知，原因帰属，社会的比較などの多くの研究テーマは，まさに推論に関するものである．認知は社会的文脈に大きな影響を受ける．よって，社会的文脈が特定の推論を促進する根源的なしくみを明らかにすることは，今後の最重要課題の1つである．その意味で，**社会的認知**研究や，言語運用の側面から社会的文脈における発話の意味や推論を扱う語用論には大きな期待がかかる．**関連性理論**（relevance theory）[10]による推論の認知的側面に関する分析は，認知心理学や社会心理学に対して重要な示唆をもたらす．

もう1つの重要な観点は，推理の系統発生である．記憶の想起や連想，そして推論の一部は，人間以外の動物にも共有されている．しかし，たとえば行動分析学が開拓した**刺激等価性**（stimulus equivalence）[15]のフレームワークを用いた推論研究から，人間だけに特有の推論が示唆されている[16]．このような推論は，何らかの遺伝的基盤に基づくのか，また他の人間に特有の認知機能や言語などとどのような関係にあるのかなど，興味は尽きない．推理の本質に迫るためには，学際的アプローチが不可欠であろう．

〔服部雅史〕

14) Hattori, M. & Oaksford, M.（2007）Adaptive non-interventional heuristics for covariation detection in causal induction: Model comparison and rational analysis. *Cognitive Science*, 31, 765-814.

15）たとえば，リンゴ（A）を見てそれが「りんご」（B）と呼ばれる（A→B）と学習した後，「りんご」という呼称から正しくリンゴを選ぶこと（B→A）ができたら，対称性が成立したという．さらに反射性，推移性の3つが成立すると，刺激等価性が成立したという．対称性推論は人間に特有とされている．

16) 服部雅史・山﨑由美子（編）(2008）特集 対称性—思考・言語・コミュニケーションの基盤を求めて 認知科学 15, 315-495.

【参考文献】
楠見孝（編）(2010）現代の認知心理学 第3巻 思考と言語 北大路書房

III-47

演繹／帰納

deduction / induction

> 表にアルファベット，裏に数字が印刷されているカードがあり，それらのうち，4枚が以下のように並べられている．
>
> | B | E | 3 | 6 |
>
> これらのカードにおいて，「もし表がBならば，裏は3」というルールが正しいかどうかを調べたい．そのためには，どのカードの反対側を見る必要があるか．

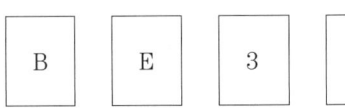

図47-1 ウェイソン選択課題の例

演繹と**帰納**は，与えられた前提から，何らかの帰結を導くための原理として考案されたものである．演繹とは，たとえば，「すべての人は死ぬ，ソクラテスは人である」したがって「ソクラテスは死ぬ」という**三段論法**（syllogism）のように，前提から必然的に帰結が導かれる（前提が真ならば，帰結は必ず真でなければならない）推論である．

一方，帰納とは，たとえば，「スイカ w1 は赤い，スイカ w2 は赤い，スイカ w3 は赤い」という個別事例からなる前提から，「すべてのスイカは赤い」という一般的な帰結を導く推論である．この場合，前提で言及されていないスイカについては何も情報がないにもかかわらず，「すべて」と述べているので，この帰結は，必然的というよりも蓋然的・確率的であるといえる．「スイカというラベルが与えられている限り，言及されなかったスイカも，ここで述べたスイカと類似している」という仮定が，帰結の暗黙の前提とされている．これは，**枚挙的帰納**と呼ばれるが，広義の帰納にはこれ以外に，**類推**（analogy）と**アブダクション**（abduction）が含まれる．類推とは，たとえば，「スイカは水分を多く含む，メロンはスイカと似ている」から，「メロンは水分を多く含む」という帰結を導く推論である．また，アブダクションとは，ある仮説 H からうまく a が説明され，a が真であるならば，仮説 H も正しいとする推論である．仮説検証において使用される原理だが，演繹の立場からはこれは誤った推論である．

一般に，帰納は，演繹と異なって，帰結において情報量が

追加されると定義される．しかし，ある集合に含まれる個別事例の要素に悉皆的に言及して，そこからその集合について必然的かつ一般的な帰結を導くとすれば，形式は枚挙的帰納だが，情報は追加されていない．これは，**完全帰納**と呼ばれている．

人間が，演繹や帰納をどのように行うのかは，推論研究において検討されてきた．演繹的推論の研究は，主として，人間の推論が論理的か否かという問題に取り組んできた．課題には，前提に条件節が含まれた**条件的推論**（conditional inference）と，条件節が含まれていない**定言的推論**（categorical inference）がある．前者の代表的な例として，「もしpならばq，pは真」から「qは真」を導く**肯定式**（modus ponens）がある．また，後者では，「すべての（all）」や「ある（some）」などの，**量化子**（quantifier）付きの命題が前提として用いられている．「あるAはBである」かつ「すべてのBはCである」から，「あるAはCである」を導くような推論が代表的な定言的推論である．

この他に，条件的推論の特殊な形式で，「もしpならば，q」という条件文を偽とする可能性がある事例を選択する**ウェイソン選択課題**（Wason selection task）[1]がある．これは，その特殊性にかかわらず，単独の課題として，最も多く推論研究において用いられてきた．図47-1に例が示されるが，条件命題は，「qではないp」の存在によって偽とされるので，正解はBと6である．しかし，多くの人々はBと3を選択し，この結果は，人間の思考が論理的ではない証拠とみなされた．

この課題が主として使用されたのは，以下の内容についての効果をどのように説明するかという研究である．たとえば，条件文を「もしアルコールを飲むならば，20歳以上でなければならない」として，4つの事例を，「ビール」「牛乳」「25歳」「15歳」とすると，正解である「ビール」と「15歳」の選択率が飛躍的に増加するのである．この内容効果の説明は，推論に用いられる人間の知識がどのようなものなのかという議論を生んでいる．たとえば，チェン（Cheng, P. W.）[2]は，

1) Wason, P. C. (1966) Reasoning. In B. Foss (Ed.), *New horizons in psychology* (Pp.135-151), London: Penguin.
「4枚カード問題」とも言われている．

2) Cheng, P. W. & Holyoak, K. J. (1985) Pragmatic reasoning schema. *Cognitive Psychology*, 17, 391-416.

人間の推論は，真や偽よりも，「許可」や「禁止」などのレベルの知識構造に基づいていると推定した．また，コスミーデス（Cosmides, L.）[3]は，推論の基盤には，「もし利益を受け取るならば，対価を支払う」という社会契約（social contract）があり，これは進化の産物であると推定している．

　帰納的推論の研究は，比較的多岐にわたっている．むしろ，純粋な事例枚挙的帰納を扱ったものは比較的少ない．その中で，オシャーソン（Osherson, D. N.）他[4]は，事例から一般法則を導くときの原理を検討して，**類似・網羅モデル**（similarity-coverage model）を提唱している．たとえば，おそらく，ほとんどの人は尺骨動脈というものを知らないだろうが，以下のような，

　（A）カバには尺骨動脈がある．
　　　ハムスターには尺骨動脈がある．
　（B）カバには尺骨動脈がある．
　　　サイには尺骨動脈がある．

という（A）と（B）の前提では，どちらがより強く「全ての哺乳類には尺骨動脈がある」という一般的帰結を導くことができるだろうか．多くの人は（A）がより強いと判断する．（B）のカバとサイは類似度が大きいので，尺骨動脈は，せいぜい大きな有蹄類がもっている程度と推定されるが，一方（A）のカバとハムスターは類似度が低いので，両者の中間に位置するような哺乳類はほぼ尺骨動脈があると推定されるからである．言い換えれば，カバとハムスターでは，網羅範囲が大きいのである．

　帰納において重要な点は，何をもって「類似」とみなすかである．類似は，3段階のレベルで分類できる．第一のレベルは対象の類似で，これは対象間に含まれる要素の類似である．たとえば，イルカとマグロは，ヒレを有するという要素が類似している．第二のレベルは属性の類似で，これは，対象の持つ性質の類似であり，たとえば，イルカとマグロは，「流線形である」や「泳ぐことができる」という性質の類似がある．第三のレベルは関係の類似である．関係の類似とは，対象間に含まれる要素あるいは性質間の関係の類似である．

3) Cosmides, L. (1989) The logic of social exchange: Has natural selection shaped how humans reason? Studies with the Wason selection task. *Cognition*, 31, 187-276.

4) Osherson, D. N., Smith, E. E., Wilkie, O., López, A., & Shafir, E. (1990) Category-based induction. *Psychological Review*, 97, 185-200.

イルカとマグロの例では，両者において，「ヒレ」によって「泳ぐ」という関係が成立しており，この関係は類似しているといえる．

　この関係の類似は，類推において重要である．類推とは，たとえば，

　　　○：□：：●：？
　　　A：B：：C：D

のように，A項とB項の関係が，C項とD項でも成り立つとして，D項にどのような項目が適しているかを推論させる課題である．類推では，A項とB項において，「左は円で右は四角」という関係の検出を推論（inference），A項とC項の差異を考慮してABとCDを関係づけることを写像（mapping），ABの関係をCDに移行させてDを推定することを適用（application）という．もっともありそうな解答は■だろう．しかし，もしABの関係が，「左が「え」で始まる単語を表わす形で，右が「し」で始まる単語を表わす形」だとすれば，■も正解だが，Σ（シグマ）でも正解になる．

　そもそも帰納において厳密な意味での規範解は存在しない．しかし，わたしたちの直観では，Σよりははるかに■が適していると判断されるだろう．この理由は，わたしたちは，このような場合は，図形が表す音声ではなく，図形の形や色が重要であるという暗黙の仮定があるからである．これを**制約**（constraint）という．制約とは，膨大な入力刺激に対して，特定の領域の知識を構造化させるのに有益な刺激のみを選択するような認知的作用である．類推では，制約によって，このようなさまざまな可能性から，ありそうな関係のみに注目することが可能である．それによって，たとえば，何か新奇な対象を理解しようとする場合，既存の対象との類似を抽出して，既存の対象の中の性質や関係を新奇な対象に適用するのである．

〔山　祐嗣〕

【参考文献】
ホランド, J. H.・ホリオーク, K. J.・ニスベット, R. E.・サガード, P. R.／市川伸一ほか（訳）（1991）インダクション──推論・学習・発見の統合理論へ向けて　新曜社

III-48
メンタルモデル

mental model

　メンタルモデルとは，広義には，現実のあるいは架空の世界が心の中でモデルとして表現されたものと定義することができる．すなわち，ある風景をイメージしたり，お化けのことを想像したり，幾何学の問題を解くための図を思い描いたりすることも，メンタルモデルを心の中に構成することとして解釈できる．

　しかし，狭義には，ジョンソン゠レアード（Johnson-Laird, P. N.）[1] が1983年に提唱したメンタルモデル理論において定義されている．彼は，クレーク（Craik, K.）が提起した心の中の小規模モデルという考え方を発展させ，メンタルモデル理論にまとめた．彼によれば，メンタルモデルとは，想像力または理解から構成され，視覚映像と同型であったり，抽象的であったりする可能なモデルとして定義される．また，同じ年に，ゲントナー夫妻（Gentner, D. & Gentner, D. R.）[2] によって，『メンタルモデル』という同じタイトルの書籍が出版されたが，彼らのメンタルモデルという用語は，新奇な対象を理解するときに類推として用いられる構造的に類似したモデルを意味している．

　ジョンソン゠レアードのメンタルモデル理論が提唱された背景には，1970～1980年代に活発であった，人間の推論が論理的か否かという議論がある．当時，人間の推論が論理的であると最も強く主張していた理論は，**自然論理**（natural logic）あるいは**メンタル論理**（mental logic）理論である．たとえば，リップス（Rips, L. J.）[3] は，人間は，自然な論理命題をスキーマ形式で保持しており，それを推論において用いると主張した．自然な論理命題とは，たとえば，「pの否定の否定は

1) Johnson-Laird, P. N. (1983) *Mental models: Towards a cognitive science of language, inference, and consciousness*. Cambridge: Cambridge University Press.
〔海保博之（監修）／AIUEO（訳）メンタルモデル─言語・推論・意識の認知科学　産業図書〕

2) Gentner, D. & Gentner, D. R. (1983) *Mental models*. Hillsdale, NJ: Lawrence Erlbaum.

3) Rips, L. J. (1983) Cognitive processes in propositional reasoning. *Psychological Review*, 90, 38-71.

p」や「もしpならばq，かつpは真，したがってqは真」のような肯定式（modus ponens）など，わたしたちにとって当然である公理のような命題である．自然論理の主唱者たちによれば，一般に，困難な推論課題においては，このようなスキーマを複数使用する必要があり，限界がある人間の処理容量を圧迫して誤答が生じやすいとされる．

　この自然論理理論の問題は，理論家によってどの論理命題をスキーマとして仮定するかが微妙に異なっており，「自然」の基準があいまいであるという点である．また，帰結が特定の方向へ偏るというバイアスを説明できない．メンタルモデル理論は，この前者の問題を解決するために，論理形式のスキーマを放棄している．その代わり，陳述に表現された内容を，その陳述の意味論を解釈することによってモデルが構成されるとしている．同時に，モデル構成の習慣や好みによる偏向として，バイアスも説明可能である．ジョンソン＝レアードの理論では，モデルはトークン（ある対象を表すための具体的代表物）で構成され，現実の世界の推定状態を表現する．メンタルモデルは，談話の理解や，推論を行なう際に構成されると考えられているが，この理論は，当初，**定言的三段論法**（categorical syllogism）において検証された[4]．定言的三段論法とは，前提に条件節がなく，「ある（some）」や「すべての（all）」などの量化子で表現された命題を用いたものである．そして，正答への以下の3段階が区別されている．

（1）ある前提が与えられると，これらの前提が真であるような現実世界の可能状態を表象する暫定的なメンタルモデルが構成される．
（2）このモデルから，前提で明示されていない暫定的な命題を帰結として導く．
（3）反例，すなわち，前提が真で（2）の帰結を偽とするような新たなモデルを探索する．もし，そのような反例モデルが発見されなければ，（2）の帰結は妥当とみなされる．

　定言的三段論法の例は複雑なので，**条件的三段論法**（con-

4) Johnson-Laird, P. N. & Bara, B. G.（1984）Syllogistic inference. *Cognition*, 16, 1-62.

ditional syllogism）の例で考えてみよう．条件的三段論法とは，前提に，「もしpならば」という条件節が含まれた三段論法である．代表的な例として，「もしpならばq，pは真」から「qは真」を導く推論があり，肯定式（modus ponens）と呼ばれている．このように，条件的三段論法は，「もしpならばq」という条件命題を前提として，「pは真」または，「qは偽」，「pは偽」，「qは真」という4種の命題のうちの1つが追加されて，帰結を求められるものである．なお，「qは偽」ならば，「pは偽」が妥当な帰結だが，「pは偽」や「qは真」からは，妥当な帰結は存在しない．

　メンタルモデル理論では，「もしpならばq」の前提は，

　　　p　q
　　　...

と表現される．ここで，pやqがトークンである．最初の行は，pもqも真であるという条件文で述べられた可能な状態のモデルを表現しているが，これが（1）の過程に相当する．第二の行は，それ以外のモデルがまだ明示されていないことを表している．この状態で，「pは真」という命題が与えられれば，容易に「qは真」という帰結を導くことができる．一方，「qは真」という命題が与えられれば，「pは真」という帰結を誤って導いてしまう．これが（2）の過程である．

　次に，導かれた帰結を偽とするような可能なモデルの探索が行なわれる．また，上の状態では，「pは偽」や「qは偽」という命題が与えられても帰結を導くことができないので，明示されていないモデルを，具体化する必要がある．これが（3）の過程である．

　たとえば，もし双条件的に条件文が解釈されると，

　　　p　q
　　　¬p ¬q　　（¬は否定を表す）

のように，新しく具体化されたモデルが追加される．このモデルによれば，「qは偽」からは，「pは偽」という妥当な帰結が導かれるが，「pは偽」からは，「qは偽」という誤った帰結が導かれてしまう．さらに，依然として，「qは真」から「pは真」が導かれるのみで，「pは真」を偽とするモデ

ルは探索できていない．

双条件的（「もしpならばq」から「もしqならばp」も正しいとする解釈）ではなく，実質含意的（命題論理学にしたがった解釈）に解釈されると，

　　p　　q
　¬p　¬q
　¬p　　q

のように，新しく3行目のモデルが具体化される．これによって，「qは真」からはqの真偽が決定できないことが導かれ，また「pは偽」からも，妥当な帰結を導くことはできないことが理解される．

メンタルモデル理論においても，自然論理理論と同様，人間の処理容量の限界を仮定し，その限られた容量の中で，モデルが多く必要な課題ほど解答が困難であると説明される．また，発達的に，この例で示された3つのモデルを同時に考慮できるのは8歳あるいは9歳以上であると推定されている[5]．

メンタルモデル理論は，当初は，ルールに基づく自然論理理論に対して非論理性を主張する理論と考えられていた．しかし，少なくとも，前提の意味を理解してモデルを構成する手続きを可能にする能力や，「暫定的帰結を偽とするモデルが探索できなければ，その帰結は真である」というメタ判断的な能力が想定されており，単に非論理性を強調した理論ではないということがわかる．一方，たとえば，「もし太郎が釣りに行けば夕食は魚である，太郎は釣りに行った」という前提に，「もし太郎が釣りが得意ならば，夕食は魚である」という前提が加わると，「太郎は釣りに行った」から「夕食は魚である」という帰結を導く肯定式推論が抑制される．これを説明するために，メンタルモデル理論では，一般的な知識を考慮しながら，前提が記述している状況のモデルが構成されるとしている．このように，メンタルモデル理論は，命題内容の影響も説明することができるのである[6]．〔山　祐嗣〕

[5] Markovits, H., & Barrouillet, P.（2002）The development of conditional reasoning: A mental model account. *Developmental Review*, 22, 5-36.

[6] Byrne, R. M. J.（1989）Supressing valid inferences with conditionals. *Cognition*, 31, 61-83.

【参考文献】

ジョンソン-レアード, P. N.／海保博之（監修）AIUEO（訳）（1988）メンタルモデル：言語・推論・意識の認知科学　産業図書

III-49
日常認知

everyday cognition

実験室ではなく日常場面における人間の「認知」の働きを理解しようという動きが，1970年の終わりごろに起こってきた[1]．これが**日常認知**研究である．これまで研究対象として取り上げられた問題は，フラッシュバルブメモリ，お金（コイン）の記憶，自伝的記憶，目撃証言，展望的記憶，認知地図，並はずれた記憶能力，日常の失敗（アクションスリップ）などである．ここでは，お金の記憶とフラッシュバルブメモリについて述べる．

お金の記憶

お金は日常生活の中でよく目にするものである．これほど頻繁に目にしているからといって，はたして良く記憶されているかと言えば，むしろその記憶はたいへん不確かなものであることを研究は示している．

この領域の先駆的研究は，ニッカーソン（Nickerson, R. S.）とアダムス（Adams, M. J.）による1セント硬貨を用いた研究である[2]．それまでの画像記憶の研究が示すように，私たちはたとえそれが短時間呈示されるものであっても，多数の画像を認知し，記憶できることが報告されてきた[3]．

しかし，ニッカーソンとアダムスの研究は，米国人が日常目にすることの多い1セントコインについての記憶はたいへん頼りないものであることを示した．

彼らはまず20人の被験者に2つの円が描かれた紙に1セント硬貨の表と裏を思い出して描くように求めた．

1セント硬貨には，次の特徴が含まれている．

表面：リンカーンの顔，"IN GOD WE TRUST"，"LIBERTY"[4]，年号

---

1) Neisser, U. (1975) *Cognition and reality: Principles and implications of cognitive psychology.* San Francisco and London: W. H. Freeman and company. 〔古崎敬・村瀬旻（共訳）(1978) 認知の構図―人間は現実をどのようにとらえるか サイエンス社〕

2) Nickerson, R. S. & Adams, M. J. (1979) Long-term memory for a common object. *Cognitive Psychology,* 11, 287-307.

3) たとえば，下記参照. Standing, L. (1973) Learning 10,000 pictures. *Quarterly Journal of Experimental Psychology,* 25, 207-222.

4)「我神を頼む」と「自由」の意.

図49-1　1セント硬貨と再生図の例（Nickerson & Adams, 1979）[2]

裏面：リンカーン記念館，"UNITED STATES OF AMERICA"，"E PLURIBUS UNIM"，"ONE CENT"[5]

表面，裏面のそれぞれに4つずつ，合計8つの主要な特徴がふくまれており，これらが正確に再生されているか調べたところ，成績は悪かった．

図49-1は実験参加者が描いた絵の例を示す．正しい場所に正しく再生された特徴の数は3個（中央値）であった（完全正答数は8個）．特徴が省略されたり，間違ったところに描かれた誤りの率は61％に上った．

日頃見慣れた対象であるにもかかわらず，特徴を記憶することに意味がなければ，それらを正確に記憶してはいないのである．

新千円札を対象にお金の記憶を調べた研究がある[6]．この研究では，「新千円札を描いてみよう．表と裏，さて，正確に描けますか？　もし，鳥や建物があれば，それも落とさず描いてください．」という教示を与えた．実は建物や鳥は新千円札にはない．

この下線部の教示を与えた場合と与えない場合を比較すると，教示を与えた場合は実際にはない建物や鳥を書いてしまう（図49-2）．図49-3は誤って建物や鳥を再生してしまった人の割合を示す．

ある出来事を目撃した後に接する情報によって最初の記憶の正確さが損なわれる現象を，**誤情報効果**（misinformation effect）という．誤情報効果はもともとの記憶があいまいである場合や誤情報が元の情報と微妙に食い違っている場合に

5)「アメリカ合衆国」「多くの州の連合」「1セント」の意．

6) 高良加代子・箱田裕司（2007）見慣れた日常物体の記憶における誤情報効果―新千円札の記憶における検討　信学技法　IEIC Technical Report HIP2007-162（2008-03）．

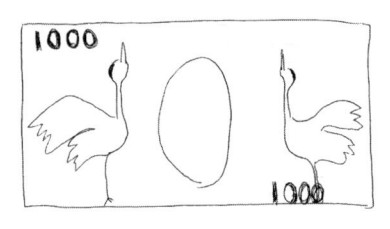

図49-2 誤って建物や鳥が再生された例

生じやすい．誤情報を与えていない条件では鳥と建物と両方を誤って描いた人は5％ほどであるが，誤情報によってその誤りは15％ほどに跳ね上がる．しかし，明らかにありえない情報を与えると，誤情報効果は生起しにくい．

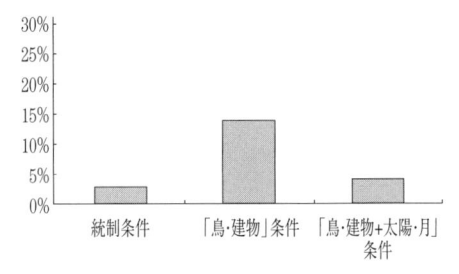

図49-3 鳥と建物の両方を再生した人の割合
（高良・箱田, 2007）[4]

この実験でも，「もし，鳥や建物，太陽や月があれば，それも落とさず描いてください．」というあからさまな嘘の教示を与えると，図49-3にあるように，鳥と建物の両方を誤って再生する人の割合は激減する．これを**波及効果**（spillover effect）と言う．複数ある誤情報の中にあまりにあからさまな誤情報が混じっていると，もっともらしく思える誤情報にも惑わされなくなる現象である[7]．

フラッシュバルブメモリ

2001年9月11日，ボーイング767-200型機2機があいついでニューヨークの世界貿易センタービルのツインタワーに突入し，両ビルとも崩落した事件があった（図49-4）．そのことを知ったときあなたは何をしていましたか？　このようなことを聞かれれば，多くの人は明確に答えることができるだろう．この現象を**フラッシュバルブメモリ**（flashbulb memory）という[8]．フラッシュバルブメモリは次のような特徴を持っている．

(1) 生々しい，(2) そのとき自分はどこにいたのか，(3) そのとき何をしていたのか，(4) どのようにして知ったのか，

7) Loftus, E. F.（1979）Reactions to blatantly contradictory information. *Memory and Cognition*. 7, 368-374.

8) このことばを初めて使ったのはブラウンとクーリックである．Brown, R. & Kulik, J.（1977）Flashbulb memories. *Cognition*, 5, 73-99.

9) 上掲書 Brown & Kulik（1977）

(5) その直後どうしたのか（何が起こったのか），(6) 自分はどのように感じたのか，(7) 他の人はどのように感じたか，などをはっきりと記憶している[9)10)]．

ブラウンと（Brown, R.）とクーリック[9)]によれば，フラッシュバルブメモリは，通常の記憶メカニズムとは異なる特殊な神経生理学的メカニズムでなされ

図49-4　炎上する世界貿易センタービル
(http://upload.wikimedia.org/wikipedia/commons/f/fd/National_Park_Service_911_Statue_of_Liberty_and_WTC_fire.jpg)

るとされるが，しかし通常の記憶と同様に，事件を見聞きした後になされる記憶の再構成の過程の影響を受けること，すなわちその事件について繰り返し繰り返し話題にし（リハーサル），事件について形成するスキーマに合致するように不足している情報を補ったり，話の筋に不要な詳細な情報を落とすことによって，一貫したストーリーを作り上げていくことがわかった．

これまで，フラッシュバルブメモリを決定する要因として，出来事の意外性や重大性，出来事が喚起する感情，リハーサルなどが主に想定されている．しかし，実際に測定された要因は研究間で異なっているため，どの要因がフラッシュバルブメモリを決定するのかを一概に論じることは難しい．

これまでのフラッシュバルブメモリの研究対象としては，1989 年のサッカースタジアムでの事故[11)]や，1994 年に起きたスウェーデン船籍「エストニア号」の沈没事故[12)]などがある．
〔箱田裕司〕

10) Scott, D. & Ponsoda, V.（1996）The role of positive and negative affect in flashbulb memory. *Psychological Reports*, 79, 467-473.

11) Wright, D. B.（1993）Recall of the Hillsborough disaster over time: Systematic biases of 'flashbulb' memories. *Applied Cognitive Psychology*, 7, 129-138.

12) Christianson, S-A. & Engelberg, E.（1999）Memory and emotional consistency: The MS Estonia ferry disaster. *Memory*, 7, 471-482.

【参考文献】
井上毅・佐藤浩一（編著）(2002) 日常認知の心理学　北大路書房
仁平義明（編）(2009) 防災の心理学　東信堂

III-50
裁判心理学

forensic psychology

裁判心理学は，裁判に心理的要因がどのように影響を与えるかを研究する学問であり，目撃者の心理，取調べと供述の心理，証拠や手掛かりが陪審員あるいは裁判員に与える影響，刑事裁判の過程などから構成される．ここでは，目撃者の心理，取調べと供述の心理について解説する．

目撃者の心理

これまで刑事裁判において目撃者の証言や同一性識別は大きな役割を果たしてきた．しかし，**目撃者の証言**（eyewitness testimony）は様々な要因の影響を受け，誤ったものになる危険性がある．このような要因をどのように整理するかということについて，いくつかの考え方がある．推定変数（目撃の正確さに影響を及ぼすが司法制度の統制下にはない変数，例えば目撃者が目撃時に経験したストレス，目撃距離など）とシステム変数（刑事司法制度が直接操作できる変数，例えば写真面割帳に何枚の写真が使われたか，目撃者に対する質問の仕方など）に分ける考え方[1]，符号化段階，貯蔵段階，検索段階といった記憶の3段階ごとに要因を考えるやり方[2]があるが，ここでは，スポーラーら[3]の目撃者要因，目撃人物要因，状況要因とに分ける考え方に従って，それぞれの要因について説明する．

目撃者要因：目撃者要因としては、(1) 視力，(2) ステレオタイプ的知識と予期，(3) 性別，年齢，人種などがある．

(1) **視力**：目撃者は犯人，犯行をそもそも正確に認知できたのかどうかという点は重要である．目撃者の視力とその目撃距離では犯人の顔は認知できないということが分かれば，その証言がいかに確信に満ちたものであっても

1) Wells, G. L. (1978) Applied eyewitness-testimony research: System variables and estimator variables. *Journal of Personality and Social Psychology*, 36, 1546-1557.

2) Loftus, E. F., Green, E. L., & Doyle, J. M. (1989) The psychology of eyewitness testimony. In D. C. Raskin (Ed.), *Psychological methods in criminal investigation and evidence*. New York: Springer.

3) Sporer, S. L., Malpass, R. S., & Koehnken, G. (Eds.) (1996) *Psychological issues in eyewitness identification*. Mahwah, N. J.: Lawrence Erlbaum Associates.
〔箱田裕司・伊東裕司（監訳）(2003) 目撃者の心理学　ブレーン出版〕

信頼できないものとなる．このことに関する研究は数少ない．視力・目撃距離と写真面割の成績との関係については近藤・箱田[4]を参照されたい．レンズによって一定視力に調整し，様々な観察距離からターゲット人物を目撃してもらい，正しく写真面割が可能となる観察距離と視力の関係について一次関数を導き出したものである．

(2) **ステレオタイプ的知識と予期**：目撃者はあるがまま見てそれを記憶するのではない．目撃者が犯罪や犯罪者についての知識，偏見によってその記憶内容が歪められる危険性がある．いくつかの研究は，犯罪者の人相風体について人々が抱いているイメージにはかなり一致が見られること[5][6]を報告しており，犯罪者に関するステレオタイプ的知識が存在することを示唆している．また，実際にそれが目撃者による犯人識別に影響を及ぼすということについての証拠がいくつか報告されている[7][8]．

(3) **性別，年齢，人種**：目撃者の性による顔識別の正確さについては，女性が男性よりもやや優れていることが報告されている[9]が，それほど明確な違いは報告されていない．ただ，目撃者の性は目標人物の性との関係において効果を持つと言われている．同性間識別は異性間識別よりも成績がよい．これを同性間識別バイアスと言う．女性－女性では顕著であるが，男性－男性では明確には見られない[10]．同じグループ内の識別が異なるグループ間の識別よりもよいという，**同グループバイアス** (own-group bias) は，年齢[11]や人種[12]についても得られている．

ターゲット要因：顔の記憶成績に強く影響を及ぼすターゲット要因は顔の示差性である．示差性が高い顔，すなわち目立つ顔はそうでない顔よりも再認されやすいことが知られている．魅力度の高い顔と低い顔は中程度の顔よりも再認成績がよいが，この背景に示差性があるとされている[9]．

変装は顔の再認を妨げる効果的な方法である．例えば，変装によって目撃時と再認テスト時の髪型や髭の様子を変化さ

4) 近藤倫明・箱田裕司（2004）目撃者の視力が顔識別に及ぼす影響 法と心理 3, 81-87.

5) Bull, R. H. & Green, G. (1980) Relationship between physical appearance and criminality. Medicine, Science and the Law, 20, 79-83.

6) MacLin, M. K. & Herrera, V. (2006) The criminal stereotype. North American Journal of Psychology, 8, 197-208.

7) Hollin, C. (1980) An investigation of certain social, situational and individual factors in eyewitness memory. Unpublished doctoral thesis, North east London Polytechnic.

8) Yarmey, A. D. (1993) Stereotypes and recognition memory for faces and voices of good guys and bad guys. Applied Cognitive Psychology, 7, 419-431.

9) Shapiro, P. N. & Penrod, S. D. (1986) Meta-analysis of facial identification studies. Psychological Bulletin, 100, 139-156.

10) Rehnman, J. & Herlitz, A. (2007) Women remember more faces than men do. Acta

せると，変化させない場合に比べて著しく再認記憶の正確さを低下させる[13]．

状況要因：目撃時の状況に関わる要因である．目撃時間，保持時間，目撃者の身体状況（酩酊していたのか，そうでないのか），目撃者が経験するストレス，目撃後に与えられる情報（事後情報）などが挙げられる．凶器の存在もまた目撃記憶に影響する．凶器は目撃者の注意を捉え，その結果，人物の識別が低下することが知られている（凶器注目効果）．

取調べと供述の心理

目撃記憶と比較すると，取調べや供述に関する研究は少ない．ここでは取調べと供述の心理学的要因について述べる．

捜査面接：面接の目的が被疑者から自白を引き出すことにあるのか，多くの捜査上重要な情報を引き出すことにあるかということによって方法は変わる．自白を目的とした面接では，様々な駆け引きや技術が用いられる．一般的には，被疑者の人格を認め，自尊心を満足させ，同情的理解をする．戦略的には被疑者の供述と共犯者あるいは目撃者の供述の矛盾点，被疑者自身の供述の中の矛盾点を指摘する．胸の内を語ればすっきりする（カタルシス）と訴える．重要な情報を得ることが目的の面接において用いられている方法に認知面接法がある．これには大きく分けて2つの方法がある．1つは当時の文脈を復元しやすくして想起を促す方法であり，もう1つは検索のルートを増やして想起を促す方法である．前者は出来事が起こった文脈，その前後の文脈を思い起こし，思いついたことは何でも報告してもらう．後者は，出来事が起こった順に思い起こすだけでなく，逆の順番に思い出してもらう，他の人の視点からはその出来事はどうだったのかを聞いてみるなどして，様々な検索の仕方を試みる方法である[14]．

虚偽自白：通常，被疑者は身柄を拘束され，日常の生活環境から隔離され，食事や排泄，そして睡眠まで管理されるという屈辱的な環境下に置かれる．このような状況下では，たとえ拷問が加えられなくとも，想像しがたい強い心理的圧力を感じる．そしてこのような環境から早く逃れるために自白へ追い込まれていく．自白すれば自由になれるのではないか

Psychologica, 124, 344-355.

11) Fulton, A. & Bartlett, J. (1991) Young and old faces in young and old heads: The factor of age in face recognition. *Psychology and Aging*, 6, 623-630.

12) Sporer, S. L. (2001) Recognizing faces of other ethnic groups: An integration of theories. *Psychology, Public Policy, and Law*, 7, 36-97.

13) Patterson, K. E. & Baddeley, A. D. (1977) When face recognition fails. *Journal of Experimental Psychology: Human Learning and Memory*, 3, 406-417.

14) 詳細については例えば，下記を参照．大橋靖史（2005）取調べと自白　菅原郁夫・サトウタツヤ・黒沢香（編）法と心理学のフロンティア　北大路書房

と考え，自白の結果が将来にどのような深刻な事態を招くか理性的な判断もできずに虚偽の自白をしてしまう[15]．

裁判員の心理

裁判員は数多くの証拠をどのように処理して，有罪・無罪の判断を下すのであろうか？　これについては二つの考え方が出されている．

（1）利用可能説：記憶の中で利用可能な情報のうち，それぞれの見解（有罪か無罪か）を支持する情報量が意思決定の主要な要因であると考える．たとえば，決定A（有罪）を支持する証拠と決定B（無罪）を支持する証拠が記憶の中にあるとき，決定Aを支持する有効な記憶情報が相対的に大きければ「有罪」と決定し，小さければ「無罪」と決定するというものである[16]．

（2）説明に基づく意思決定説（ストーリーモデル）：通常，裁判員（陪審員）は，おびただしい情報に接する．ある情報が不完全であったり，矛盾する情報もあったりする中で意思決定しなければならない．このような状況では，人は因果モデルを構築し，それに基づき有罪，無罪の判断を行うという．与えられた情報を既存知識を利用して解釈し，欠けている情報は推論によって補い，体制化されて記憶構造（ストーリー）を構築する．意思決定の際，ストーリーを元に証拠を評価するというものである[17]．

模擬裁判のビデオを観察した実験参加者の言語的プロトコルデータを分析した研究は，裁判で得た記憶がストーリーにそって体制化されること，すなわちエピソードは構造化され，出来事は因果関係で結びつけられることが明らかにされている[18]．

裁判では証拠として採用されなかった，いわゆる不採用証拠が，陪審員の判断にどのような影響が与えるかについても研究がなされている．これについては山崎[19]を参照されたい．

〔箱田裕司〕

15）詳しくは，下記を参照．
浜田寿美男（2005）自白の研究　北大路書房

16）Reyes, R. M., Thomson, W. C., & Bower, G. H.（1980）Judgmental biases resulting from differing availabilities of arguments. *Journal of Personality and Social Psychology*, 39, 2-12.

17）Wolfe, M. B. W. & Pennington, N.（2000）Memory and judgment: Availability versus explanation-based accounts. *Memory and Cognition*, 28, 624-634.

18）Pennington, N. & Hastie, R.（1986）Evidence evaluation in complex decision making. *Journal of Personality and Social Psychology*, 51, 242-258.

19）山崎優子（2005）裁判員の心理　村井敏邦（編）刑事司法と心理学　日本評論社

【参考文献】
厳島行雄・仲真紀子・原聡（2003）目撃証言の心理学　北大路書房

人名索引

あ 行

アイゼン　Isen, A. M.　81
アイゼンバーグ　Eisenberg, N.　94, 95, 97
アイヒ　Eich, J. E.　144, 145
アイブル＝アイベスフェルト　Eibl-Eibesfeldt, I.　88
アヴァリル　Averill, J. R.　83
アクセル　Axel, R.　45
アクレドロ　Acredolo, L. P.　159, 160
安香宏　101
蘆田宏　Ashida, H.　172
麻生俊彦　Aso, T.　141
アダムス　Adams, M. J.　198, 199
アトキンソン　Atkinson, R. C.　135
アトラス　Atlas, R. K.　140
アーノルド　Arnold, M. B.　84
天野旬　Amano, J.　169
アミール　Ameel, E.　177
アミン　Amin, Z.　109
アムーア　Amoore, J. E.　45
綾部早穂　Ayabe, S.　46, 47, 50, 51
鮎川武二　20
アラウージョ　de Araujo, I. E.　51
アリソン　Allison, R. S.　167
アルソップ　Alsop, D. C.　140
アルバ　Alba, J. W.　127
アル＝マブク　Al-Mabuk, R　123
アロン　Aron, A. R.　104
安西祐一郎　159
アーンスト　Ernst, M. O.　169
アンダーソン　Anderson, J. R.　188
アンダーソン　Anderson, R. C.　127
安藤清志　100
安藤四一　43

イアコボーニ　Iacoboni, M.　165
飯高哲也　Iidaka, T.　107
イーガン　Egan, M. F.　108
イーグルマン　Eagleman, D. M.　170, 171, 173
池上嘉彦　175, 178
池田菊苗　56, 57

イザード　Izard, C. E.　83
石毛直道　59
一川誠　Ichikawa, M.　167, 169, 172, 173
イナティ　Inati, S.　107
乾敏郎　159
今井むつみ　177, 180, 181
岩男寿美子　99
巌佐庸　91
岩田純一　163
インヘルダー（イネルデ）　Inhelder, B.　160, 162

ウー　Wu, C-R.　123
ヴァレンディ　Varendi, H.　49
ヴァン・ダイク　van Dijk, W. W.　114
ヴァンデンバーグ　Vandenberg, S. G.　158
ヴァン・プラーグ　van Praag, H. M.　104
ヴァンホーン　VanHorn, Y.　100
ウィソッキ　Wysocki, C. J.　46
ウィタカー　Whitaker, D.　173
ウィッツキ　Witzki, A. H.　139
ウィマー　Wimmer, H.　93
ウィリンガム　Willingham, D. T.　108
ウィルキー　Wilkie, O.　192
ウィルソン　Wilson, D.　188
ウィルソン　Wilson, E. O.　91
ウィルソン　Wilson, J. M.　100
ウィンストン　Winston, P. H.　127
ウェイガー　Wager, T. D.　139
ウェイソン　Wason, P. C.　191
上市秀雄　115, 117
上田一貴　Ueda, K.　103
上田智巳　Ueda, T.　169
ウエノ　Ueno, T.　105
上野直樹　164
ウェーバー　Weber, E. H.　7
ヴェラスコ　Velazco, M. I.　51
ウェルズ　Wells, G. L.　202
ウォーカー　Walker, J. A.　24
ウォージントン　Worthington, E. L.　122
ウォーフ　Whorf, B.　178
ウォラック　Wallach, H.　169

ウォール　Wall, P. D.　69, 71
ウォルフ　Wolfe, J. M.　27
ウォルフ　Wolfe, M. B. W.　205
内川惠二　22
内田聖二　188
宇津木保　126, 146
ウッドラフ　Woodruff, G.　92
裏出良博　15
ヴント　Wundt, W.　7, 83

エイトケン　Aitken, M. R. F.　103
エイベルソン　Abelson, R. P.　130
江草浩幸　Egusa, H.　169
エクマン　Ekman, P.　83, 88, 89
エジソン　Edison, T.　43
エビングハウス　Ebbinghaus, H.　146
エプスチュード　Epstude, K.　117
エマーソン　Emerson, M. J.　139
エリクソン　Erickson, T. D.　121
エリス　Ellis, H. H.　16
エレラ　Herrera, V.　203
エングル　Engle, R. W.　137, 138
エンゲルバーグ　Engelberg, E.　201
エンゲン　Engen, T.　51
エンス　Enns, M. P.　47
エンスト　Emst　23
エンライト　Enright, R. D.　122-124

大久保街亜　Okubo, M.　153
大熊輝雄　14
太田信夫　145, 149
大伴茂　100
大橋靖史　204
大平英樹　Ohira, H.　107
オオムラ　Omura, K.　109
岡田剛　Okada, G.　103
岡田知久　Okada, T.　107
岡田浩之　Okada, H.　177
岡本泰昌　Okamoto, Y.　103, 104
小川誠二　Ogawa, S　106
オークスフォード　Oaksford, M.　188, 189
長篤志　Osa, A.　169
苧阪直行　13, 134, 137, 139, 141
苧阪満里子　134, 136, 137, 139, 141
オシャーソン　Osherson, D. N.　192
オースチン　Austin, A.　5
オトガー　Otgaar, H.　132

オートニー　Ortony, A.　127
鬼澤忍　99
小野史典　Ono, F　171
オブライエン　O'Brien, D. P.　187
オルソン　Olson, L. M.　123
オールソン　Ohlsson, S.　184

か 行

ガイゼルマン　Geiselman, R. E.　143, 144
海保博之　2, 194
カイユ　Cayeux, I.　51
カイン　Cain, W. S.　51
カウフマン　Kaufman, J.　108
カオ　Kao, R.　120
カグラー　Caglar, S.　107
ガサン　Gassin, E. A.　123
カシオッポ　Cacioppo, J. T.　106
柏野牧夫　Kashino, M.　22, 23, 173
カッツ　Katz, J.　175
加藤和生　80
ガードナー　Gardner, H.　2, 3, 5
金沢創　89, 93
金村早穂　Kanamura, S.　46, 50
カニッツァ　Kanizsa, G.　31
カネコ　Kaneko, M.　105
カーネマン　Kahneman, D.　111, 112, 114
カービィ　Kirby, K. N.　103
カプラン　Kaplan, C. A.　184
ガブリエリ　Gablieli, J. D. E.　140
カーペンター　Carpenter, P. A.　134, 136, 139, 140
神谷俊次　129, 133
カミール　Camille, N.　116
カーモイアン　Kermoian, R.　160
ガランター　Gelernter, J.　108
カレ　Kare, M. R.　57
河上誓作　175
河東仁　16
河原純一郎　Kawahara, J.　23, 24, 27, 171
河原哲雄　111
河村洋二郎　Kawamura, Y.　57
カンツ　Kanz, J. E.　123
カンリ　Canli, T.　109

菊池章夫　95, 97
菊地正　47, 51
ギゲレンツァー　Gigerenzer, G.　112, 188

人名索引——209

喜多壮太郎　Kita, S.　177
北岡明佳　Kitaoka, A.　172
北崎充晃　22
北浜邦夫　13, 15, 17, 19
ギブソン　Gibson, J. J.　30, 31, 60, 61, 64-66, 163
木村慎哉　186
木村貴彦　Kimura, T.　169
キャノン　Cannon, W. B.　84
ギャランター　Galanter, E.　73, 75
キャレロ　Carello, C.　66, 67
キャロル　Carroll, J. L.　100
キャンター　Cantor, N. E.　171
キャンデル　Candel, I.　132
キャンポス　Campos, J. J.　160
キリアン　Quillian, M. R.　148
ギリガン　Gilligan, C.　98
ギリン　Gillin, J. C.　144
ギルフーリィ　Gilhooly, K. J.　184
ギロヴィッチ　Gilovich, T.　114, 115
キーン　Keane, M. T.　184
キングストーン　Kingstone, A.　24
キンズボーン　Kinsbourne, M.　170
銀林浩　110

クスミ　Kusumi, I.　105
楠見孝　113, 115, 117
クセ　Kuse, A. R.　158
クック　Cook, R. S.　180
グッドナウ　Goodnow, J.　5
工藤力　83
国中明　56, 57
クーパー　Cooper, L. A.　152, 153
クライスト　Christ, M. A. G.　100
クラーク　Clark, L.　103, 105
クラムハンスル　Krumhansl, C. L.　42
クリスタル　Krystal, J. H.　108
クリスティアンソン　Christianson, S-A.　201
クーリック　Kulik, J.　200, 201
クリフォード　Clifford, E. R.　25
栗山直子　117
クリューター　Crewther, D. P.　22
クリューター　Crewther, S. G.　22
グリューネバーグ　Gruneberg, M. M.　127
グリン　Glynn, P.　106
グリーン　Green, E. L.　202
グリーン　Green, G.　203

クールズ　Cools, R.　105
グルセック　Grusec, J. E.　97
クレイトマン　Kleitman, N.　14
クレーク　Craik, K.　194
グレニィ　Glenny, J.　143, 144
クレフ　von Clef, J.　51
クレブス　Krebs, J. R.　91
グローヴァー　Glover, G. H.　140
黒川利明　133
黒川容子　133
クロケット　Crockett, M. J.　105
黒沢香　204
クロス　Cross, D.　103
グロスマン　Grossman, M　140
クーン　Kuhn, T. S.　6

ケイ　Kay, P.　179, 180
ケイヴ　Cave, K.　25
ケイン　Kane, M. J.　137
ゲシュヴィンド　Geschwind, N.　2
ケステンバウム　Kestenbaum, R.　97
ケラー　Keller, T.　140
ケーラー　Köhler, W.　183
ケラーマン　Kellerman, H.　83
ケリー　Kelley, W. M.　107
ケールズ　Kales, A.　13
ケーンケン　Koehnken, G.　202
ゲンゼル　Genzel, C.　49
ゲントナー　Gentner, D.　181, 194
ゲントナー　Gentner, D. R.　194
ケンプトン　Kempton, W.　179

河野哲也　30, 64
神山潤　15, 19
高良加代子　199, 200
コーエン　Cohen, J. D.　140
古崎敬　65, 163, 198
コスミーデス　Cosmides, L.　192
ゴッデン　Godden, D. R.　143, 144
後藤武　62
コーニヨー＝ペレス　Cornilleau-Pérès, V.　168
コノリー　Connolly, T.　115
小橋康章　113
小早川達　Kobayakawa, T.　46, 50
コーファー　Cofer, C. F.　129
コフカ　Koffka, K.　28
小宮あすか　115, 117

コモンズ　Commons, M. L.　102
子安増生　5, 9, 90, 100
コヤマ　Koyama, T.　105
小山純正　18
コラチャナ　Kolachana, B.　108
コリチェッリ　Coricelli, G.　116
コリンズ　Collins, A. M.　79, 148
ゴールディン゠メドー　Goldin-Meadow, S.　181
ゴールドマン　Goldman, D　108
コールバーグ　Kohlberg, L.　98, 123, 124
コルベッタ　Corbetta, M.　141
コレット　Collett, T. S.　168
コーワン　Cowan, N.　135, 138
コーワン　Cowan, W. B.　104
コンウェイ　Conway, A. R. A.　137, 138
コングドン　Congdon, E.　109
コンスタブル　Constable, R. T.　109
近藤洋史　Kondo, H.　141
近藤倫明　203

さ 行

ザイアンス　Zajonc, R. B.　80, 107
斎田真也　Saida, S.　167, 169
斎藤耕二　97
斉藤幸子　Saito, S.　46, 47, 50, 51
齊藤貴浩　117
サイモン　Simon, H.　4, 8, 111, 182, 184
サイモンズ　Simons, D. J.　25
サウンダース　Saunders, J. A.　167
佐伯胖　2, 164
境敦史　30, 64
坂上昭一　91
坂上貴之　110
サガード　Thagard, P.　111
坂野雄二　100
坂元章　96
桜井茂男　96
佐々木正人　60, 62, 63, 65-67, 161
サーストン　Thurstone, L. L.　158
定藤規弘　Sadato, N.　107
ザッケイ　Zakay, D.　170
佐渡真紀子　96
佐藤愛子　70
佐藤敬三　164
サトウタツヤ　204
サドフスキー　Sadovsky, A.　95
サハキアン　Sahakian, B. J.　103, 105

サリノポルロス　Sarinopolulos, I.　123
サールバック　Saalbach, H.　180
サレット　Sallet, J.　116
澤田瑞也　94
サンデル　Sandel, M. J.　98, 99
サントス　Santos, M. A.　123
サン・ドニ　Saint-Denis, H. de　16

シェケルジイスキー　Shekerdjiiski, S.　172
ジェシー　Jessee, P. O.　50
シェパード　Shepard, R. N.　150-153
ジェームズ　James, W.　84, 186
ジェンナリ　Gennari, S　177
塩原通緒　165
繁桝算男　100
繁桝博昭　22
志々田一宏　Shishida, K.　104
シッカー　Schicker, I.　46, 50
篠森敬三　22
柴崎浩　Shibasaki, H.　141
シフリン　Schiffrin, R. M.　135
下條真司　Shimojo, S.　167
下條信輔　23
シャー　Shah, P.　134, 138
ジャクソン　Jackson, M.　159
シャクター　Schachter, S.　84
ジャスト　Just, M. A.　134, 136, 139, 140
シャノン　Shannon, C.　4
シャー＝ハイマン　Shear-Heyman, M.　173
シャピロ　Shapiro, A. G.　173
シャピロ　Shapiro, P. N.　203
シャフィール　Shafir, E.　192
シャルコー　Charcot, J. M.　17
シャルマン　Shulman, G. L.　141
シャーロック　Sharrock, R.　171
シャンク　Schank, R. C.　130, 133
シュヴァイクホーファー　Schweighofer, N.　104
ジュヴェ　Jouvet, M.　17
首藤敏元　97
シュミット　Schmidt, H. J.　49
シュレイト　Schleidt, M.　49
シュロスバーグ　Schlosberg, H. S.　84
シュワルツ　Schwartz, B.　115
シュワルツ　Schwarz, N.　81
ショー　Shaw, J. C.　182
ジョニデス　Jonides, J.　24, 140
ショル　Scholl, B.　25

ジョーンズ　Jones, R.　30, 64
ジョンストン　Johnston, E. B.　168
ジョンソン　Johnson, M. K.　128
ジョンソン＝レアード　Johnson-Laird, P. N.　194, 195
シラー　Schiller, P. H.　22
白井良明　127
シリグ　Sirigu, A.　116
ジーレンバーグ　Zeelenberg, M.　114-117
シンガー　Singer, J.　84
新村出　98

末富大剛　43
スカイクス　Skykes, R. N.　127
菅原郁夫　204
スキナー　Skinner, B. F.　3, 5, 8
杉原厚吉　127
スコット　Scott, D.　201
スコボリア　Scoboria, A.　132
鈴木佳苗　96
鈴木宏昭　111
鈴木正彌　28
鈴木眞理子　159
スタイルズ　Styles, E. A.　26
スタイン　Stein, D. J.　104
スタンディング　Standing, L.　198
スタンバーグ　Sternberg, R. J.　9, 185
ステア　Stea, D.　161
スティルマン　Stillman, R. C.　144
ステットソン　Stetson, C.　171
ストウブ　Staub, E.　99
ストフリゲン　Stoffregen, T.　65
ストラットン　Stratton, G. M.　32
ストリックランド　Strickland, M.　50
ストローソン　Strawson, P. F.　186
ストーン　Stone, R. W.　167
スパイロ　Spiro, R. J.　127
スピンラッド　Spinrad, T. L.　95
スペルベル　Sperber, D.　188
スペンサー　Spencer, H.　83
スペンス　Spence, J. T.　135
スペンス　Spence, K. W.　135
スボコヴィアク　Subkoviak, M. J.　123
スポーラー　Sporer, S. L.　202, 204
スミス　Smith, E. E.　140, 192
スミス　Smith, J. B.　173
スミス　Smith, S. M.　185

スラビー　Slaby, R. G.　99
スルーフ　Sroufe, L. A.　97
スロヴィック　Slovic, P.　114
スロトニック　Slotnick, R. S.　48
スローマン　Sloman, S. A.　188
スワン　Swann, A. C.　102

ゼーア　Zehr, H.　122
セイファー　Safer, J.　122
セオイベス　Theeuwes, J.　25

荘厳舜哉　83
ソレンティーノ　Sorrentino, R. M.　81
宋南先　188
ソーンダイク　Thorndike, E. L.　183

た　行

ダイグウジ　Daiguji, M.　105
ダーウィン　Darwin, C. R.　86, 90
ダウンズ　Downs, R. M.　161
高野陽太郎　Takano, Y.　153, 154, 157
高橋則夫　122
高橋義孝　17
ダグラス＝パランベリ　Douglas-Palumberi, H.　108
竹内謙彰　161, 165
太城敬良　Tashiro, T.　169
立花政夫　100
ターナー　Turner, T. J.　132, 137
田中章浩　154
田中圭子　188
田中沙織　Tanaka, S. C.　103, 104
田中真樹　24
谷口俊治　70
谷口高士　79, 81, 85
タネンバウム　Tannenbaum, L.　100
ターハート　Terhardt, E.　41
ダビドフ　Davidov, M.　97
タビブニア　Tabibnia, G.　105
ターベイ　Turvey, M. T.　65, 66
ダマシオ　Damasio, H.　103
タルヴィング　Tulving, E.　143, 145, 146
ダルトン　Dalton, P.　46, 47
ダン　Dunn, E.　108
ダントナ　D'Antona, A. D.　173

チウ　Qiu, M　109

チェン　Cheng, P. W.　191
チェンバレン　Chamberlain, S. R.　105
チャター　Chater, N.　188
チャールズ　Charles, J. P.　173
チョムスキー　Chomsky, A. N.　3, 5

ツァイオウナ　Zaiyouna, R.　159
ツィプサー　Zipser, K.　22
ツウィッカー　Zwicker, E.　37
ツェルノフ　Cernoch, J. M.　49
塚田裕三　18
辻正三　126
ツダ　Tsuda, N.　177
ツッカーマン　Zuckerman, M.　101
常俊宗三郎　186
ツホルスキー　Tuholski, S.　137, 138

デイヴィス　Davis, M. H.　95, 96
ディステル　Distel, H.　46, 47, 50
ディメント　Dement, W. C.　14, 17
ティモシー　Timothy, E. M.　175
デヴィッドソン　Davidson, J. E.　185
デヴィッドソン　Davidson, L.　169
テシトーレ　Tessitore, A.　108
デスポシット　D'Esposit, M.　137, 140, 141
デスモンド　Desmond, J. E.　140
テトスーニアン　Teghtsoonian, R.　21
デートル　Detre, J. A.　140
デネット　Dennett, D. C.　93
デパウロ　DePaulo, B. M.　101
デービス　Davies, N. B.　91
デ・フロート　de Groot, A. D.　8
デューハンヘル　Duhamhel, J.　116
寺尾将彦　Terao, M.　171
デンス　Dence, C.　106
デーンマン　Daneman, M.　136

ドイッチュ　Deutsch, D.　38, 42
ドイル　Doyle, J. M.　202
ドゥアティ　Dougherty, D. M.　102
銅谷賢治　Doya, K.　103, 104
ドゥーリトル　Doolittle, N.　46
ドゥンカー　Duncker, K.　184
ドーキンス　Dawkins, C. R.　91
戸田正直　78
トッド　Todd, P. M.　112, 188
ドナルドソン　Donaldson, W.　146

トバスキー　Tversky, A.　111, 112, 114
登張真稲　96
トーマス　Thomas, E. A. C.　171
富田達彦　127
トムソン　Thomson, D. M.　143
トムソン　Thomson, W. C.　205
鳥居鎮夫　13
鳥居修晃　30
ドリーズ　Dorries, K. M.　46
ドリーン　Doreen, K.　159
トレイエンス　Treyens, J. C.　126
トロ　Toro, R.　108
ドロウレ　Droulez, J.　168
ドンデルス　Donders, F. C.　9

な　行

ナイサー　Neisser, U.　2, 127, 198
中島義明　100
中島祥好　39, 43
中塚麻記子　Nakatsuka, M.　169
中達俊明　188
中村嘉男　69
中山浩太郎　Nakayama, K.　167
中山茂　6
ナグモ　Nagumo, M.　177
ナップ　Knapp, M. K.　101
ナヤック　Nayak, A. S.　106

西崎友規子　139
西田眞也　Nishida, S.　171, 173
西村春夫　122
西本武彦　180
ニストロム　Nystrom, L. E.　140
ニッカーソン　Nickerson, R. S.　198, 199
二宮克美　95, 97, 100, 101
仁平義明　Nihei, Y.　120-122, 125
ニューウェル　Newell, A.　4, 8, 182, 185, 187

ネヴィン　Nevin, J. A.　102
ネーデル　Nadel, L.　153

野口薫　31
野島久雄　118, 159
ノーマン　Norman, D. A.　75, 78, 118, 119, 129, 132
ノムラ　Nomura, Y.　105
野村香代　165

野村理朗　Nomura, M.　105, 107-109
ノーリス　Nowlis, G. H.　54
ノル　Noll, D. C.　140

は　行

バー　Burr, D.　172
ハイジャン　Haijiang, Q　167
ハイダー　Heider, E. R.　179
バウアー　Bower, G. H.　79, 81, 132, 133, 135, 205
ハウク　Hauk, O.　177
ハウシャー　Houshyar, S.　108
パウズ　Paus, T.　108
パーク　Parke, E.　99
バーコウィッツ　Berkowitz, L.　101
箱田裕司　100, 199-201, 203, 205
橋本和美　110
ハシャー　Hasher, L.　127, 137
ハース　Haas, B. W.　109
長谷川真里　96
パターソン　Patterson, K. E.　204
バッカス　Backus, B. T.　167
バック　Buck, L　45
服部雅史　185, 189
バッドリー　Baddeley, A. D.　24, 134, 135, 138, 139, 143, 144, 204
ハッペ　Happé, F.　165
バーティン　Bertin, M.　104
パテル　Patel, G.　141
ハート　Hart, R. A.　161
ハドソン　Hudson, R.　46, 47, 50
バトソン　Batson, C. D.　94
バートレット　Bartlett, F. C.　126, 127
バートレット　Bartlett, J.　204
パーナー　Perner, J.　93
花沢明俊　22
羽田薫子　Haneda, K.　107
パブロフ　Pavlov, I. P.　8
パペッツ　Papez, J.　84, 85
浜治世　82
浜田寿美男　205
浜中浜太郎　86, 87
ハーマン　Herrmann, M. J.　109
ハミルトン　Hamilton, W. D.　91
林喜男　132
バラ　Bara, B. G.　195
原澤賢充　21

パラダート＝ディール　Paradat-Diehl, P.　116
パリジ　Palij, M.　160, 161
ハリス　Harris, C. S.　32-34
パリヤダス　Pariyadath, V.　170
ハリーリ　Hariri, A. R.　108
パール　Pearl, J.　187, 188
パルヴァーメーラー　Pulvermäler, F.　177
パールスタイン　Perlstein, W. M.　140
バロー　Balogh, R.　49
バロウイエ　Barrouillet, P.　197
バロン＝コーエン　Baron-Cohen, S.　90, 93, 165
ハワター　Howerter, A.　139
ハワード　Howard, I. P.　167
バーン　Byrne, R. M. J.　197
バンクス　Banks, M. S.　169
バーンズ　Burns, E. M.　38
バーンストン　Berntson, G. G.　106
ハンソン　Hanson, J. V. N.　173
ハンデル　Handel, S.　42
ハンリー　Hanley, J. R.　180

ピアジェ　Piaget, J.　99, 100, 159-162
東山篤規　70, 71, 75
ヒギンズ　Higgins, E. T.　81
彦坂興秀　Hikosaka, O.　173
ビシャラ　Bechara, A.　103
ビショー　Bichot, N.　25
ピータース　Peters, M.　159
ヒックス　Hicks, R. E.　170
ビッケル　Bickel, W. K.　103
ヒッチ　Hitch, G. J.　134
ビョーク　Bjork, J. M.　102
開一夫　159
廣瀬直哉　66
広田すみれ　110
ピンカー　Pinker, S.　2, 3, 5

ファストル　Fastl, H.　37
ファーバー　Farber, E. A.　97
ファンツ　Fantz, R. L.　8
フィエスタ　Fiesta, M. P.　171
フィッツジェラルド　Fitzgerald, P. B.　22
フィルシンガー　Filsinger, E. E.　50
フェイブス　Fabes, R. A.　97
フェッシュバック　Feshbach, N. D.　94
フェヒナー　Fechner, G. T.　7, 21
フェラ　Fera, F.　108

フォーガス　Forgas, J. P.　81
フォーゲル　Vogel, E. D.　136
フォーダー　Fodor, J.　175
フォックス　Fox, P.　106, 108
フォン・ノイマン　von Neumann, J.　4, 110
深澤直人　62
福山秀直　Fukuyama, H.　141
藤崎和香　Fujisaki, W.　173
藤島昌平　16
フーセイン　Hoosain, R.　120
ブライデン　Bryden, M. P.　158
ブラウン　Brown, R.　200, 201
ブラック　Black, J. B.　132
ブラック　Plack, C. J.　37
ブラックウェル　Blackwell, A. D.　105
ブラッドショー　Bradshaw, M. F.　168
ブラバカラン　Prabhakaran, V.　140
フランク　Frank, M. E.　54
フランクリン　Franklin, B.　112, 113
フランケンホイザー　Frankenhaeuser, M.　172
ブランスフォード　Bransford, J. D.　128
フリス　Frith, U.　93, 165
フリーセン　Friesen, C. K.　24
フリーセン　Friesen, W. V.　83, 88
フリック　Frick, P. J.　99, 100
フリードマン　Freedman, S.　123
フリードマン　Friedman, N. P.　139
フリドランド　Fridlund, A. J.　89
フリードリッヒ　Friedrich, F. J.　24
ブル　Bull, R. H.　203
ブール　Boole, G.　187
ブルーアー　Brewer, W. F.　126, 128
ブルソフ　Bulthoff, H. H.　168, 169
プルチック　Plutchik, R.　78, 82, 83, 104
フルトン　Fulton, A.　204
ブルーナー　Bruner, J. S.　5
古山宣洋　65
ブレイヴァー　Braver, T. S.　140
フレイヴェル　Flavell, J. H.　162, 163
ブレイン　Brain, P. F.　99
ブレイン　Braine, M. D. S.　187
ブレグマン　Bregman, A. S.　39
フレース　Fraisse, P.　42, 170
ブレスリン　Breslin, P. A.　46
プレマック　Premack, D.　92, 93
フロイト　Freud, S.　16, 17
ブロードマン　Brodmann, K.　107

プロンプ　Plomp, R.　37, 41
ヘイスティ　Hastie, R.　205
ベーケーシ　Békésy, G. von　38
ヘザートン　Heatherton, T. F.　107
ヘザリントン　Hetherington, E. M.　99
ペース＝ショット　Pace-Schott, E. F.　18
ベック　Beck, A. T.　80
別府哲　165
ペトリー　Petry, N. M.　103
ヘニング　Henning, H.　52
ペニントン　Pennington, N.　205
ベネット　Bennett, S. C.　27
ヘフト　Heft, H.　161
ヘブル　Hebl, J. H.　122
ベラーノ　Belano, L. A.　173
ベル　Bell, D. E.　111
ヘルツ　Herz, R. S.　51
ヘルムホルツ　Helmholtz, H. von　30, 40, 188
ヘルリッツ　Herlitz, A.　203
ヘロン　Herron, J.　173
ペンフィールド　Penfield, W.　18
ペンロッド　Penrod, S. D.　203

ボアイエ　Voyer, D.　158
ボアイエ　Voyer, S.　158
ホーグランド　Hoagland, H.　172
ボーシャン　Beauchamp, G. K.　46, 49
ポスナー　Posner, M. I.　24
細井洋子　122
ポーター　Porter, R. H.　49
ホーナング　Hornung, D. E.　47
ホブソン　Hobson, J. A.　18
ホフマン　Hoffman, M. L.　95, 96
ボブロー　Bobrow, D. G.　129
ポラック　Pollack, I.　75
ポラニー　Polanyi, M.　164
ホランダー　Hollander, E.　104
堀忠雄　19
堀内由樹子　96
ホリオーク　Holyoak, K. J.　111, 191
堀毛一也　97
ホリン　Hollin, C.　203
ポーリン　Poulin, R. E.　97
ポルドラック　Poldrack, R. A.　104
ホワイトヘッド　Whitehead, A. N.　182
ポンソダ　Ponsoda, V.　201

ま 行

マクリン　MacLin, M. K.　203
マクリーン　MacLean, P. D.　85
マクレー　Macrae, C. N.　107
マクレランド　McClelland, J. L.　147
マーゴ　Margo, C.　51
マジド　Majid, A.　177
マスイ　Masui, T.　105
増田真也　110
松井孝雄　159, 161
マッカーシー　McCarthy, J.　4
マッカロー　McCullough, M. E.　122, 123
マツダ　Matsuda, F.　171
マッタイ　Mattay, V. S.　108
マッデン＝ダーディク　Madden-Derdich, D. A.　97
マットソン　Mattson, M. E.　1221
マルコヴィッツ　Markovits, H.　197
マルチネス＝ゴメス　Martinez-Gomez, M.　46
丸野俊一　80
マルパス　Malpass, R. S.　202
マロット　Mallot, H. A.　168
マロニー　Maloney, L. T.　167, 168
マンステッド　Manstead, A. S. R.　114
マンセル　Munsell, A. H.　179
マンネラ　Mannella, J. A.　49

三嶋博之　65, 66
瑞穂のりこ　115
ミトラーニ　Mitrani, L.　172
宮内哲　Miyauchi, S.　173
宮岡徹　70
宮城音弥　16
三宅晶　Miyake, A.　134, 138, 139
三宅真季子　159
宮崎清孝　164
宮沢光一　111
宮本敏雄　110
ミュラー　Müller, U.　105
ミラー　Miller, D. T.　114
ミラー　Miller, G. A.　4, 5,
ミラー　Miller, G. W.　170
ミンスキー　Minsky, M.　4, 5
ミンタン　Mintun, M.　106

ムーア　Moore, B. C. J.　38
ムーア　Moore, G.　161

ムーア　Moore, M. E.　73, 169
宗近孝吉　Munechika, K.　169
村上郁也　22, 24
村越真　161
村瀬旻　198
村田光二　116

メイ　May, C. P.　137
メイザー　Mazur, J. E.　102
メッツラー　Metzler, J.　150
メドヴェク　Medvec, V. H.　114, 115
メリクル　Merikle, P. M.　136
メルケルバック　Merckelbach, H.　132
メルザック　Melzack, R.　69, 71
メンデルゾーン　Mendelsohn, G. A.　84

モーガンスターン　Morgenstern, O.　110
モスト　Most, S. B.　25
望月登志子　30
モッローネ　Morrone, M. C.　172
モートン　Morton, J.　147
モーラー　Moeller, F. G.　102
モーリー　Maury, A.　16
森下正修　Morishita, M.　141
モーリス　Morris, P. E.　127
モルト　Malt, B.　177
モンセル　Monsell, S.　27
モンターギュ　Montague, W. E.　127

や 行

八木昭宏　Yagi, A.　171
ヤキモフ　Yakimoff, N.　172
藪木栄夫　186
山祐嗣　193, 197
山内昭雄　20
山河宏　18
山岸哲　91
山口静子　53
山崎優子　205
山﨑由美子　189
山本隆　55, 59
山脇成人　Yamawaki, S.　103, 104
ヤーメイ　Yarmey, A. D.　203
ヤン　Yang, B. Z.　108
ヤング　Young, M.　168
ヤンコヴィッチ　Jankovic, I. N.　160, 161

横田敏勝　71
吉村浩一　30-32, 34, 35
米倉義晴　Yonekura, Y.　107

ら 行

ライス　Reis Jr, A. J.　99
ライチェル　Raichle, M.　106
ライト　Wright, D. B.　201
ライネリ　Raineri, A.　103
ライプマ　Rypma, B.　140
ラヴィー　Lavie, N.　26
ラエン　Laeng, B.　159
ラクリン　Rachlin, H.　102, 103
ラザム　Latham, K.　159
ラザルス　Lazarus, R. S.　80, 84, 85, 107
ラスカ　Laska, M.　50
ラック　Luck, S. J.　136
ラッセル　Russell, B.　182
ラッセル　Russell, J. A.　84, 88
ラファウ　Rafal, R.　24
ラフリン　Laughlin, J. E.　137, 138
ラム　Lamme, V. A.　22
ラメルハート　Rumelhart, D. E.　127, 147
ラングドン　Langdon, F. J.　162
ランディ　Landy, M. S.　167, 168

リー　Lee, T.　106
リギアー　Regier, T.　180
リコーナ　Lickona, T.　98, 124
リーズン　Reason, J.　118, 119, 121, 132
リチャーズ　Richards, W.　167
リチャードソン　Richardson, C.　159
リップス　Rips, L. J.　194
リード　Reed, E. S.　30, 64
リーバーマン　Lieberman, M. D.　105
リプシッツ　Lipschitz, D.　108
リンクナー　Linkner, E.　72, 73
リンデマン　Lindemann, B.　54

ルドゥ　LeDoux, J. E.　84, 85
ルービンスタイン　Rubinsztein, D. C.　105
ルリア　Luria, A. R.　9
ルンツァー　Lunzer, J. L.　162

レイエス　Reyes, R. M.　205
レイコック　Laycock, R.　22
レイコフ　Lakoff, G.　175
レイヒ　Lahey, B. B.　100
レヴァイン　Levine, M.　160, 161
レスリー　Leslie, A.　93, 165
レッシュ　Lesch, K. P.　109
レヒトシャッフェン　Rechtschaffen, A.　13
レーンマン　Rehnman, J.　203

ロイザー　Roiser, J. P.　105
ローガン　Logan, G. D.　104
ロジー　Logie, R. H.　135, 137, 141
ロジャーズ　Rogers, B. J.　168
ロス　Ross, J.　172
ロス　Roth, J. A.　99
ローズ　Roese, N.　116, 117
ローゼンソール　Rothenthal, R.　101
ロック　Rock, I.　31
ロッシュ　Rosch, E.　175, 179
ローテンバーグ　Rotenberg, K. J.　100
ローバー　Loeber, R.　100
ロバーソン　Roberson, D.　180
ロビンス　Robbins, T. W.　103-105
ロフタス　Loftus, E. F.　79, 148, 180, 200, 202
ロペス　López, A.　192
ロールズ　Rolls, E. T.　51
ロング　Long, J.　24

わ 行

ワイス　Weiss, A.　84
ワイランド　Wyland, C. L.　107
ワインガルトナー　Weingartner, H.　144
ワインバーガー　Weinberger, D. R.　108
若林芳樹　161
渡邊淳司　Watanabe, J.　171
渡辺恒夫　19
渡部雅之　162, 163
渡部幹　115, 117
ワッツ　Watts, F. N.　171
ワトソン　Watson, J. B.　2

事項索引
太字はキーワードであることを示す

アルファベット

A-ノット-B エラー　159
EEG　106
fMRI　9, 28, 106
L-トリプトファン　104
LT　182
MEG　106
MOP　133
NIRS　106
PET　9, 107, 140
PTSD　18
RST　137, 138, 141
SAC モデル　81
SAM　130
SNP　105
TMS　22

あ　行

曖昧図形　23
悪　99
アクティブ・タッチ　66
悪夢　18
味の四面体説　52
アージ理論　78
アフォーダンス　30, 60, 64, 163
アブダクション　190
誤った信念課題（誤信念課題）　93, 165
暗黙知　164

閾下加算　169
意識の報告　7
意思決定　110
　　――支援ツール　113
痛み　68
　　――の神経機構　71
　　マクギル――尺度　69
一過痛　68
一般感覚　20
一般的見え　167
一般問題解決器　182
遺伝子　108
　　――多型　108

異方性　160
意味記憶　142, 146
意味ネットワーク活性化拡散モデル　79
イメージングジェノミクス　108
陰影　166
インパス　185

ヴィスタ　161
ウェイソン選択課題　190, 191
ウェーバーの法則　21
ウォーフ仮説　178
嘘　99
唸り　40
うま味　53, 56
　　――物質　56
運動視差　166
運動性奥行手がかり　167

エキスパート　129
エピジェネシス　109
エピソード記憶　142, 146
エピソード・バッファ　135
エラー　118, 132
　　A-ノット-B ――　159
　　遂行――　104
　　とらわれ型――　120
　　認知的――　119
演繹　190
　　自然――　187

応用行動分析　8
お金の記憶　198
奥行知覚　166
奥行方向　167
奥行量　167
音：
　　――象徴　177
　　――の三性質　37
　　――の高さ　37
オノマトペ　177
オペラント学習　3
オペレーションスパン・テスト　137

オペレータ　182
重み付け平均　168
オルトネーザル嗅覚　45
音韻ループ　135, 138
音楽　40
音響　40
　——条件　43
音声周波数帯域　37

か　行

絵画的手がかり　166
介入　188
概念　127, 176
加害者　125
蝸牛　36
確実状況下の決定　110
覚醒　12
確率割引　103
影　166
可塑性　169
可聴周波数　41
活性化拡散　185
　——モデル　148
カテゴリー　147
下頭頂小葉　141
構え　184
感覚　20
感覚様相間関係　32
眼球運動測定法　8
環境／対象中心参照枠　159
環境的文脈依存効果　144
感情　78, 82
　——回路　84
　——混入モデル　81
　——先行説　80
　——多次元模型　82
　——価　79
　——的視点取得　162
　——的状態　172
　——と認知の 2 要因説　84
　——ノード　79
　——の表出　88
　——プライミング　80
　　基本——　83
関連性理論　189

記憶

　——体制化パケット（MOP）　133
　意味——　142, 146
　エピソード——　142, 146
　お金の——　198
　基本 6 ——　88
　顕在——　142
　潜在——　142
　短期——　144
　長期——　144
　複数——システム説　145
　フラッシュバルブ——　145
機会コスト　114
幾何学的錯視　28
期待効用最大化　110
帰納　190
　完全——　191
　枚挙的——　190
機能的固着　184
機能的磁気共鳴画像法（fMRI）　140
気分　79, 82
　——一致効果　79
　——状態依存効果　144
基本臭　45
基本味　52, 56, 57
欺瞞　101
肌理勾配　166
逆説睡眠　14
ギャンブリング課題　103
嗅覚　44
急性痛　69
急速眼球運動　13, 17, 19
急速反復書字法　119, 120
鏡映反転　154
協応参照系　161
共感：
　——関連反応　95
　——的関心　95
　——的苦痛　95
共感性　94
　——の社会化　97
　——の発達　96
供述　204
鏡像認知　154
協和　40
虚偽自白　204
極限法　7, 20
虚報　73

空間視覚化　158
空間知覚　158
空間認知　158
空間能力　158
偶然の見え　167
グルタミン酸　56

計算論的アプローチ　189
経頭蓋磁気刺激（TMS）　22
係留と調整　112
系列カテゴリー判断法　70
ゲシュタルト心理学　28, 183
決定木　113
言語　174
　　──獲得　174
　　──発生　174
言語相対性仮説　176, 178
顕在記憶　142
検索　142
減算法　9
原臭　45
減衰理論　26

行為のモデル　119
後悔　114
　経験的──　116
　行動したことの──　115
　行動しなかったことの──　115
　予期的──　116
後期選択理論　26
攻撃行動　99
高次網膜像手がかり　30
恒常性　29
　大きさの──　29
恒常法　7, 20
肯定式　191
行動　2
　──分析　8
行動主義　2, 183
　──心理学　127
行動生態学　90, 91
効用　110
合理分析アプローチ　188
心の理論　90, 92, 93, 165
誤情報効果　199
個人的苦痛　95

骨相学　108
固定的参照系　161
古典的意味論　175
語の意味　176
ゴー／ノーゴー課題　104
鼓膜　36
コミュニケーション＝操作説　91
語用論的アプローチ　188
混合味効果　55
コンピュータ　4
コンポーネント分析法　9

さ　行

再構造化　184
最大化追求人間　117
再体制化　184
裁判員　205
裁判心理学　202
再符号化　142, 184
催眠　17
サーヴェイ・マップ　160
逆さめがね　32
錯視　28
作話　101
サッケード　172
サリーとアンの課題　164
参照系　161
参照枠　158
　自己中心的──　159
三段論法　190

ジェームズ＝ランゲ説　80
視覚　28
　──・空間的スケッチパッド　135, 138
　──システム　65
　──的アナログ尺度　70
　──的視点取得　162
時間：
　──経過　170
　──順序　172
　──説　38
　──評価　170
　反応──　9, 79, 151
時間の認知　170
刺激閾　20
刺激等価性　189
刺激量　171

思考　180
試行錯誤学習　183
自己受容感覚変更説　33
自己中心性　160, 162
視床　12, 85
　　――下部　14, 85
耳小骨　36
視線　162
自然論理　194
実験痛　69
実験パラダイム　6
実質処理　81
視点　162
　　――取得　95, 162
　　感情的――取得　162
　　視覚的――取得　162
　　静的――　163
　　動的――　163
　　"なる"――　164
　　認知的――取得　162
　　"見る"――　164
自動的処理モード　81
社会神経科学　107
社会生物学　91
社会の構築主義　83
社会的認知　189
社会的望ましさ　123
遮蔽　166
習慣　183
周波数特性　41
修復の司法　122
主観的確率　111
主観的期待効用　11
主観的等価点　20
手段目標分析　182
出眠時心像　19
馴化-脱馴化法　8
順応現象　47
順応の変化　169, 173
情感　82
状況論的アプローチ　189
消去法　112
条件の三段論法　195
条件的推論　191
情緒　82
情動　79, 82
衝動性　102

上頭頂小葉　141
情報処理　106
　　――アプローチ　185
初期選択理論　26
触覚システム　66
し忘れ　119
進化適応　82
進化論的アプローチ　189
親近性　34
神経心理学的診断法　9
信号検出理論　72
人工知能　4, 187
身体性　177
心的イメージ　35
心的外傷後ストレス症候群（PTSD）　18
心的回転　158, 160
心内辞書　175
新皮質　12
深部痛　69
心理測定の研究　158
心理物理学的測定法　20

遂行エラー　104
水晶体調節　167
睡眠　12, 13
　　――時無呼吸　15
　　――時遊行症　19
　　――不足　15
　　――物質　15
　　――麻痺　18, 19
推理　186
推論　186
　　――規則　187
　　語用と意図の――　174, 175
　　条件的――　191
　　定言的――　191
　　無意識的――　30, 188
スキーマ　119, 126, 127, 131, 149
　　――モデル　80
　　否定的自己――　80
スクリプト　130, 149
　　――適用機構（SAM）　130
ステレオタイプ的知識　203
ストレス　109
スリップ　119, 132
スロット　128

生活満足度　117
正義　98
性差　158
精神物理学　7
　　──的測定法　20
精神分析学　17
生態学的合理性アプローチ　188
生態学的実在論　61
生態光学　64
生態心理学　61
精緻化　184
正当拒否　73
制約緩和　184
生理心理学的測定　9
整列効果　160
絶対閾　20
セロトニン　104, 105
　　──・トランスポーター　108
　　── 2A 受容体　105
善　99
線遠近法　166
選好注視法　8
潜在記憶　142
線条体　103
先天盲の開眼手術　30
前頭前野腹内側部　103
前頭葉　85

想起率　79
捜査面接　204
相乗効果　57

た　行
大気遠近法　166
代謝　172
対人的反応性指標　95
体制化　23,145
ダイナミック・タッチ　64, 66, 67
大脳新皮質　85
大脳皮質　12
大脳辺縁系　85
代表性　112
他者理解　165
多重制約充足　111
ダートマス会議　4
騙し　101
短期記憶　144

単語認知　147
断層的ネットワークモデル　148
断眠　15

遅延割引課題　102
知覚　20
　　── － 運動協応　33
　　──学習　168
　　──システム　65
　　──順応　33
チャンク（チャンキング）　136, 145
注意　24, 145, 170
　　──資源　170
　　──のトップダウン制御　25
　　──の負荷理論　26
　　──のボトムアップ制御　25
中央実行系　135, 138
中枢起源説　84
聴覚　36
長期記憶　144
調性　42
調整法　7, 20
貯蔵　142
直観的心理化　165
鎮痛物質　71

ツァイガルニク効果　116

定位　24
定言的三段論法　195
定言的推論　191
停止信号課題　104
停止問題　111
手がかり　166
　　──依存忘却　143
適応の合理性　188
適応の測定法　21
データ　4

島　103
同期性　172
同グループバイアス　203
洞察　184
同時性　172
同情　94
統制の処理モード　81
頭頂領域　141

動的遮蔽　166
道徳　98
　──性判断　123
道徳性認知　98
特異的無嗅覚症　45
特殊過程説　185
特殊感覚　20
トークン　195
トップダウン処理　129
ドパミン　105
とらわれ型エラー　120
取調べ　204
トリプトファン急性枯渇法　104

　　　　な　行

内観法　7
内臓痛　69
内容効果　188
ナルコレプシー　18

ニオイ　48
　──受容体　45
　──の閾値　46
　──の主観的強度　46
　新生児の──選好　49
二重課題　26
　──法　134
二重経路説　84
二重貯蔵モデル　134
日常行為説　185
日常認知　198
日内リズム　15
入眠時心像　19
ニューロイメージング　106, 140
認知　78
　──意味論　175
　──革命　2
　──構造　127
　──先行説　80
　──的エラー　119
　──的空間マッピング　160
　──的視点取得　162
　──的評価先行説　84
　──的評価2過程説　84
　──的不協和　115
認知科学　3
認知神経科学　107

音色　37, 38

脳：
　──イメージング　28
　──機能局在論　107
　──機能マッピング　9
　──の可塑性　108
脳幹網様体　14
能動的移動経験　159, 160
脳波　13, 106

　　　　は　行

配慮と責任　98
波及効果　200
場所説　38
発語思考法　7
パラダイム　6
　──・シフト　6
　実験──　6
犯罪　101
反実仮想　114
反社会的行動　99
範疇知覚　180
反応時間　9, 79, 151
反応制御衝動性　102

被害者　125
ピタゴラス音律　41
非単調論理　187
ピッチ　37
否定的自己スキーマ　80
ヒューマンエソロジー　88
ヒューリスティックス　112
　──処理　81
　再認──　112
　シミュレーション──　112
　迅速・節約──　112
　単一理由決定──　112
評価ノード　79
表示規則　83, 88
表情　86
　──進化論　86
表面痛　69

ファンタジー　96
フィードバック処理　22

フィードフォワード処理　22
不確実状況下の決定　110
不協和　41
腹外側前頭前皮質　104
複数記憶システム説　145
符号化　142
　　──特定性原理　143
不変項　163
普遍的概念　180
不眠　15
プライミング　148
　　──遊び　120
　　──効果　121, 148
フラッシュバルブ記憶（メモリ）　145, 200
不良設定問題　166
プレグナンツの法則　23
フレーム問題　187
プログラム　4
プロトコル　8
プロトタイプ　147
　　──理論　175, 179
文産出　174
文法　174
文理解　174

ベイジアン・ネットワーク　188
ヘリング錯視　28, 31
辺縁系（皮質）　12, 85
扁桃体　85, 107
弁別閾　20

包囲光　64
包括適応度　91
報酬割引衝動性　102
方略　5
暴力　99
ホースレース・モデル　104
ボトムアップ処理　129
ポリグラフ　9

ま　行

埋没費用効果　116
マインドリーディング　90
マクギル痛み尺度　69
マグニチュード推定法　70
末梢起源説　84
魔法の数7±2　4

慢性痛　69
満足化　111
　　──志向人間　117

〈見え〉先行方略　164
見落とし現象　25
味覚　52
　　──増強物質　58
味細胞　53
ミステイク（ミス）　73, 118
三つの山問題　162
ミラーニューロン　165

無意識　17
　　──的推論　30, 188
ムード　82

明晰夢　16, 19
命題的心理化　165
メロディー　42
メンタルモデル　194
メンタル理論　194
メンタル・レキシコン　175
メンタル・ロジック　187
メンタル・ローテーション　150

目撃者　202
　　──の証言　202
モーゼ錯覚課題　121
モデル　21
問題解決　182
問題空間　182
問題箱　183

や　行

夜驚　19

尤度比　72
宥和行動　122, 123
夢　14, 16
ゆるし　122
　　──尺度　123

様相　170
陽電子放射断層撮影法（PET）　107, 140
予期　171, 203
　　──的後悔　116

ら　行

ラウドネス　37
ラザルス＝ザイアンス論争　80

利己的な遺伝子　91
リズム　42
リーディングスパン・テスト（RST）　137, 138, 141
利得表　113
リハーサル　145
量化子　191
利用可能性　112
両眼間速度差　166
両眼視差　166
両眼輻輳　167
両眼立体視　168
良定義問題　183
臨界期　174
臨界帯域　41
輪郭　166

臨床痛　69
類似・網羅モデル　192
類象性　177
類推　190, 193
ルート・マップ　160

レキシコンの脳内表象　174
レトロネーザル嗅覚　45
レム睡眠　13, 17
連合主義　183
練習の法則　183

ロゴジェンモデル認知　147
論理主義　187

わ　行

ワーキングメモリ　134, 138, 144
　──の個人差　136
枠組み効果　111

編者・執筆者紹介（【　】内は執筆項目番号）

編者

子安増生（こやす　ますお）【Ⅰ-1, Ⅰ-2】
京都大学大学院博士課程中退．博士（教育学）．現在，京都大学大学院教育学研究科教授．主要著書『心の理論――心を読む心の科学』岩波書店，2000年 他．

二宮克美（にのみや　かつみ）【Ⅲ-23, Ⅲ-24】
名古屋大学大学院教育学研究科博士後期課程修了．教育学博士．現在，愛知学院大学総合政策学部教授．主要著書『子どもの道徳的自律の発達』（共著）風間書房，2003年 他．

執筆者（執筆順）

北浜邦夫（きたはま　くにお）【Ⅱ-3, Ⅱ-4】
リヨン第一大学大学院博士課程修了．理学博士・医学博士．現在，財団法人東京都医学研究総合研究所．主要著書『ヒトはなぜ，夢を見るのか』文藝春秋，2000年 他．

河原純一郎（かわはら　じゅんいちろう）【Ⅱ-5, Ⅱ-6】
広島大学大学院博士課程修了．博士（心理学）．現在，産業技術総合研究所ヒューマンライフテクノロジー研究部門主任研究員．主要著書『イラストレクチャー認知神経科学』（分担執筆）オーム社，2010年 他．

吉村浩一（よしむら　ひろかず）【Ⅱ-7, Ⅱ-8】
京都大学大学院教育学研究科修了．教育学博士．現在，法政大学文学部心理学科教授．主要著書『逆さめがねが街をゆく』（共著）ナカニシヤ出版，1999年 他．

中島祥好（なかじま　よしたか）【Ⅱ-9, Ⅱ-10】
東京大学大学院人文科学研究科修士課程中退．博士（芸術工学）．現在，九州大学大学院芸術工学研究院教授．主要著書『大学生の勉強マニュアル』（共著）ナカニシヤ出版，2006年 他．

綾部早穂（あやべ　さほ）【Ⅱ-11, Ⅱ-12】
筑波大学大学院博士課程心理学研究科修了．博士（心理学）．現在，筑波大学大学院人間総合科学研究科准教授．主要著書『においの心理学』（編著）フレグランスジャーナル社，2008年 他．

山本　隆（やまもと　たかし）【Ⅱ-13, Ⅱ-14】
大阪大学大学院博士課程修了．歯学博士．現在，畿央大学健康科学部健康栄養学科教授．主要著書『ヒトは脳から太る』青春出版社，2009年 他．

佐々木正人（ささき　まさと）【Ⅱ-15, Ⅱ-16】
筑波大学大学院博士課程中退．教育学博士．現在，東京大学大学院教育学研究科教授．主要著書『ダーウィン的方法』岩波書店，2005年 他．

東山篤規（ひがしやま　あつき）【Ⅱ-17, Ⅱ-18】
大阪市立大学大学院修士課程修了．文学博士．現在，立命館大学文学部教授．主要著書『両眼視空間と輻輳の機能』日本心理学会心理学モノグラフ18，1987年 他．

谷口高士（たにぐち　たかし）【Ⅲ-19, Ⅲ-20】
京都大学大学院博士課程修了．博士（教育学）．現在，大阪学院大学情報学部教授．主要著書『音は心の中で音楽になる』（編著）北大路書房，2000年 他．

金沢　創（かなざわ　そう）【Ⅲ-21, Ⅲ-22】
京都大学大学院博士課程修了，博士（霊長類学）．現在，日本女子大学人間社会学部准教授．主要著書『赤ちゃんの視覚と心の発達』（共著）東京大学出版会，2008年 他．

野村理朗（のむら　みちお）【Ⅲ-25, Ⅲ-26】
名古屋大学大学院博士課程修了．博士（学術）．現在，京都大学大学院教育学研究科准教授．主要著書『なぜアヒル口に惹かれるのか』メディアファクトリー，2010年 他．

楠見　孝（くすみ　たかし）【Ⅲ-27, Ⅲ-28】
学習院大学大学院博士課程中途退学．博士（心理学）．現在，京都大学大学院教育学研究科教授．主要著書『現代の認知心理学3：思考と言語』（編著）北大路書房，2010年 他．

仁平義明（にへい　よしあき）【Ⅲ-29, Ⅲ-30】
東北大学大学院博士課程単位取得退学．現在，白鷗大学教育学部教授．主要著書『嘘とだましの心理学』（共編）有斐閣，2006年 他．

神谷俊次（かみや　しゅんじ）【Ⅲ-31, Ⅲ-32】
名古屋大学大学院博士課程修了．博士（心理学）．現在，名城大学人間学部教授．主要著書『心理学』（共編）ナカニシヤ出版，2005年 他．

苧阪満里子（おさか　まりこ）【Ⅲ-33, Ⅲ-34】
京都大学大学院教育学研究科修了，博士（教育学）．現在，大阪大学大学院人間科学研究科教授．主要著書『脳のメモ帳　ワーキングメモリ』新曜社，2002年 他．

太田信夫（おおた　のぶお）【Ⅲ-35, Ⅲ-36】
名古屋大学大学院博士課程修了，教育学博士．現在，学習院大学人文科学研究科教授．主要著書『記憶の心理学』（編著）放送大学教育振興会，2008年 他．

高野陽太郎（たかの　ようたろう）【Ⅲ-37, Ⅲ-38】
コーネル大学心理学部大学院博士課程修了．Ph.D. 現在，東京大学人文社会系研究科教授．主要著書『「集団主義」という錯覚』新曜社，2008年 他．

竹内謙彰（たけうち　よしあき）【Ⅲ-39, Ⅲ-40】
京都大学大学院博士課程修了．博士（教育学）．現在，立命館大学産業社会学部教授．主要著書『空間認知の発達・個人差・性差と環境要因』（編著）風間書房，1998年 他．

一川　誠（いちかわ　まこと）【Ⅲ-41, Ⅲ-42】
大阪市立大学大学院後期博士課程修了．博士（文学）．現在，千葉大学文学部行動科学科准教授．主要著書『大人の時間はなぜ短いのか』集英社新書，2008年 他．

今井むつみ（いまい　むつみ）【Ⅲ-43, Ⅲ-44】
ノースウエスタン大学心理学部大学院博士課程修了．Ph.D. 現在，慶應義塾大学環境情報学部教授．主要著書『ことばと思考』岩波書店，2010年 他．

服部雅史（はっとり　まさし）【Ⅲ-45, Ⅲ-46】
北海道大学大学院文学研究科博士課程単位取得退学．博士（文学）．現在，立命館大学文学部教授．主要著書『現代の認知心理学3：思考と言語』（分担執筆）北大路書房，2010年 他．

山　祐嗣（やま　ひろし）【Ⅲ-47, Ⅲ-48】
京都大学大学院教育学研究科博士課程修了，教育学博士．現在，大阪市立大学文学研究科教授．主要著書『思考・進化・文化』ナカニシヤ出版，2003年 他．

箱田裕司（はこだ　ゆうじ）【Ⅲ-49, Ⅲ-50】
九州大学大学院博士課程修了．文学博士．現在，九州大学人間環境学研究院教授．主要著書『認知の個人差』（編著）北大路書房，2011年 他．

**キーワードコレクション
認知心理学**

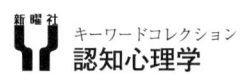

初版第 1 刷発行 2011 年 7 月 20 日 ©

編 者	子安増生・二宮克美
発行者	塩浦 暲
発行所	株式会社新曜社
	〒101-0051 東京都千代田区神田神保町2‐10 電話(03)3264-4973(代)・Fax(03)3239-2958 e-mail: info@shin-yo-sha.co.jp URL http://www.shin-yo-sha.co.jp/
印刷	銀河　　　　　　　　　　　　Printed in Japan
製本	イマヰ製本所 ISBN978-4-7885-1249-8　C1011

キーワードコレクション シリーズ 項目一覧

発達心理学 [改訂版]

イントロダクション
- 0 歴史的概観

I 発達心理学の研究法
1. インフォームド・コンセント
2. ラポール
3. フィールド研究
4. コーホート分析
5. 進化心理学的アプローチ
6. 行動遺伝学的アプローチ
7. 文化心理学的アプローチ
8. 生態学的アプローチ
9. ダイナミック・システムズ・アプローチ

II 発達の理論的諸問題
10. 発生／成長
11. 発達段階
12. 知能
13. 熟達化
14. コンピテンス
15. 社会化
16. 児童観
17. 家族関係
18. 発達障害
19. 発達臨床

III 誕生から幼児期まで
20. 出生前心理学
21. アタッチメント
22. 移行対象
23. ジョイント・アテンション
24. 児童虐待
25. 視覚的断崖
26. 一語文と言語的制約
27. 頭足人
28. ファンタジー
29. 遊び
30. リテラシー／ニュメラシー

IV 児童期
31. 目撃証言
32. 心の理論
33. 感情調節
34. 友人関係
35. 道徳性

V 思春期・青年期
36. キャリア選択
37. 恋愛と結婚
38. 同一性の危機
39. 時間的展望
40. 向社会性
41. 非社会性
42. 反社会性
43. 摂食障害
44. ジェンダー

VI 成人期から老年期まで
45. 親になること
46. 中年
47. 加齢／老化
48. 孤独感
49. 死の受容
50. 幸福

パーソナリティ心理学

I パーソナリティの基本概念
1. パーソナリティとキャラクター
2. 法則定立と個性記述
3. 遺伝と環境
4. 暗黙のパーソナリティ観
5. ジェンダーとパーソナリティ
6. 仕事とパーソナリティ
7. 文化とパーソナリティ
8. 道徳性とパーソナリティ

II パーソナリティ研究法
9. 観察法
10. 実験法
11. 面接法
12. 質問紙法
13. 作業検査法
14. 投影法
15. 事例研究法
16. 研究倫理

III パーソナリティ理論
17. 類型論
18. 特性論
19. 精神分析理論
20. 学習理論
21. 脳科学
22. 人間主義 (ヒューマニスティック) 心理学
23. 場の理論・役割理論
24. 社会認知理論

IV パーソナリティ発達の諸相
25. 内的作業モデル
26. アイデンティティ
27. 自己意識
28. 自己効力
29. 自己制御
30. 自己開示
31. 親子関係
32. きょうだいと仲間
33. 愛と結婚
34. エイジング

V パーソナリティの歪み
35. ストレス
36. 適応障害
37. 人格障害
38. 多重人格
39. 性同一性障害
40. ひきこもり
41. 対人恐怖
42. コンプレックス
43. 非行

VI パーソナリティの知的側面
44. 知能の構造
45. 知能の測定
46. 社会的かしこさ
47. 創造的パーソナリティ
48. 動物の知能
49. 機械の知能
50. 知能の障害

キーワードコレクション シリーズ 項目一覧

教育心理学

イントロダクション
- 0 教育心理学

I 教育の基本概念
- 1 教育のフィールド
- 2 教育の法的基礎
- 3 教育改革
- 4 学校文化
- 5 教室空間
- 6 教育課程
- 7 学力
- 8 個性と個人差
- 9 教師像
- 10 アーティキュレーション
- 11 キャリア形成

II 教育の認知過程
- 12 知の基礎
- 13 道徳教育の基礎
- 14 健康教育の基礎
- 15 連合説と認知説
- 16 学習と発達
- 17 知識と記憶
- 18 動機づけ
- 19 素朴理論と科学理論
- 20 受容学習と発見学習
- 21 文章理解
- 22 読書

III 教育評価・統計
- 23 教育のエビデンス
- 24 テスト理論
- 25 教育データ
- 26 実験計画法
- 27 多変量解析
- 28 心理教育的アセスメント
- 29 ノンパラメトリック検定
- 30 統計パッケージ
- 31 質的データ
- 32 世代とコーホート
- 33 フォローアップ研究

IV 教育相談・生徒指導
- 34 学校生活での苦戦
- 35 学校心理士
- 36 スクールカウンセラー
- 37 学生相談
- 38 生き方指導
- 39 認知カウンセリング

V 教育の諸相
- 40 少子化と教育
- 41 保育と教育
- 42 早期教育
- 43 芸術と教育
- 44 メディアと教育
- 45 ジェンダーと教育
- 46 宗教と教育
- 47 交通安全教育
- 48 アドミッション・オフィス
- 49 ファカルティ・ディベロップメント
- 50 支援ネットワーク

心理学フロンティア

I 認知・行動・方法
- 1 錯視デザイン
- 2 サッチャー錯視
- 3 視覚性ワーキングメモリ
- 4 チェンジブラインドネス
- 5 建築心理学
- 6 感性認知
- 7 生物心理学
- 8 認知の起源
- 9 比較認知科学
- 10 言語進化
- 11 行動分析学
- 12 アニマルラーニング
- 13 夢見
- 14 非侵襲脳機能計測
- 15 多次元尺度法
- 16 構造方程式モデリング

II 発達・教育
- 17 視覚発達
- 18 顔認知
- 19 鏡像的自己
- 20 適応的インタフェース
- 21 メンタライジング
- 22 モジュール説
- 23 ロボットの知能
- 24 ロボットの心の理論
- 25 ロボットと子ども
- 26 質的心理学
- 27 学びの理論
- 28 レジリエンス

III 文化・社会
- 29 文化心理学
- 30 相互協調的自己観
- 31 社会的認知
- 32 エスノセントリズム
- 33 進化心理学
- 34 集団意思決定
- 35 キャラクター心理学
- 36 社会的-認知的領域理論

IV 安全・安心
- 37 経済心理学
- 38 リスク心理学
- 39 防災心理学
- 40 アクションリサーチ
- 41 交通心理学
- 42 ヒューマンエラー

V 健康・障害
- 43 幸福感
- 44 ポジティブ心理学
- 45 認知行動療法
- 46 ストレス対処
- 47 発達障害
- 48 高機能自閉症
- 49 介護ロボット
- 50 テクノ福祉社会

キーワードコレクション シリーズ 項目一覧

社会心理学

I 基本概念
1. 社会的自己
2. 社会的認知
3. 社会的動機づけ
4. 認知的不協和理論
5. 帰属理論
6. プロスペクト理論
7. しろうと理論
8. 産業・組織心理学
9. コミュニティ心理学
10. ライフスキル
11. スポーツ心理学
12. 犯罪心理学

II 対人関係
13. 対人関係
14. 対人魅力
15. 印象形成
16. 自己呈示
17. 社会的スキル
18. メンター
19. 攻撃性
20. シャーデンフロイデ
21. 恥
22. 傍観者効果
23. 社会的迷惑行動
24. 関係の崩壊

III 態度
25. 態度尺度
26. 態度変容
27. 説得
28. 服従
29. 政治的態度
30. 迷信
31. スティグマ
32. 仮想的有能感
33. シャイネス
34. ジェンダー・バイアス

IV 集団
35. 群集
36. 集団規範
37. 集団構造
38. グループ・ダイナミックス
39. リーダーシップ
40. 社会的手抜き
41. 意思決定
42. ワーク・モチベーション
43. パーソナルスペース

V コミュニケーション
44. 流行
45. 広告
46. マス・コミュニケーション
47. プラグマティックな言語使用
48. ノンバーバル・コミュニケーション
49. 化粧行動
50. 表現行動

認知心理学

I イントロダクション
1. 認知革命
2. 実験パラダイム

II 求心的認知：感覚器から中枢へ
3. 覚醒と睡眠
4. 夢
5. 感覚・知覚
6. 注意
7. 視覚
8. 逆さめがね
9. 聴覚
10. 音響／音楽
11. 嗅覚
12. ニオイ
13. 基本味
14. うま味
15. アフォーダンス
16. ダイナミック・タッチ
17. 痛み
18. 信号検出理論

III 遠心的認知：中枢処理と表出
19. 認知／感情
20. 情動／ムード
21. 表情
22. マインドリーディング
23. 共感性
24. 道徳性認知
25. 衝動性
26. ニューロイメージング
27. 意思決定
28. 後悔
29. エラー
30. ゆるし
31. スキーマ
32. スクリプト
33. ワーキングメモリ
34. 中央実行系
35. エピソード記憶
36. 意味記憶
37. メンタル・ローテーション
38. 鏡像認知
39. 空間認知
40. 視点
41. 奥行知覚
42. 時間の認知
43. 言語
44. 言語相対性仮説
45. 問題解決
46. 推理
47. 演繹／帰納
48. メンタルモデル
49. 日常認知
50. 裁判心理学